Leitfäden der Informatik

Bernd Müller
Reengineering
Eine Einführung

Leitfäden der Informatik

Herausgegeben von

Prof. Dr. Hans-Jürgen Appelrath, Oldenburg
Prof. Dr. Volker Claus, Stuttgart
Prof. Dr. Günter Hotz, Saarbrücken
Prof. Dr. Lutz Richter, Zürich
Prof. Dr. Wolffried Stucky, Karlsruhe
Prof. Dr. Klaus Waldschmidt, Frankfurt

Die Leitfäden der Informatik behandeln

– Themen aus der Theoretischen, Praktischen und Technischen Informatik entsprechend dem aktuellen Stand der Wissenschaft in einer systematischen und fundierten Darstellung des jeweiligen Gebietes.
– Methoden und Ergebnisse der Informatik, aufgearbeitet und dargestellt aus Sicht der Anwendungen in einer für Anwender verständlichen, exakten und präzisen Form.

Die Bände der Reihe wenden sich zum einen als Grundlage und Ergänzung zu Vorlesungen der Informatik an Studierende und Lehrende in Informatik-Studiengängen an Hochschulen, zum anderen an „Praktiker", die sich einen Überblick über die Anwendungen der Informatik(-Methoden) verschaffen wollen; sie dienen aber auch in Wirtschaft, Industrie und Verwaltung tätigen Informatikern und Informatikerinnen zur Fortbildung in praxisrelevanten Fragestellungen ihres Faches.

Reengineering
Eine Einführung

Von Dr. rer. nat. Bernd Müller, Oldenburg

B. G. Teubner Stuttgart 1997

Dr. rer. nat. Bernd Müller

Geboren 1962 in Metzingen. Von 1983 bis 1989 Studium der Informatik an der Universität Stuttgart. Von 1989 bis 1994 im wissenschaftlichen Dienst des Fachbereichs Informatik der Universität Oldenburg und des Oldenburger Forschungs- und Entwicklungsinstituts für Informatik-Werkzeuge und -Systeme (OFFIS), Promotion 1994. Von 1994 bis 1996 Gastwissenschaftler am Wissenschaftlichen Zentrum der IBM in Heidelberg. Seit 1997 Mitarbeiter der HDI Informationssysteme (HIS) in Hannover.

Die Deutsche Bibliothek – CIP-Einheitsaufnahme

Müller, Bernd:
Reengineering : eine Einführung / von Bernd Müller. –
Stuttgart : Teubner, 1997
  (Leitfäden der Informatik)

ISBN-13: 978-3-519-02942-7   e-ISBN-13: 978-3-322-80110-4
DOI: 10.1007/978-3-322-80110-4

Gesamtherstellung: Zechnersche Buchdruckerei GmbH, Speyer
Einband: Peter Pfitz, Stuttgart

Vorwort

Dieses Buch vermittelt einen Überblick über das Gebiet Reengineering, eines der zur Zeit aktuellsten Informatik-Themen. Ein großer Teil des Buches entstand aus einem vorlesungsbegleitenden Manuskript und eignet sich daher besonders für die Lehre. Übungsaufgaben zu jedem Kapitel unterstützen die Lernkontrolle, ermöglichen aber auch ein Selbststudium.

Viele Inhalte des Buches basieren auf praktischen, industriellen Erfahrungen einer mehrjährigen beruflichen Tätigkeit im Reengineering-Umfeld. Deshalb wird auch der Praktiker viele neue und interessante Informationen aus diesem Buch ziehen können. Beispielhaft sei hier das Kapitel über die Probleme des Jahrtausendwechsels genannt, der eine extreme Herausforderung an die EDV-Abteilungen großer Unternehmen darstellt.

Betrachtet werden praktisch alle relevanten Fragestellungen des Reengineerings, vom Programmverstehen über Restrukturierung bis zur Sprachkonversion, auch in die objektorientierte Welt. Die Wiederverwendung von Software, ein Thema, das über das reine Reengineering hinaus geht, wird ebenfalls behandelt. Abgerundet werden die Informatik-Fragestellungen durch ein mehr betriebswirtschaftlich orientiertes Kapitel über Bestandsanalyse und die zentrale Frage, ob und wann das Reengineering der Neuanschaffung oder Neuentwicklung vorzuziehen ist.

An der Entstehung des Buches waren viele Institutionen und Personen beteiligt. Zuerst sind das Wissenschaftliche Zentrum der IBM in Heidelberg, der Fachbereich Informatik der Universität Oldenburg und der Fachbereich Wirtschaft, Studiengang Wirtschaftsinformatik der Fachhochschule Hannover zu nennen. Sie ermöglichten mir die Durchführung von Reengineering-Lehrveranstaltungen.

Persönlich danken möchte ich meinem Manager Gerald Möse, der mich bei der Umsetzung meiner beruflichen Tätigkeiten in eine Lehrveranstaltung unterstützte. Viele Diskussionen mit meinem Kollegen Rainer Gimnich halfen bei der Konkretisierung von Vorlesungsinhalten.

Besonderer Dank gebührt Prof. Dr. Bernhard Convent, ein früherer Kollege, jetzt an der Fachhochschule Gelsenkirchen/Bocholt. Kapitel 7 ist ein Extrakt seiner Vorlesung *Software-*

Wiederverwendung, die er im Sommersemester 1994 an der Universität Mannheim gelesen hat.

Die Herren Mario Richter, Dr. Peter Florath und Dr. Karlheinz Ahlers haben ebenfalls zum Gelingen beigetragen. Viele Abbildungen der Kapitel 3 und 9 wurden mir von ihnen zur Verfügung gestellt. Frau Lenke Müller übernahm die mühevolle Korrektur des Manuskripts. Ihnen allen gehört mein Dank.

B. Müller   Oldenburg, im Januar 1997

Inhaltsverzeichnis

Kapitel 1

Einführung

Heute, in der Mitte der neunziger Jahre, läßt sich der Stand der Datenverarbeitung bei den meisten Anwendern[1] grob etwa so charakterisieren: hinkt den Anforderungen hinterher (Stichwort Anwendungsstau), zu teuer, zu umfangreich, ... oder zusammengefaßt: unbefriedigend. Dieser Befund ist nicht neu. Er wurde bereits 1968 auf einer Konferenz in Garmisch-Partenkirchen erstmals gestellt. Das anzustrebende Ziel war damals weg von einer künstlerischen, individuellen Software-Entwicklung hin zu einer systematischen, industriellen, ingenieursmäßigen Software-Entwicklung. Dadurch sollten die Systeme Eigenschaften bekommen, wie sie bei anderen industriellen Produkten längst üblich waren: normierte Schnittstellen, normiertes und korrektes Verhalten, modularer Aufbau, Austauschbarkeit und evtl. als wichtigste Eigenschaft: zeitgerechte, anforderungserfüllende und konsteneffiziente Produktion.

Fast 30 Jahre nach dem Erkennen dieser Unzulänglichkeiten und Formulierung der anspruchsvollen Ziele muß man sagen, daß die Datenverarbeitung insgesamt keineswegs sehr viel besser dasteht als zuvor. Die Entwicklungstechniken haben sich z. T. sicher erheblich verbessert. Trotz 3GL- und 4GL-Sprachen, trotz CASE-Tools, trotz Strukturierter Programmierung oder objektorientierter Analyse und Design trifft auf viele DV-Abteilungen und ihren entsprechenden Anwendungssystemen jedoch das am Anfang gesagte immer noch zu: unbefriedigend.

Anstatt sich auf die Software-Entwicklung zu konzentrieren, um die Qualität von Software-Anwendungssystemen zu verbessern, geht dieses Buch einen anderen Weg; es beschäftigt sich mit der Wartung dieser Systeme. Studien und statistische Untersuchungen belegen, daß die Wartung den größten Anteil innerhalb der Gesamtkosten eines Anwendungssystems einnimmt. Pessimitische Studien sprechen von 80 Prozent, optimistische Studien beziffern diesen Anteil immerhin noch auf 50 Prozent. Selbst die letzte Zahl bedeutet, daß die Kosten

---

[1]Gemeint sind Großanwender mit eigener Programmentwicklung/-Wartung, quer durch alle Branchen — Handel, Dienstleistungen, Banken, Versicherungen, Fertiger, ...

der Wartung so groß sind, wie die Kosten für Analyse, Design, Implementierung und Test zusammen!

Wir werden in diesem Buch keine neuen Methoden oder Konzepte der Wartung[2] einführen oder definieren, statt dessen basieren wir auf dem Grundkonzept der EDV, der Automatisierung: Viele Wartungstätigkeiten lassen sich automatisieren, zumindest teilautomatisieren oder maschinell unterstützen. Man kann dabei der Analogiebetrachtung von Carma McClure [McC92] folgen — während CASE (*C*omputer *A*ided *S*oftware *E*ngineering) als Automatisierung der Software-Entwicklung gesehen wird, ist CARE (*C*omputer *A*ided *RE*engineering oder *R*everse *E*ngineering) die Automatisierung der Software-Wartung.

Das Kapitel 2 dient als Einführung in das Reengineering. Hauptsächlich findet eine Definition der in den folgenden Kapiteln benutzten Begriffe statt. Kapitel 3 beschäftigt sich mit dem Programmverstehen, der Tätigkeit, die ein Wartungsprogrammierer vor den eigentlichen Änderungstätigkeiten auszuführen hat. Das beinahe schon historische Blättern in Papier-Listings kann mittels fensterorientierter, graphischer Aufbereitung überflüssig und obsolet gemacht werden. Den Software-Metriken ist Kapitel 4 gewidmet. Um die in den Kapiteln 5 und 6, zum Teil auch in Kapitel 7 vorgestellten Änderungen am Programm-Code zu überprüfen und vor allem zu überwachen, stellen Metriken das geeignete Werkzeug dar.

Ein häufiges Wartungsproblem ist ein Wechsel des Sprachumfelds. Dies kann die Verwendung eines neuen Compilers, der nicht 100-prozentig aufwärtskompatibel ist, sein, aber auch ein kompletter Sprachwechsel, z. B. von Assembler nach COBOL. Kapitel 5 beschäftigt sich mit solchen Sprachkonversionen.

Alte Programme zeichnen sich durch häufige Verwendung von Sprüngen (GOTOs) aus. Oft geänderte – gewartete – Programme sind ohne klare Strukturen, da diese mit der Zeit „verschwinden". Abhilfe schafft die Restrukturierung, die in Kapitel 6 vorgestellt wird.

Ein Problem der Software-Wartung ist, daß zuviel Code gewartet wird. Dieses zuviel entsteht z. T. durch das Kopieren von Programm-Code. Kapitel 7 zeigt, wie man durch systematische Wiederverwendung kleiner Software-Bausteine Code-Duplizierung vermeidet und den zu wartenden Programm-Code minimiert.

Eines der Modewörter unserer Zeit ist Objektorientierung. Neue Anwendungen müssen objektorientiert sein, z. T. sind sie es sogar. Macht es jedoch Sinn, alte Anwendungen in

---

[2]Erlaubt sei hier noch eine ketzerische Bemerkung zur Informatikforschung in den Bereichen Software-Entwicklung (am Beispiel Analyse und Design) und der Software-Wartung. Trotz ihres jungen Alters wurden der objektorientierten Analyse und Design relativ viel Aufmerksamkeit geschenkt. Die Methoden nach Booch [Boo91], Coad [CY91a, CY91b], Jacobson [JCJO83], Martin [MO92], Rumbaugh [Rum91], Shlaer/Mellor [SM88b, SM88a], Wirfs-Brock [WBWW90] widmen sich alle diesem Thema. Entsprechende Arbeiten zur Wartungsmethodik existieren (fast) nicht. Und das, obwohl die Software-Wartung bereits 50 Jahre alt ist, die genannten objektorientierten A & D Methoden aber viel jünger. Ganz analog verhält es sich mit der Tools-Unterstützung.

objektorientierte Anwendungen zu überarbeiten? Ist dies überhaupt möglich, wenn ja, mit welchen Techniken? Diesen Fragen widmet sich Kapitel 8.

In Kapitel 9 wird beschrieben, wie eine sogenannte Bestandsanalyse durchgeführt wird. Eine Bestandsanalyse inventarisiert und klassifiziert z. B. Anwendungen, Programme, Hardware etc. je nachdem, welche Ziele verfolgt werden. Die Bestandsanalyse bildet die Datenbasis und damit Entscheidungsgrundlage für die zuvor beschriebenen Möglichkeiten des Reengineerings.

Das Buch schließt mit dem derzeit aktuellsten Reengineering-Thema, dem Jahr 2000. Viele der älteren Anwendungen werden ab dem Jahr 2000 fehlerhafte Berechnungen durchführen, da nur die beiden letzten Ziffern einer Jahreszahl repräsentiert werden. Kapitel 10 stellt das Vorgehen zur Behebung dieses Problems vor.

Kapitel 2

Grundlagen

Obwohl allgemein Konsens darüber besteht, daß die Software-Wartung den sowohl finanziell als auch personell größten Anteil innerhalb der Gesamtlebenszeit eines Software-Produkts beansprucht, findet die Software-Wartung nur einen bescheidenen Anteil in der einschlägigen Literatur und in der Forschung. Im ersten Abschnitt dieses Kapitels werden wir daher das Gebiet der Software-Wartung etwas näher beleuchten. Wir werden den Wartungsbegriff definieren und die angesprochenen großen finanziellen und personellen Ressourcen mit Zahlenmaterial belegen. Eine sehr viel feinere Begriffsbildung findet man dann in Abschnitt 2.2.

In Abschnitt 2.3 werden die Grundlagen der imperativen Programmierung dargestellt. Diese dürften für einige Leser wiederholenden Charakter haben und können daher übersprungen werden. Sie bilden allerdings die Basis für fast alle nachfolgenden Kapitel und sollten daher vom thematischen Neuling mit großer Sorgfalt durchgearbeitet werden.

2.1 Software-Wartung

Sucht man nach einer Definition des Begriffs *Wartung*, so wird man etwa im Informatik-Duden [DUD88] nicht direkt fündig. Erst als Unterpunkt des Software-Engineerings findet man:

> „Wartung: Befinden sich die Programme in Betrieb, so werden an ihnen oft Veränderungen und Erweiterungen vorgenommen. Mögliche Wartungsarbeiten sind der Austausch von bestimmten Algorithmen durch leistungsfähigere (z. B. schnellere) oder der Einbau zusätzlicher Benutzerfunktionen. In der Regel enthält das Programm noch Fehler, die sich erst im laufenden Betrieb herausstellen und im Rahmen der Wartung korrigiert werden. Viele Programme hängen

auch von gesetzlichen Bestimmungen oder Tarifvereinbarungen ab und müssen
regelmäßig aktualisiert werden."

Schneider [Sch86] definiert Wartung als

> „Synonyme: Programmpflege; Systempflege
> Maßnahmen, die geeignet sind, ein im Prinzip funktionierendes System fehler-
> frei zu halten oder im Fehlerfalle zu reparieren ... Für Software ... beinhaltet
> die Pflege zum einen die Beseitigung aufgetretener Fehler, zum anderen die An-
> passung der Software an geänderte Verhältnisse. Unter den Betriebskosten eines
> DV-Systems sind die Wartungskosten für Hardware und Software ein erheblicher
> Anteil."

Unsere letzte Definition entnehmen wir einem Standardwerk des Software-Engineerings.
Sommerville[1] [Som92] definiert *operation and maintenance* als:

> „Normally (although not necessarily) this is the longest life cycle phase. The
> system is installed and put into practical use. Maintenance involves correction
> errors which were not discovered in earlier stages of the life cycle, improving the
> implementation of system units and enhancing the systems's services as the new
> requirements are discovered."

Allen Definitionen gemeinsam ist eine Dreiteilung[2] der Wartungsaktivitäten in

- korrektive Wartung

- adaptierende Wartung

- perfektionierende Wartung

Unter *korrektiver* Wartung versteht man die Beseitigung von Fehlern (oft auch bug-fixing
genannt). Neben der Beseitigung „richtiger" Fehler, d. h. die Überarbeitung von Programmteilen, deren Verhalten nicht der Spezifikation entspricht, zählt hierzu aber auch das Auf-
decken einer unvollständigen oder fehlerhaften Spezifikation und den daraus folgenden Über-
arbeitungen des Programms. Besonders kritisch bei der korrektiven Wartung ist, daß die

---

[1]Obwohl Sommerville anmerkt, daß die Wartungskosten eines großen, langlebigen Software-Produkts die
Herstellungskosten um das zwei- bis vierfache übersteigen, widmet sich nur ein Kapitel (von insgesamt 31)
dem Thema Wartung.

[2]Diese Gruppierung wurde von E.B. Swanson in [Swa76] eingeführt.

Studie	korrekt.	perfekt.	adapt.	prävent.
	Wartung			
Lientz und Swanson [LS80]	17%	65%	18%	—
DiNardo [Phi88]	17%	13%	70%	—
West [Wes93]	18%	58%	17%	7%

Tabelle 2.1: Verteilung der Wartungsaktivitäten

Beseitigung von Fehlern meist unter Zeitdruck an in Produktion befindlichen Systemen stattfindet. Es besteht die Gefahr, daß dadurch Änderungen am Code vorgenommen werden, deren Auswirkungen nicht vollständig evaluiert wurden. Sie bergen daher große Gefahren für die Systemsicherheit und nachfolgende Wartungsaktivitäten in sich.

Selbst wenn ein Software-System fehlerfrei läuft, finden häufig Änderungen der Systemumgebung statt (neue Rechnerarchitektur, neues Betriebssystem, neue Compiler, ...). Veränderungen an der Software, die durch solche Änderungen der Systemumgebung hervorgerufen werden, fallen unter die *adaptive* Wartung.

In den Bereich der *perfektionierenden* Wartung fallen Änderungen der Software, um geänderte oder neue fachliche Anforderungen zu erfüllen. Gründe können neue Geschäftsprozesse, aber auch gesetzliche Regelungen sein. Eine Daumenregel besagt, daß jährlich ca. 10% eines Software-Systems wegen Änderungswünschen der Benutzer/Betreiber überarbeitet werden müssen. Die bekanntesten Änderungen dieser Art in den letzten Jahren waren Postleitzahlumstellung, Gesundheitsstrukturgesetz, Pflegeversicherung, Mehrwertsteuer, Kohlepfennig und natürlich viele weitere nicht vom Gesetzgeber sondern von den Betrieben ausgehende Änderungen.

Es existieren eine Reihe von Untersuchungen, die das Verhältnis der verschiedenen Wartungsaktivitäten betrachten. Außerdem wurden Studien erarbeitet, die den gesamten Wartungsanteil innerhalb des Software-Lebenszyklus untersuchen. Wir stellen im folgenden einige vor. Dabei wird nicht weiter unterschieden, ob die ermittelten Aufwände auf personelle oder finanzielle Ressourcen bezogen sind. Tabelle 2.1 stellt die Verteilung des Aufwands auf die verschiedenen Wartungsaktivitäten dar. Tabelle 2.2 auf der nächsten Seite zeigt die Wartungsaufwände innerhalb des Gesamtaufwands.

Neben den drei oben genannten Wartungsarten wird in der neueren Literatur z. T. eine weitere genannt, die *präventive* Wartung. Unter der präventiven Wartung versteht man vorausschauende Wartungsaktivitäten, um zukünftige Probleme zu vermeiden bzw. um nachfolgende Wartungsaktivitäten zu vereinfachen. Ein Beispiel ist etwa die Überarbeitung von

Studie	Wartungsanteil
de Rose und Nyman [dRN78]	60% – 70%
Mills [Mil76]	75%
Lientz und Swanson [LS80]	$\geq 50\%$
Cashman und Holt [CH80]	80%
McKee [McK84]	65% – 75%
Sentry [Sen80]	63%
West [Wes93]	40%

Tabelle 2.2: Ermittelte Wartungsanteile verschiedener Studien

unstrukturierten Programmteilen oder die Elimination von Redundanzen.

Die sehr verschiedenen und umfassenden Aktivitäten der Software-Wartung können auch sehr kurz und prägnant formuliert werden. Wir folgen der Definition von C. McClure [McC92]. Sie definiert Wartung als sämtliche Vorgänge, die Software-Systeme verändern:

„Software maintenance is the process of changing software systems. "

Wir werden diese Definition im Rest des Buches verwenden.

2.1.1 Gibt es ein Wartungsproblem?

Da wir unter Wartung das Ändern von Software verstehen, ist es offensichtlich, daß Wartung ein unverzichtbarer Teil des Software-Lebenszyklus ist. Man wird Software nie vollkommen erschaffen können. Durch das äußere Umfeld wird es immer wieder neue, nicht vorhersehbare, zusätzliche Anforderungen an ein Software-System geben — von den zu entfernenden Fehlern ganz zu schweigen. Die Frage ist also nicht „soll oder muß es Wartung geben oder nicht?" sondern vielmehr „wie hoch darf der Wartungsaufwand eines Software-Systems, gemessen an dem Gesamtaufwand sein?" oder besser „wie kann ich die Wartungskosten senken bzw. minimieren?". Die Diskussion und möglicherweise eine Antwort zumindest bzgl. bestimmten Teilgebieten der Wartung auf die letzte Frage ist das Thema dieses Buchs.

Bevor wir uns allerdings in den nächsten Kapiteln mit einzelnen Problemen der Wartung auseinandersetzen, wollen wir zunächst noch etwas allgemeiner Ursachenforschung betreiben. Obwohl bekannt ist, daß in den EDV-Abteilungen der Unternehmen ein Großteil der

Budgets auf die Wartung entfallen (was im vorigen Abschnitt mit Zahlenmaterial untermauert wurde), ignoriert die Informatikforschung dies bzw. findet das Thema nicht interessant genug. An keiner deutschen Hochschule gibt es einen Lehrstuhl für Software-Wartung (Stand 1996/97), sehr wohl aber für Software-Entwicklung, obwohl, wie wir gesehen haben, die Wartungsressourcen die Entwicklungsressourcen übersteigen.

Man hat seit Bestehen der Informatik immer versucht, durch bessere Sprachen, Methoden und Werkzeuge den *Entwicklungsprozeß* zu verbessern. Dem Wartungsprozeß wurde fast keine Aufmerksamkeit geschenkt. In den 60er Jahren wurden die höheren Programmiersprachen entwickelt, in den 70er Jahren die Strukturierte Programmierung und das methodische Software Engineering eingeführt. Die 80er Jahre brachten den Personal Computer, verbesserte Benutzungsoberflächen und CASE-Tools. Das Schlagwort der Gegenwart ist Objektorientiertheit.

Eigentlich hätten diese unbestreitbare sehr qualitätsverbessernden Entwicklungen nach einigen Jahren den Übergang von den Universitäten in die EDV-Abteilungen, und wieder mit einer gewissen Verzögerung in in Produktion und Wartung befindliche Systeme finden müssen. Dies fand auch sicherlich statt, nur blieb eine Verringerung des Wartungsaufwands aus. Warum? Wahrscheinlich weil die Software-Systeme immer anspruchsvoller, größer und komplexer wurden und diese Komplexität die positiven Auswirkungen wieder aufwog.

Anstatt zu hoffen, daß die Software-Krise[3] durch bessere Methoden zur Software-Entwicklung behoben werden kann, muß die Informatikforschung der Software-Wartung den ihr zukommenden Anteil an Aufmerksamkeit schenken.

2.2 Begriffe

Wie wir gesehen haben, ist der Begriff der Software-Wartung ein sehr allgemeiner Begriff. So allgemein, daß praktisch alle Änderungstätigkeiten an Software als Wartungstätigkeiten aufgefaßt werden können. Auch die Unterteilung in korrektive, adaptierende, perfektionierende und präventive Wartung läßt noch sehr viel Spielraum für Interpretationen. In diesem Abschnitt werden wir die in den folgenden Kapiteln benötigten Begriffe des Software Reengineerings exakt definieren. Dabei halten wir uns an die Begriffsbildung, wie sie sich in den letzten Jahren in der einschlägigen Literatur abzuzeichnen beginnt. Es ist jedoch anzumerken, daß dieser Vorgang noch nicht abgeschlossen ist, und die Begriffe von den verschiedenen Autoren nicht konsequent und konsistent benutzt werden.

---

[3]Sinnfälligerweise wurde dieser Begriff 1968 auf einer Nato-Konferenz in Garmisch geprägt, die letztendlich für das Fachgebiet Software-Engineering, d. h. das ingenieursmäßige *Entwickeln* von Software mitverantwortlich ist.

Wir interessieren uns hauptsächlich für Aktivitäten in der Wartungsphase, die im Englischen typischerweise durch die Vorsilbe *Re* gekennzeichnet werden: Reengineering, Reverse Engineering, Reuse, Redocumentation, Restructuring, Redevelopment, Renovation.

Bei den Begriffsdefinitionen folgen wir Chikofsky und Cross [CI90]. Diese Arbeit versuchte als erste eine umfassende Begriffsbestimmung und scheint sich — zumindest was ihre Zitierung als Referenzmodell angeht — auch durchzusetzen. Zusätzlich greifen wir auf einen Übersichtsartikel von Arnold [Arn93] zurück, der in einigen Teilen wesentlich ausführlicher ist. McClures [McC92] Definition des Reengineerings, die den Begriff sehr plastisch beschreibt, geben wir ebenfalls an.

Wir beginnen mit dem Oberbegriff *Reengineering*[4], der praktisch alle Aktivitäten umfaßt, die die Wartbarkeit von Programmen verbessern.

Reengineering (Arnold): Unter Reengineering werden alle Aktivitäten nach Inbetriebnahme eines Programmsystems zusammengefaßt, die das Verständnis von Software erhöhen oder die Wartbarkeit, Wiederverwendbarkeit oder Weiterentwickelbarkeit von Software verbessern oder erst ermöglichen.

Dabei verstehen wir unter *Software* alle Dokumente der Software-Entwicklung, also neben dem Quelltext z. B. auch Dokumentationen, Design-Entwürfe, Spezifikationen, Testdaten und ähnliches.

Die Definition von Chikofsky und Cross [CI90] ist etwas zurückhaltender und geht nur auf die unmittelbaren Tätigkeiten ein:

Reengineering (Chikofsky und Cross): Untersuchung und Modifikation eines Programmsystems, um es in einer neuen Form wiederherzustellen und diese Form nachfolgend zu implementieren.

Da Chikofsky und Cross in vielen Publikationen als Referenzmodell verwendet werden, geben wir in Abbildung 2.1 auf der nächsten Seite die von Chikofsky und Cross beschriebenen Zusammenhänge zwischen den einzelnen Begriffen, die im folgenden eingeführt werden, originalgetreu wieder.

---

[4]Wir werden die Begriffsvielfalt nicht noch dadurch erhöhen, daß wir für prägnante und vor allem etablierte englische Begriffe deutsche Übersetzungen vorschlagen. Die Informatik ist und bleibt eine von der englischen Sprache dominierte Wissenschaft. Wo passende deutsche Begriffe existieren, verwenden wir diese auch. Den englischen Begriff geben wir dann in Klammern an.

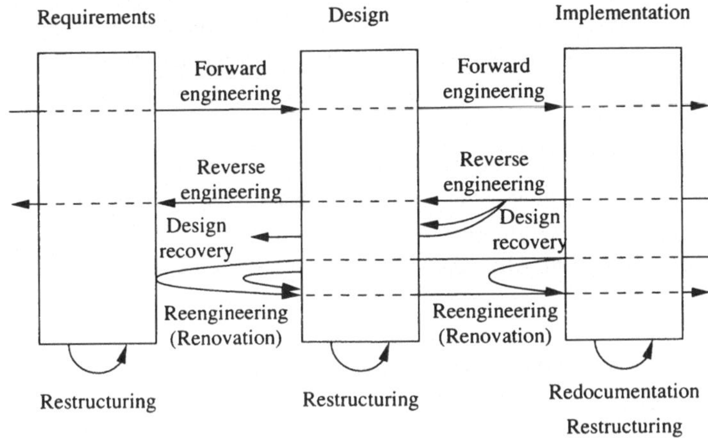

Abbildung 2.1: Begriffszusammenhänge nach Chikofsky und Cross

Als dritte und letzte Definition des Begriffs Reengineering[5] schreibt McClure [McC92]:

Reengineering (McClure): Unter Reengineering versteht man den Prozeß der Untersuchung und/oder Modifikation eines Software-Systems mit der Hilfe automatisierter Werkzeuge. Ziel ist die Verbesserung der Wartbarkeit und der verwendeten Technologie, die Erhöhung der Lebenserwartung und die maschinelle Verwaltung der Systemkomponenten zur Unterstützung von CASE-Tools.

Unter Forward Engineering verstehen wir den Standardvorgang in der Software-Entwicklung, in dem Spezifikationen stufenweise verfeinert werden, also den Übergang von einem höheren zu einem niedrigeren Abstraktionsniveau. Reverse Engineering ist der entgegengesetzte Vorgang.

Forward Engineering: Forward Engineering ist der Transformationsprozeß einer Spezifikation von einem höheren in ein niedrigeres Abstraktionsniveau.

Das höhere Abstraktionsniveau kann z. B. ein logisches, implementierungsunabhängiges Design in einer formalen (z. B. Z, VDM) oder nicht formalen (z. B. natürliche Sprache) Notation sein. Das Ziel der Transformation ist z. B. Programmiersprachennotation, etwa in COBOL.

Reverse Engineering: Unter Reverse Engineering versteht man die Extraktion und Repräsentation von Informationen aus einem Software-System (Spezifikation) in einer anderen Form oder auf einem höheren Abstraktionsniveau.

---

[5]Die englischen Originale aller drei Definitionen sind im Glossar Seite 175 angegeben.

Die Idee dabei ist, Beschreibungen zu erhalten, die weniger implementierungsabhängig sind. Die Unterscheidung in *andere Form* oder *höheres Abstraktionsniveau* wird durch *Redokumentation* und *Design Recovery* abgedeckt. Beides sind Teilgebiete des Reverse Engineering.

Redokumentation (Redocumentation): Unter Redokumentation versteht man die Erzeugung einer semantisch äquivalenten Repräsentation des betrachteten Objekts (Programm oder andere Spezifikation). Die Repräsentation geschieht auf *demselben* Abstraktionsniveau und ist somit eine alternative Darstellungsform.

Redokumentationen sind daher z. B. die Darstellung von Programmtexten als Kontroll- und Datenflußdiagramme.

Das eigentliche Reverse Engineering wird durch den Begriff *Design Recovery* geprägt.

Design Recovery: Im Design Recovery erstellt man ein Modell des betrachteten Systems (Programm). Dieses Modell besitzt ein höheres Abstraktionsniveau und kann nicht ausschließlich aus dem System (Programm) erzeugt werden. Zusätzliche Informationsquellen sind z. B. eventuell vorhandene Dokumentationen, allgemeines Wissen über den Problembereich und die Anwendung, persönliche Erfahrungen und andere.

Durch die Kombination all dieser Informationen und dem eigentlichen Programm-Code entsteht durch Design Recovery idealerweise das Design, das ursprünglich Ausgangspunkt der Anwendungsentwicklung war.

Restrukturierung (Restructuring): Unter Restrukturierung versteht man die Transformation zwischen Repräsentationsformalismen ohne Änderung der Funktionalität (von außen beobachtbares Verhalten).

Die meisten Restrukturierungsmaßnahmen betreffen Programmtransformationen, z. B. von unstrukturierten (mit GOTOs) zu strukturierten (ohne GOTOs) Programmen oder die Zusammenfassung von mehreren IF-Anweisungen in ein CASE-Konstrukt. Unter Restrukturierung fallen aber auch Datennormalisierungen (auch Datenelementkonsolidierung genannt), also die Beseitigung von Synonymen und Homonymen. Diese Maßnahmen können auf rein syntaktischer Ebene ohne zusätzliches Wissen, wie Einsatz des Programms oder Problemwissen, erfolgen.

Eines der Hauptprobleme der Software-Wartung ist ein Defizit an Vertrautheit des Wartungsprogrammierers mit der Software. Ein Wartungsprogrammierer verbringt einen Großteil seiner Arbeitszeit damit, zu verstehen, wo er in einem Programm welche Änderungen vorzunehmen hat, um seine Aufgabe zu erreichen. Die tatsächliche Durchführung der Änderung nimmt einen vernachlässigbaren Anteil ein. Es gibt also eine Phase des Anwendungs- und Programmverstehens.

Anwendungsverstehen (Application Understanding): Anwendungsverstehen ist der aktive Vorgang des Erkennens von Systemstrukturen und -eigenschaften von Software-Systemen.

Solche Strukturen und Eigenschaften werden z.B. durch die folgenden Fragen charakterisiert:

- welche Programme, Datenbanken, JCLs, Dateien etc. gehören zu einer Anwendung?

- welche Daten werden erzeugt?

- welche Abhängigkeiten existieren zwischen den Programmen der Anwendung?

- ...

Programmverstehen (Program Understanding): Programmverstehen ist der aktive Vorgang des Erkennens der internen also technischen Arbeitweise eines Programms.

Charakterisierende Fragen sind etwa:

- welche Prozedur ruft welche Prozedur auf?

- welcher Pfad wird eingeschlagen, wenn Variable X den Wert Y hat?

- wo wird Variable X gelesen, wo geschrieben?

- was sind die Auswirkungen einer bestimmten Änderung?

- ...

In neueren Veröffentlichungen wird häufig nicht mehr zwischen Anwendungsverstehen und Programmverstehen unterschieden und nur noch der Begriff Programmverstehen verwendet. Wir machen davon bereits im Kapitel 3 Gebrauch, das mit Programmverstehen überschrieben ist, aber beide Themen behandelt.

Ein gemeinsames Problem der Software-Entwicklung als auch der Software-Wartung ist der geringe Grad an Wiederverwendung von Entwürfen (Design, Quelltexte, Dokumentation,

Testfälle, ...). In der Software-Entwicklung wird daher das Rad regelmäßig neu erfunden, in der Software-Wartung entsteht ein erhöhter Aufwand, da die Entwürfe in identischer oder fast identischer Form in vielfacher Ausprägung gewartet werden müssen. Die Software-Wiederverwendung versucht, diesem Zustand systematisch entgegen zu wirken. Unter einem Baustein wollen wir in der folgenden Definition alle im Software-Lebenszyklus erstellten Dokumente verstehen.

> **Software-Wiederverwendung (Reuse):**   Software-Wiederverwendung ist die systematische Erstellung von wiederverwendbaren Bausteinen und die systematische Nutzung existierender Bausteine während der Entwicklung und Wartung von Software-Systemen.

Durch die z. T. jahrzehnte dauernde Betriebszeit von Software-Systemen kommt es zu den verschiedensten Arten von adaptierenden Wartungsarbeiten. Eine solche Tätigkeit ist die Konversion eines Programms in eine neue Programmiersprache. Dies kann die Umstellung innerhalb einer Sprache (z. B. COBOL74 nach COBOL85), oder auch die Umstellung in eine andere Sprache (z. B. PL/I nach COBOL) sein. Solche Transformationen faßt man unter dem Begriff der Sprachkonversion zusammen.

> **Sprachkonversion (Language Conversion):**   Sprachkonversion ist die semantikerhaltende Transformation eines Programms von einer Sprache in eine andere Sprache.

Durch das fortlaufende Erweitern der Systeme um neue Funktionalitäten wachsen die Systeme ständig weiter (in LOC). Alte Systeme wurden zu Zeiten implementiert, in denen ausgereifte Modulkonzepte noch nicht entwickelt waren. Das Aufteilen großer monolithischer Anwendungen in kleinere handhabbare Module wird unter dem Begriff Modularisierung zusammengefaßt.

> **Modularisierung (Modularization):**   Unter Modularisierung versteht man die Partitionierung eines Monolithen in seine funktional zusammenhängenden Module. Durch die geringere Größe der entstehenden Module sind diese besser zu überblicken, zu verstehen und zu warten.

Die bisher erläuterten Schlüsselaktivitäten des Reengineerings sind eher technischer Natur. Damit diese Aktivitäten gezielt eingesetzt werden können, empfiehlt es sich, sich einen Überblick über den Anwendungsbestand zu verschaffen. Diese aus der Betriebswirtschaftslehre bekannte Portfolio-Analyse umfaßt neben der rein quantitativen Erfassung auch qualitative Elemente:

Bestandsanalyse (Portfolio Analysis, Inventory Analysis): Die Bestandsanalyse erstellt ein Inventar aller Anwendungen. Zusätzlich werden die Anwendungen nach verschiedenen Kriterien analysiert und erfaßt. Solche Kriterien können z. B. sein: Implementierungssprache, Hardware-Plattform, Anzahl Programmabbrüche (pro Zeiteinheit), Anzahl Bug-Fixes (pro Zeiteinheit), Unterstützung der Geschäftsprozesse, Benutzerfreundlichkeit, etc.

Zwei Begriffsdefinitionen sind wir noch schuldig geblieben: Redevelopment und Renovation. Beides sind in etwa Synonyme für Reengineering. Redevelopment wird innerhalb der IBM und der GUIDE/SHARE benutzt. Renovation ist manchmal noch in älteren Veröffentlichungen zu lesen, wird aber heutzutage meist nicht mehr benutzt.

Am Ende dieses Abschnitts wollen wir noch einmal auf die Begriffsdefinitionen (oder besser Begriffsverwirrung?) eingehen. Die Begriffe stehen für Tätigkeiten und Entwicklungsphasen, die z. T. selbst nicht exakt definiert sind — was ist etwa Design? Aus diesem Grund kann eine solche Menge von Begriffen, die zueinander in Beziehung stehen, niemals 100-prozentig konsistent sein! Für den Rest dieses Buches, aber auch für die Praxis schlagen wir daher vor, eine intuitive Vorstellung für die Begriffe zu entwickeln und zu nutzen. Bestes Beispiel hierfür ist der Begriff Reengineering selbst. Wir haben bereits drei unterschiedliche Definitionen dafür angegeben und hätten keine Mühe, weitere hinzuzufügen. Baumöl et al. [BBE+96] versuchen etwa eine deutschsprachige Definition (im Grunde eine Übersetzung von Chikofsky und Cross) der Begriffe. Entgegen des dort vorgeschlagenen Verzichts einer Begriffsbestimmung über die Auswirkungen bestimmter Methoden ist der Autor der Meinung, daß dies gerade eine intuitive Modellbildung unterstützt. Die Definitionen von Arnold und McClure gehen im Gegensatz zu Chikofsky und Cross gerade auf diese Auswirkungen ein, die man unter „verbesserter Wartbarkeit" aufsummieren kann. Eine solche Begrifflichkeit ist viel plastischer und damit besser zu vermitteln. Sie streicht insbesondere den positiven Effekt des Reengineering heraus, was bei Chikofsky und Cross nicht der Fall ist. Die Verschlechterung der Wartbarkeit eines Programms, etwa durch Entfernung aller Einrückungen im Programm-Code oder gar „falscher" Einrückungen ist nach dieser Definition ebenfalls Reengineering. Wir wollen dies allerdings nicht so verstehen.

Abschließend wollen wir hier noch einmal McClure zitieren, wie wir es auch schon bei der Wartung gemacht haben:

> „Reengineering is software maintenance automation".

2.3 Imperative Programmiersprachen

Die Entwicklung imperativer Programmiersprachen war in den Anfangsjahren der EDV sehr stark von der zur Verfügung stehenden Hardware beeinflußt. So war etwa im ersten

FORTRAN-Compiler (FORmula TRANslator wurde 1954 von John Backus und seiner Arbeitsgruppe bei der IBM entwickelt) die Anzahl der Array-Dimensionen und die Art der Ausdrücke, die als Array-Index erlaubt waren, darauf beschränkt, was auf der zugrunde liegenden Hardware (IBM 704) effizient implementierbar war. Moderne imperative Sprachen abstrahieren von der realen Hardware[6], sind aber unverkennbar auf ein virtuelles Maschinenmodell, den von-Neumann-Rechner abgestimmt. Das Architekturmodell eines von-Neumann-Rechners basiert auf einem Speicher, der Daten und Instruktionen enthält und auf einer Kontroll- und einer Verarbeitungseinheit. Die Kontrolleinheit holt nacheinander die Instruktionen aus dem Speicher, die Verarbeitungseinheit führt schießlich die mit den Instruktionen verbundenen Operationen aus. Das zugrundeliegende Verarbeitungsmodell ist dabei das Holen von einem oder mehrerer Daten aus dem Speicher, die Manipulation dieser Daten in der Verarbeitungseinheit durch arithmetische oder logische Operationen und das anschließende Zurückschreiben des Ergebnisses in den Speicher.

So verschiedene Sprachen wie FORTRAN, COBOL, PL/I, Algol, BASIC, Pascal, Modula und C basieren alle auf diesem Modell: Die sequentielle Ausführung von Instruktionen und die Modifizierbarkeit von Speicherinhalten. Um imperative Sprachen klassifizieren und beschreiben zu können, muß man also mindestens diese beiden Punkte untersuchen. In der Sprechweise imperativer Sprachen sind dies

- Variable und Zuweisungen an Variable

- die Anweisungs- und Kontrollstrukturen

Wie bereits erwähnt, ist dieser Abschnitt Grundlage für andere Teile dieses Buchs. So müssen etwa bei der Konvertierung von Programmen zwischen verschiedenen Sprachen (Kapitel 5) die Kontrollstrukturen und Variablenverwendungen von Quell- und Zielsprache bekannt sein und Abbildungsregeln zwischen den Sprachen definiert werden. Für Restrukturierungen (Kapitel 6) müssen Äquivalenzen zwischen verschiedenen Kontrollstrukturen bekannt sein. Schließlich fließt die von bestimmten Kontrollstrukturen verursachte Programmkomplexität in die Berechnung von Metriken (Kapitel 4) ein.

2.3.1 Variablen

Das Konzept der Modifizierbarkeit von Speicherinhalten auf der Ebene des von-Neumann-Modells wird auf der Ebene der imperativen Sprachen durch Variable und Zuweisungen an Variable realisiert. Eine Variablendeklaration (in Modula-ähnlicher Syntax)

---

[6]Es gibt Ausnahmen: Die Sprache Modula-2 [Wir88] beschränkt die Elementanzahl von Mengen (Typ BITSET) auf 32, die Größe eines Maschinenworts.

```
A : INTEGER;
```

definiert, daß A der Name einer Variablen ist, die Werte vom Typ INTEGER annehmen kann. Der Name A ist lediglich eine Referenz auf einen Wert. Die Unterscheidung zwischen Name (Referenz) und Wert ist konzeptionell wichtig und wird laufend ausgenutzt. In der Zuweisung

```
A := A + 5;
```

ist mit dem linken A die Referenz, mit dem rechten A der Wert gemeint.

Variablen können durch vier Attribute charakterisiert werden: Gültigkeitsbereich, Lebensdauer, Wert und Typ. Wir werden diese Attribute genauer analysieren.

2.3.1.1 Gültigkeitsbereich

Der *Gültigkeitsbereich* einer Variablen ist der Bereich eines Programms, in dem die Variable bekannt (sichtbar) und damit verwendbar ist. In Sprachen mit einer Block-Struktur (ineinander geschachtelte Programmteile) überlagern daher innere Deklarationen die Sichtbarkeit der äußeren. Block-strukturierte Sprachen sind z. B. PL/I, Pascal und Modula. COBOL ist ein Beispiel für eine Sprache ohne Blöcke[7].

2.3.1.2 Lebensdauer

Die *Lebensdauer* einer Variablen ist die Zeitspanne, in der ein Speicherbereich an diese Variable gebunden ist. Wird dieser Speicherbereich vor dem eigentlichen Programmlauf alloziert, spricht man von statischer Allokation. Geschieht dies zur Laufzeit, spricht man von dynamischer Allokation. Man unterscheidet *explizites* Anfordern des Speicherbereichs oder automatische Allokation, wenn der Programmlauf in den Gültigkeitsbereich der Variablen eintritt.

2.3.1.3 Der Wert einer Variablen

Der *Wert* einer Variablen ist in codierter Form repräsentiert durch den Inhalt des Speicherbereichs, der an diese Variable gebunden ist. Zu beachten ist, daß das Zeitintervall, in dem die Variable einen definierten Wert besitzt, nicht mit der Lebensdauer übereinstimmen muß. In den meisten Sprachen ist der Wert einer Variablen so lange undefiniert, bis sie initialisiert wird. Zusätzlich kann es weitere Bereiche undefinierter Werte geben. Z. B. ist in Modula der Wert der Laufvariablen einer FOR-Schleife direkt *nach* Beendigung der Schleife nicht definiert.

---

[7]COBOL85 erlaubt das Schachteln von Programmen, womit ein ähnlicher Effekt erreicht werden kann.

2.3.1.4 Der Typ einer Variablen

Der *Typ* einer Variablen beschreibt aus Benutzersicht die Menge der Werte, die eine Variable annehmen kann, plus die Operationen, die für diese Variable gültig sind. Aus Systemsicht definiert ein Typ eine Abbildungsvorschrift, wie die Bit-Codierung des zugeordneten Speicherbereichs zu einem Wert interpretiert wird.

Von besonderem Interesse sind *benutzerdefinierte* Datentypen, die ein erhöhtes Abstraktionsniveau ermöglichen. Moderne imperative Programmiersprachen besitzen Möglichkeiten zur Definition von Arrays, Records und Mengen, und erlauben eine beliebige orthogonale Anwendung der entsprechenden Typkonstruktoren. Objektorientierte Programmiersprachen gehen noch einen Schritt weiter und integrieren benutzerdefinierte Funktionen (Methoden) in eine Typdefinition.

2.3.1.5 Auswirkungen auf die Wartung

Die vier angesprochenen Attribute haben sämtlich große Auswirkungen auf die Wartung[8], genauer gesagt ist die in einer speziellen Sprache definierte Ausprägung des Attributs von besonderem Interesse.

Besitzt die Sprache die Möglichkeit zur Bildung von Blöcken, so sollte dies auch genutzt werden. Nach dem Prinzip „so lokal wie möglich, so global wie nötig" sollten Variablen möglichst lokal definiert werden. Bei Änderungen in Folge von Wartungsaktivitäten sind die möglichen Auswirkungen auf den Block begrenzt. Die zu beachtenden evtl. Abhängigkeiten werden so minimiert.

Ein weiterer Punkt ist die Frage, wie eine Variable in einen Gültigkeitsbereich eingeführt wird. Man geht heute davon aus, daß die *explizite* Deklaration einer impliziten (durch Benutzung der Variablen) vorzuziehen ist. Durch die explizite Deklaration sind Fehler durch falsche Schreibung von Bezeichnern ausgeschlossen bzw. stark reduziert. Ist etwa die Variable ALPHA in einem neu eingeführten Programmzweig zu initialisieren, so wird bei der Anweisung

```
ALPA := BETA + 27
```

bei der Verwendung einer Sprache mit expliziten Deklaration der Compiler einen Fehler melden (unbekannter Bezeichner ALPA), während bei einer Sprache mit impliziten Deklarationen (PL/I und FORTRAN sind solche Sprachen) eine neue Variable ALPA eingeführt wird.

---

[8]Fast alle nachfolgend genannten Punkte beeinflussen ebenfalls die Software-Entwicklung.

Der Wert oder besser der undefinierte Wert einer Variablen ist ebenfalls ein großes Problem in der Wartung. Initialisiert z. B. ein Compiler eine Integer-Variable mit 0, obwohl dies die Sprachnorm nicht verlangt, kann das Ausnutzen dieses Verhaltens zu Portierungsschwierigkeiten bzw. zu Schwierigkeiten bei Verwendung eines anderen Compilers führen.

Der letzte Punkt, das Typsystem einer Sprache, ist ebenfalls von großer Bedeutung innerhalb der Wartung. Besitzt die Sprache ein sehr strenges Typsystem, wie etwa Modula, so müssen häufig Typkonvertierungen explizit vorgenommen werden, was vielen Programmierern unnötig erscheint. Werden andererseits sehr viele Typkonvertierungen implizit vorgenommen, wie etwa in C, so kann bei Nichtkenntnis dieser Konvertierungsregeln derselbe Programmabschnitt in verschiedenen Umgebungen zu unterschiedlichem Verhalten führen. Allgemein kann man sagen, daß je strenger das Typsystem einer Sprache ist, desto mehr Programmfehler zur Compile-Zeit anstatt zur Laufzeit erkannt werden können bzw. überhaupt erkannt werden.

2.3.2 Kontrollstrukturen

Um Vergleiche verschiedener Kontrollstrukturen zu ermöglichen, muß eine syntaxunabhängige Repräsentation gefunden werden. Eine Alternative zur Darstellung von eindimensionalen, linearen Programmtexten (Folge von Zeichen) sind Flußdiagramme[9] (engl. flowchart). Zur Darstellung des Kontrollflusses haben Kontrollflußdiagramme gegenüber der textuellen Darstellung den Vorteil der Übersichtlichkeit. Dies beruht vor allem auf der zweidimensionalen, graphischen Repräsentation. Ein zweiter Vorteil ist ihre mathematische Fundiertheit. Da Flußdiagramme Graphen [AHU83] sind, gelten die Sätze der Graphentheorie. Es sind zudem effiziente Algorithmen über Graphen bekannt [Meh84]. Der Vorteil gegenüber Struktogrammen [NS73] ist, daß sich *alle* Kontrollkonstrukte der betrachteten Sprachen darstellen lassen.

Da wir im folgenden nur Kontrollflußdiagramme näher betrachten, sprechen wir nur von Flußdiagrammen.

Ein Flußdiagramm ist ein gerichteter Graph mit drei verschiedenen Knotenmengen. Ein Knoten kann ein

- Funktionsknoten (function node)

- Prädikatknoten (predicate node)

- Sammelknoten (collecting node)

---

[9]z. B. Kontroll- und Datenflußdiagramme.

sein. Diese sind durch die Anzahl der zu- und abführenden Knoten definiert. Funktionsknoten besitzen je eine zu- und eine abführende Kante (one-in, one-out), Prädikatknoten besitzen eine zu- und zwei abführende Knoten (one-in, two-out), Sammelknoten besitzen zwei zu- und eine abführende Kante (two-in, one-out):

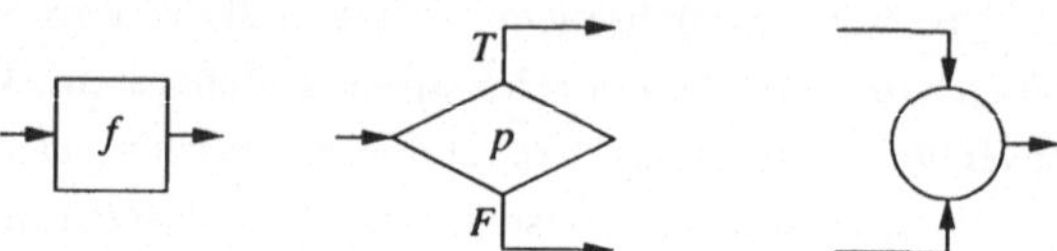

Die mit einem Funktionsknoten assoziierte Funktion $(f, g, h, \ldots)$ ist typischerweise eine Zuweisung. Funktionsknoten können aber auch Prozeduraufrufe oder, wie wir später noch sehen werden, komplexere Funktionen beschreiben. Prädikatknoten werden mit Prädikaten $(p, q, r, \ldots)$ assoziiert. Je nach Auswertung des Prädikats folgt der Kontrollfluß der Wahr-(True) oder Falsch-(False)Kante. Im folgenden gehen wir davon aus, daß bei unbeschrifteten Kanten die Wahr-Kante die nach oben führende Kante ist. Wir betrachten nur seiteneffektfreie Prädikate. Verzweigungen in Programmen realer Programmiersprachen (also mit Seiteneffekten, etwa in C) werden durch Kombination von Funktions- und Prädikatknoten dargestellt. Sammelknoten dienen lediglich zur adäquaten Beschreibung der Zusammenführung von Kanten. Sammelknoten lassen sich kanonisch auf n-in, one-out Sammelknoten erweitern:

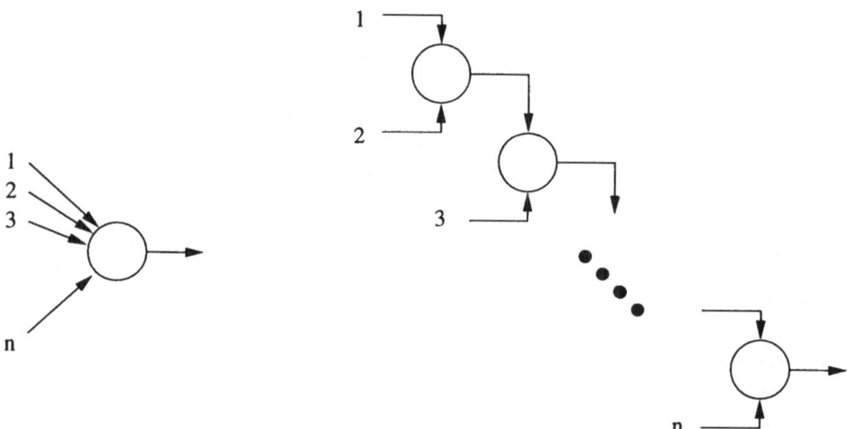

In einer *Kontrollstruktur* eines Flußdiagramms abstrahiert man von den den Knoten zugeordneten Funktionen, Prädikaten und Prädikatwerten. Aus einem Flußdiagramm erhält man also eine Kontrollstruktur, indem man alle Bezeichner entfernt.

Ein Programm heißt *ordentlich* (engl. proper), wenn für die Kontrollstruktur des Programms folgendes gilt:

1. Die Kontrollstruktur hat genau einen Eingang (zuführende Kante) und genau einen Ausgang (abführende Kante).

2. Für jeden Knoten gibt es einen Weg vom Eingang zum Ausgang, der über diesen Knoten führt.

Durch die Zusammenfassung eines ordentlichen Programms zu einem Funktionsknoten können größere Programme übersichtlicher, wenn auch detailärmer dargestellt werden. Das Programm

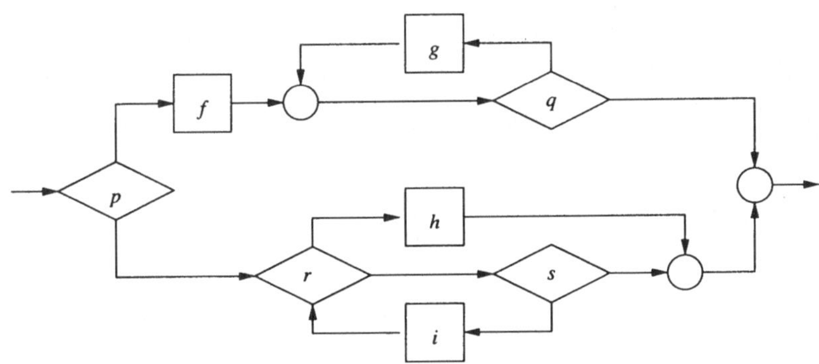

kann auch als

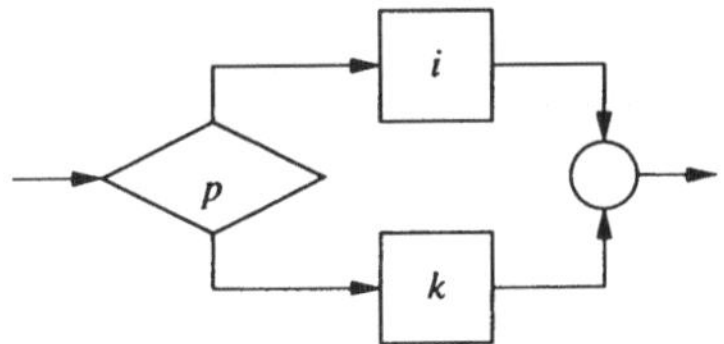

dargestellt werden, wobei i den oberen und k den unteren Teilgraphen, beides ordentliche Programme, beschreiben. Dieses Programm kann wieder zu einem einzigen Knoten zusammengefaßt werden.

Programmteile, die die Eigenschaft, ordentlich zu sein erfüllen, nennt man ordentliche Unterprogramme.

Um die Äquivalenz von Programmen definieren zu können, benötigen wir noch zwei Baummodelle für Flußdiagramme. Wir beginnen mit der Definition von *Ausführungsdiagrammen*.

Aus einem Flußdiagramm wird ein Ausführungsdiagramm erzeugt durch:

1. Beginne mit der Eingangskante

2. Hänge an jede Kante ungleich der Ausgangskante die entsprechenden Knoten des Flußdiagramms

3. Hänge an jeden Knoten die entsprechenden Kanten des Flußdiagramms, falls der Knoten noch nicht auf dem Weg vom Eingang zum Knoten liegt (falls ja, tue nichts)

4. GOTO 2

Dieser Algorithmus terminiert offensichtlich, da er irgendwann einmal entweder in 2 an eine Ausgangskante kommt oder in 3 an einen Knoten, der bereits auf diesem Weg vorhanden ist (die Knotenmenge ist endlich). Es entsteht ein endlicher Baum, das Ausführungsdiagramm.

Abbildung 2.2 zeigt ein Flußdiagramm, Abbildung 2.3 auf der nächsten Seite das daraus entstehende Ausführungsdiagramm. Sammelknoten, die Blätter dieser Baumdarstellung sind, dienen der Darstellung von Schleifen. Alle anderen Sammelknoten besitzen keine Funktion und können daher weggelassen werden. Abbildung 2.4 auf der nächsten Seite zeigt das Ausführungsdiagramm, das durch Entfernen dieser Sammelknoten entsteht.

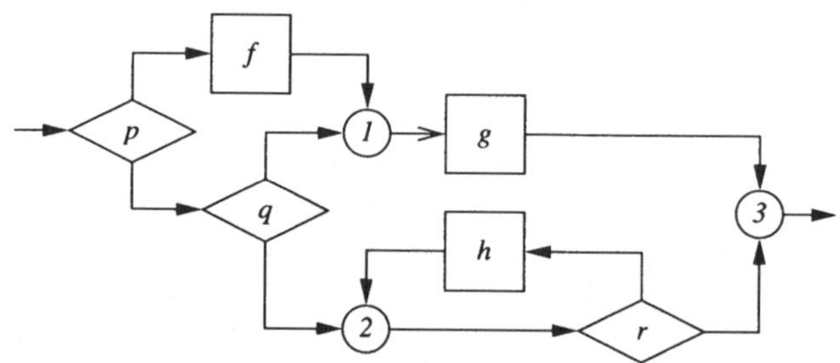

Abbildung 2.2: Beispiel eines Flußdiagramms

Ersetzt man in einem Ausführungsdiagramm die terminierenden Sammelknoten wiederholt durch die Teilbäume, die diesen Sammelknoten als Wurzelknoten haben und auf diesem Weg (Eingangskante — Endknoten) liegen, so erhält man den *Ausführungsbaum* für dieses Ausführungsdiagramm resp. Flußdiagramm. Enthält das Flußdiagramm Schleifen, so ist der Ausführungsbaum nicht endlich.

Das Flußdiagramm in Abbildung 2.5 auf der nächsten Seite hat das Ausführungsdiagramm in Abbildung 2.6 auf Seite 24 und den Ausführungsbaum in Abbildung 2.7

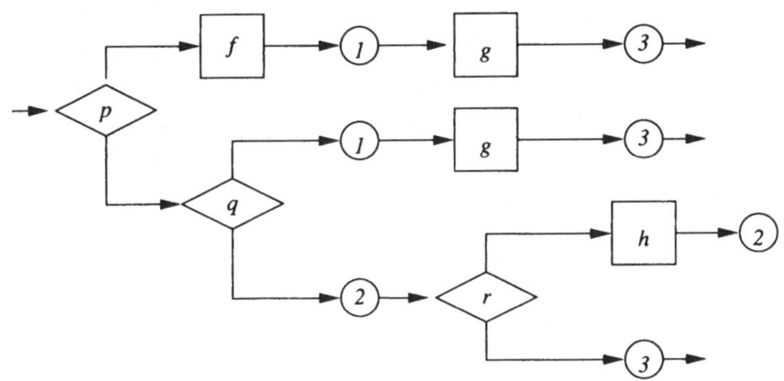

Abbildung 2.3: Ausführungsdiagramm für Abbildung 2.2

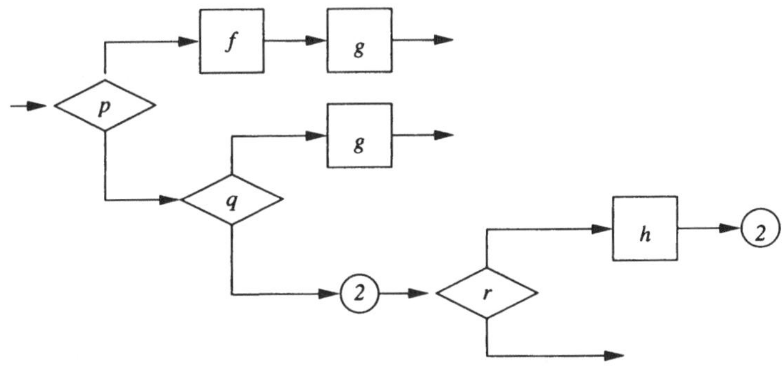

Abbildung 2.4: Abbildung 2.3 ohne überflüssige Sammelknoten

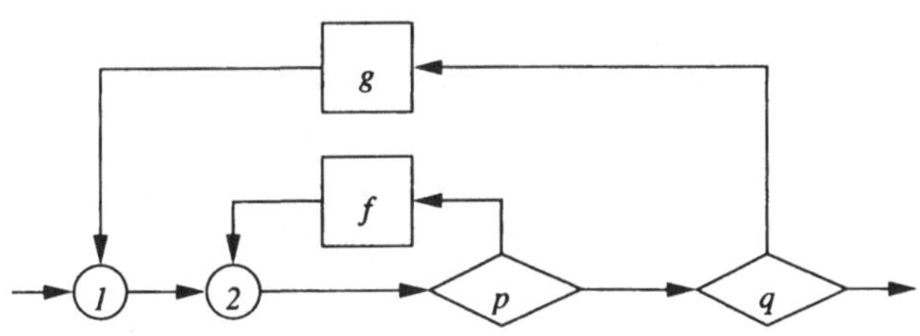

Abbildung 2.5: Beispiel eines Flußdiagramms

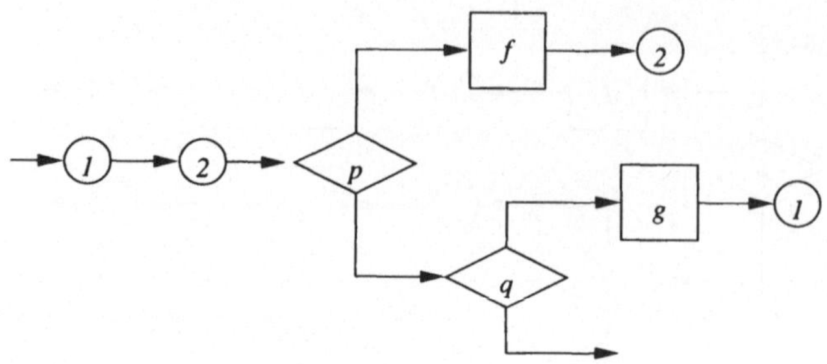

Abbildung 2.6: Ausführungsdiagramm für Abbildung 2.5

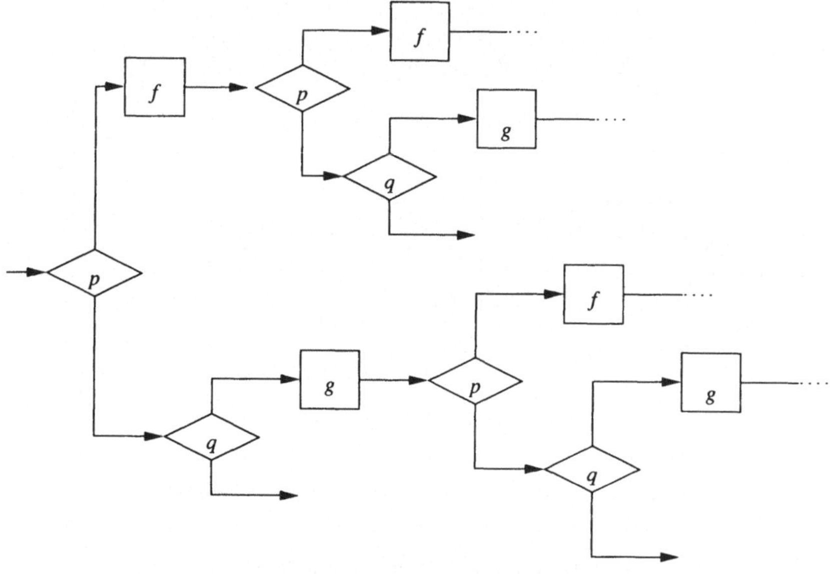

Abbildung 2.7: Ausführungsbaum für Abbildungen 2.5 und 2.6

2.3.2.1 Programmzustände und Programmfunktionen

Der Zustand eines von-Neumann-Rechners ist bestimmt durch den Zustand der Kontrolleinheit und durch den Zustand (die Inhalte) des Speichers. Überträgt man dies auf den
Programmlauf eines realen Rechners, so ist zu jedem Zeitpunkt der Programmausführung
der Zustand des Laufs bestimmt durch die nächste auszuführende Anweisung und den
Wert aller Variablen. Dieses Modell gilt allerdings nur idealisiert. In der Realität sind
z. B. Dateizugriffe, Tastatureingaben und ähnliches ebenfalls zu berücksichtigen. Wir wollen dies allerdings im folgenden nicht tun.

Der Zustand eines Programmlaufs kann also zu jedem Zeitpunkt durch die nächste auszuführende Anweisung und die Werte aller Variablen eindeutig bestimmt werden. Für eine elementare Zuweisung z. B.

```
a  :=  b
```

können also die Zustände vor und nach der Zuweisung angegeben werden, die dann die Semantik der Zuweisung (die Auswirkungen auf die Variablen) beschreiben. Die *Zuweisungsfunktion* dieser Zuweisung ist gegeben durch

$$(\mathsf{a} \ := \ \mathsf{b}) = \{((x,y),(u,v))|u = y \wedge v = y\}$$

oder kürzer

$$(\mathsf{a} \ := \ \mathsf{b}) = \{((x,y),(y,y))\}$$

wobei der erste Teil des Tupels für den Wert (Speicherinhalt) der Variablen a und der zweite Teil für den Wert von b steht.

Durch die Definition der Zuweisung als Funktion von Datenzuständen in Datenzustände lassen sich Zuweisungssequenzen durch Hintereinanderausführung von solchen Funktionen beschreiben.

Betrachtet man alle möglichen Programmausführungen, die durch den Ausführungsbaum definiert sind, so ist für einen initialen Zustand X, für den die Ausführung terminiert[10] ein Endzustand Y definiert. Die *Programmfunktion* ist dann die Menge aller Tupel $\{(X,Y)\}$.

Wir können nun als Abschluß dieses Abschnitts zwei Arten von Programmäquivalenzen definieren.

> Zwei Programme sind *ausführungsäquivalent*, wenn sie denselben Ausführungsbaum haben.

> Zwei Programme sind *funktionsäquivalent*, wenn sie dieselbe Programmfunktion haben.

Beachte: Sind zwei Programme ausführungsäquivalent, so sind sie auch funktionsäquivalent. Die Umkehrung gilt nicht.

---

[10]Obwohl der Ausführungsbaum i.allg. unendlich ist, kann die Programmausführung terminieren.

Beispiel: Die beiden folgenden Programme sind ausführungsäquivalent:

Die beiden folgenden Programme sind funktionsäquivalent, aber nicht ausführungsäquivalent:

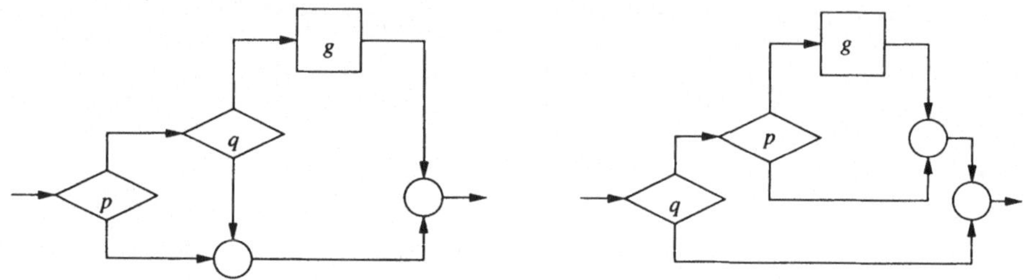

2.4 Übungsaufgaben

Aufgabe 2.1 Viele der älteren Anwendungen repräsentieren das Kalenderjahr als zweistellige Ziffern, also 1996 als '96'. Nach dem Übergang vom Jahr 1999 zum Jahr 2000 werden
Berechnungen mit Jahreszahlen zu falschen Ergebnissen führen. Zu welcher Wartungsart
zählen Sie die Überarbeitung der Anwendungen, damit dieses Problem nicht auftritt?

Aufgabe 2.2 Zu welcher Wartungsart zählen Sie die Elimination von GOTOs, wie sie in
Kapitel 6 beschrieben wird, also die semantikerhaltende Transformation von Programmen
mit GOTOs in GOTO-freie Programme?

Aufgabe 2.3 Definieren Sie ein Reengineering-Projekt. Zeichnen Sie für dieses Projekt ein
Flußdiagramm, in dem die Funktionsknoten unter anderem aus den Begriffen aus Abschnitt
2.3.2 bestehen.

Aufgabe 2.4 Welche mittelbaren und unmittelbaren Ziele werden vom Reengineering verfolgt?

Aufgabe 2.5 Nach welchem Schema können Sie leicht funktionsäquivalente Programm-
paare angeben, die nicht ausführungsäquivalent sind?

Kapitel 3

Programmverstehen

Nach der Definition in Kapitel 2 ist Programmverstehen der aktive Vorgang des Erkennens der Funktionsweise eines Programms. Neben der Informatik ist daher (mindestens) auch die Psychologie gefordert, diesen Vorgang zu untersuchen und zu unterstützen[1]. Wir werden daher dieses Kapitel in zwei Teile gliedern: die kognitiven Grundlagen des Verstehensprozesses und die technischen Systeme und Möglichkeiten zur Unterstützung des Prozesses.

Zunächst wollen wir jedoch noch einmal die Wichtigkeit des Programmverstehens herausstellen. Das Programmverstehen ist zum einen unabdingbare Voraussetzung der Wartung und zugleich auch der größte Ressourcenfresser. Die Studie von Fjeldstad und Hamlen [FH79] untersucht die Einzelaktivitäten der Software-Wartung. Die prozentuale Aufteilung dieser Aktivitäten zeigt Tabelle 3.1 auf der nächsten Seite.

Faßt man die ersten drei Zeilen zusammen, so sieht man, daß die Aktivitäten des Programmverstehens 47 Prozent des Wartungsaufwands verschlingen. Die eigentliche Änderung (Code und Dokumentation) nehmen 25 Prozent, das Testen 28 Prozent in Anspruch.

Da das Programmverstehen den größten Anteil innerhalb der Wartung ausmacht, die Wartung selbst aber den größten Anteil im Gesamtlebenszyklus einnimmt, kann man daraus schließen, daß eine Effizienzsteigerung des Programmverstehensprozesses die größten Auswirkungen zur Reduzierung der Software-Wartung haben kann. Anders ausgedrückt: „Es lohnt sich in das Programmverstehen zu investieren".

Um obige Zahlen etwas zu veranschaulichen und um einen Rahmen für die folgenden Abschnitte zu haben, definieren wir ein typisches Wartungsszenario: Um eine Programmänderung vorzunehmen, muß ein Wartungsprogrammierer typischerweise Analyse- und Programmieraufgaben bewältigen. Er muß

---

[1]In diesem Buch werden wir lediglich auf Arbeiten der einschlägigen Informatikliteratur Bezug nehmen. Diese enthalten allerdings zum Teil starke Psychologiebezüge. Für rein psychologische Fragestellungen fühlt sich der Autor weder zuständig noch kompetent.

Wartungsaktivität	Anteil
Verstehen der Anfrage	18%
Verstehen der Dokumentation	6%
Verstehen des Codes	23%
Implementierung	19%
Testen	28%
Doku anpassen	6%

Tabelle 3.1: Wartungsaktivitäten nach Fjeldstad und Hamlen

- die Systemspezifikation und das Design analysieren

- Endbenutzer befragen

- Programme und zugehörige Dokumentation durcharbeiten

- die Quelle eines Fehlers oder anderer Unzulänglichkeiten verfolgen

- die Programmänderung designen

- das Programm modifizieren

- das Programm validieren und testen

- die Dokumentation dem neuen Stand anpassen

Erschwert werden diese Tätigkeiten i. allg. dadurch, daß als einzig zuverlässiges Dokument der Quelltext vorliegt. Spezifikation, Design und Dokumentation sind in der Regel nicht vorhanden oder veraltet.

3.1 Die kognitiven Aspekte des Programmverstehens

Ein Programm ist ein mit einem sehr beschränkten Vokabular und einer Grammatik (Programmiersprache) beschriebener Vorgang (Algorithmus). Menschliches Kontextwissen ist nicht vorhanden, eine Einordnung in komplexere Zusammenhänge findet nicht statt. Das Programm 3.1 auf der nächsten Seite zeigt einen solchen Algorithmus in einer Modula-2-ähnlichen Notation.

```
WHILE end > 1 DO
  FOR i:=2 TO end DO
    IF F[i-1] > F[i] THEN
      change(F[i-1], F[i])
    END
  END;
  DEC(end)
END
```

Programm 3.1: Ein unbekanntes Programm

Das Programm gilt als verstanden, wenn ein Mensch die Struktur und das Verhalten des Programms sowie die Beziehungen zur Anwendungsdomäne erklären kann. Diese Erklärung sollte mit qualitativ anderen Bezeichnern und Konzepten erfolgen, um den Erkenntnisvorgang (Abstraktionsvorgang) zu belegen. Für das Beispielprogramm könnte dies in etwa so aussehen: „Das Programm sortiert eine Liste in aufsteigender Reihenfolge". Diese Aussage ist rein auf die Anwendung bezogen. Sie abstrahiert von Implementierungsdetails, etwa wie sortiert wird (Bubble-Sort) oder daß die Liste als Array implementiert wird. Dieses Erkennen von Konzepten und Zusammenhängen sowie seine Abstraktion von programmspezifischer in domänenspezifische Ausdrucksweise wird in der einschlägigen Literatur als *Concept Assignment Problem* ([Big93]) bezeichnet.

Im Augenblick werden von den Forschern drei Theorien dieses Verstehensprozesses favorisiert und als plausibel angesehen. Es gibt eine Bottom-Up, eine Top-Down und eine verbindende Theorie.

3.1.1 Bottom-Up Verstehen

Beim Bottom-Up-Verstehen bildet der Programmierer ausgehend vom Quell-Code Abstraktionen auf höherem Niveau, z. B. *Sortieren* in vorigem Beispiel. Auf diese Weise wird das interessierende Programmstück in mehrere Segmente geteilt, für die mentale Abstraktionen gebildet werden. Durch einen sukzessiven Prozeß werden diese Konzepte auf einer höheren Abstraktionsebene wieder mit einem Konzept versehen. So wird über mehrere Abstraktionsstufen schießlich dem zu untersuchenden Modul ein domänenspezifisches Konzept unabhängig von der realen Implementierung zugeordnet.

3.1.2 Top-Down Verstehen

Beim Top-Down Verstehen geht der Programmierer mit einer gewissen Erwartungshaltung, die auf seiner Erfahrung beruht, in die Analyse. Bei einer Anwendung *Gehaltsrechnung* wer-

den z. B. Datenfelder wie *Name, Personalnummer* und *Gehalt* erwartet; ebenso Prozeduren
für reguläre Gehaltsabrechnung aber auch für Sonderfälle wie Krankheit und Urlaub. Nach
diesen Strukturen wird gesucht und bei deren Erkennen nach einer Art Puzzle-Spiel nach
und nach das Programm rekonstruiert.

3.1.3   Opportunistisches Verstehen

Das opportunistische Verstehen verbindet den top-down und den bottom-up Ansatz. Sowohl das Domänenwissen als auch das Algorithmen- und Codierungswissen werden genutzt,
um ein mentales Modell des aktuellen Programmverständnisses aufzubauen. Dieses Modell
wird dann sowohl durch den top-down Ansatz (Bildung von Hypothesen, welche Programm-
funktionalität vorhanden sein muß und deren Bestätigung oder Verwerfung) als auch durch
den bottom-up Ansatz (Analyse von Programm-Code und anschließende Konzeptbildung)
ständig erweitert. Das Verfahren heißt opportunistisch, weil der menschliche „Programm-
versteher" wie ein opportunistischer Prozessor die Möglichkeit hat, zwischen den beiden
Verfahren das angemessenere und erfolgversprechendere zu wählen.

Bemerkung: Beide Verstehensprozesse — und damit auch deren Kombination — können
trainiert werden. Die Kenntnis und Vertrautheit mit möglichst vielen dedizierten Algorithmen erleichtert das Erkennen bestimmter Codierungen dieser Algorithmen (bottom-up).
Andererseits kann bei einer Codierung eines unbekannten Algorithmus der Abstraktionsvorgang und die Konzeptbildung stark beeinträchtigt sein, da das notwendige Vokabular
und Wissen dieser Konzeptbildung nicht vorhanden ist. Für den top-down Ansatz ist es
vorteilhaft, wenn der Wartungsprogrammierer ein ausgeprägtes Anwendungswissen hat. Die
Hypothesen werden dann sehr oft zutreffen und es werden entsprechende Muster im Programmtext erkannt werden. Das häufige Verwerfen von Hypothesen würde den Erkenntnis-
fortschritt stark hemmen.

3.2   Die Aufbereitung des Programmtextes

Ein Ziel der Strukturierten Programmierung war neben der Verwendung restriktiver Kontrollstrukturen (vgl. Abschnitt 6.2) die *lokal* begrenzte Beschreibung von Algorithmen. Beide Ziele stehen in engem Zusammenhang. Die freie Verwendung von GOTOs widerspricht
beiden Zielen, da Teile eines Algorithmus über verschiedene Programmsegmente verteilt
werden können. Für den Bereich Programmverstehen ist es daher sinnvoll, eine Restrukturierung (Kapitel 6) als ersten Schritt in Betracht zu ziehen. Viele der nachfolgenden
Überlegungen und Techniken beziehen sich auf strukturierte Programme.

J. H. Cross II und S. V. Sheppard stellen in [CS88] das System CSD (Control Structure Diagram) vor, ein graphisch unterstütztes Werkzeug zum Entwickeln und Warten von Programmtexten. Wir beschränken uns hier vor allem auf die die Wartung unterstützenden, darstellenden Ansätze. Der Programmtext wird um gruppierende Graphikelemente erweitert, die den Konstrukten der Strukturierten Programmierung entsprechen (Sequenz, Auswahl und Iteration). Zusätzlich gibt es noch die Verfeinerung, Nebenläufigkeit und Exit (die beiden letzten Punkte werden nicht weiter betrachtet).

Zur Veranschaulichung zeigt Programm 3.2 eine Prozedur zur Berechnung der Knotenanzahl eines Baums in Pseudo-Code. Es werden die Gruppierungselemente für Sequenz, Auswahl und Iteration verwendet. Die Anweisungssequenz wird durch ein ⊢ vor jeder Anweisung gekennzeichnet, die Iteration durch einen Doppelstrich. Die Auswahl wird durch ein ◇ gekennzeichnet, wobei die Alternativen jeweils anders markiert werden.

```
 ┌procedure count_leaves;
 ├begin
 ├─ get initial tree;
 ├─ put it on tree pile;
 ├─ set leaf count to zero;
 ├┌while pile is not empty do (count leaves);
 │├begin
 │├─ take a tree off pile;
 │├─ if tree is a single leaf then (count leaf)
 ││ ┌begin
 ││ ├─ increment leaf count;
 ││ ├─ throw away the tree;
 ││ └end
 │. else (split tree)
 │. ┌begin
 │. ├─ split the tree into subtrees
 │. ├─ put each subtree on tree pile;
 │. └end;
 └end;
 ├─ display leaf count;
 └end.
```

Programm 3.2: Knotenanzahl eines Baums

Besonders wichtig im Bereich Programmverstehen ist die Möglichkeit, Programm-Code temporär auszublenden, um den Gesamtüberblick zu vereinfachen. Mit einer expandieren/ kollabieren-Funktionalität ist CSD in der Lage, dies zu tun. Programm 3.3 auf der nächsten Seite zeigt das Beispiel aus Programm 3.2, wobei die beiden inneren begin-Blöcke kollabiert sind.

Ein alternativer Ansatz zur Darstellung von Quelltexten ist der der Ausnutzung von Satztechniken (Fonts, Größen, Farbe, etc.), wie sie im Buchsatz üblich sind. Aufgrund der zur Verfügung stehenden Bildschirmtechnik von hochauflösenden Graphikbildschirmen bleiben

```
procedure count_leaves;
begin
  get initial tree;
  put it on tree pile;
  set leaf count to zero;
  while pile is not empty do (count leaves);
  begin
    take a tree off pile;
    if tree is a single leaf then (count leaf)
    |  begin
    |  end
    . else (split tree)
    .  begin
    .  end;
  end;
  display leaf count;
end.
```

Programm 3.3: Kollabiertes Beispielprogramm

diese Techniken nicht nur auf Programm-Listing-Ausdrucke auf Papier beschränkt, sondern können größtenteils auf Bildschirme übertragen werden[2].

Die umfassendste Arbeit auf diesem Gebiet stammt von Baecker und Marcus [BM90]. Es werden die verschiedenen Möglichkeiten des graphischen Designs bzgl. Typographie und graphischer Symbole sowie deren Kombination untersucht. Die Auswirkungen der verschiedenen Kombinationen werden unter den Aspekten der Kommunikation des Programmsystems und damit das Verstehen des Programmsystems betrachtet. Schließlich werden am Beispiel der Sprache C Zuordnungen von typoghraphischen und symbolischen Designarten zu den Konstrukten der Sprache entwickelt. Diese Zuordnungen werden aufgrund von 10 fundamentalen Prinzipien vorgenommen, die als Grundlage der Visualisierung von Computer-Programmen anzusehen sind.

Die zehn Prinzipien im einzelnen:

Prinzip 1 — Leserlichkeit: Die Zeichen des Zeichensatzes müssen schnell und sicher erkennbar sein und verstanden werden.

Prinzip 2 — Lesbarkeit: Die einzelnen textuellen Komponenten müssen leicht zu interpretieren und zu verstehen sein.

Prinzip 3 — Klarheit: Die Semantik der nichttextuellen Komponenten muß eindeutig sein.

---

[2]Der Editor `xemacs` sowie viele andere Editoren bietet etwa die farbige Unterscheidung von verschiedenen Schlüsselwörtern und benutzerdefinierten Bezeichnern.

Prinzip 4 — Einfachheit: Es werden in die Visualisierung nur die Elemente aufgenommen, die wichtige Sachverhalte beschreiben.

Prinzip 5 — Ökonomie: Maximiere die Effektivität einer minimalen Menge von Techniken.

Prinzip 6 — Konsistenz: Beachte dieselben Konventionen und Regeln für alle Elemente der Programmvisualisierung. Beachte die Konsistenz von Visualisierung zu Visualisierung.

Prinzip 7 — Beziehungen: Benutze sichtbare Sprachelemente, um bestehende Beziehungen zwischen den Elementen eines Programms auch in der Programmrepräsentation zu verdeutlichen.

Prinzip 8 — Verschiedenheit: Benutze sichtbare Sprachelemente, um wichtige Eigenschaften essentieller Programmteile zu unterscheiden.

Prinzip 9 — Hervorheben: Benutze sichtbare Sprachelemente, um die hervorstechenden Eigenschaften eines Programms hervorzuheben.

Prinzip 10 — Fokus und Navigierbarkeit: Benutze sichtbare Sprachelemente, um die initiale Aufmerksamkeit des Benutzers auf die Programmvisualisierung zu lenken. Die Navigation muß ebenfalls durch sichtbare Sprachelemente unterstützt werden.

3.3 Alternative Darstellungsarten

Die textuelle Darstellung von Programmen ist sicherlich die grundlegende Art der Präsentation von Programmen. Der Programmierer erstellt diese Darstellung, der Compiler „versteht" sie. Obwohl der Programmtext bereits 100 Prozent der vorhandenen Informationen darstellt, ist es trotzdem möglich und sinnvoll, durch andere Sichtweisen und Darstellungsarten von evtl. sogar nur Teilinformationen den Programmverstehensprozeß des Benutzers zu unterstützen.

Durch moderne fensterorientierte und graphikunterstützte Benutzungsoberflächen ist es möglich, eine ganze Reihe weiterer Visualisierungstechniken auf die verschiedensten Aspekte eines Programms anzuwenden. Aus dem Programmtext extrahierbare Informationen, wie z. B. der Kontroll- und Datenfluß, Cross-Referenzen oder etwa die Modul- und Aufrufhierarchie können graphisch dargestellt werden.

Die folgenden Abschnitte, in denen wir verschiedene Darstellungstechniken einführen, basieren auf der Visualisierungsstudie von Florath und Richter [FR95]. Der interessierte Leser findet im Sonderheft *Visualization and Design* [CAC94] der Communications of the ACM eine Klassifikation von Visualisierungstechniken, die weit über die beim Programmverstehen sinnvoll einzusetzenden Techniken hinausgeht.

3.3.1 Systemüberblick

Einzelne Programme, vor allem aber komplexe Anwendungssysteme, bestehen i. allg. aus mehreren Programm-Modulen, Datenbanken, Dateien, Transaktionsmonitor und ähnlichem. Um das System als ganzes darzustellen, müssen diese Teilsysteme und deren Verbindungen dargestellt werden. Visualisiert werden solche Informationen häufig als (hierarchische) Graphen. Als einfaches Beispiel für die Modulabhängigkeiten können die Import-/Exportbeziehungen von Modula-2- und Modula-3-Modulen dienen. Da in dieser Sprache die Modulschnittstellen nicht umgangen werden können, ist es möglich, eine exakte Modulhierarchie bzgl. Verwenden (Import) und Definieren (Export) von Prozeduren, Typen und Daten automatisch zu erstellen. In Sprachen mit weniger strengen Modulkonzepten (etwa C) ist dies i. allg. nicht möglich, abhängig vom Programmierstil jedoch evtl. zu großen Teilen machbar. Die Sprache C ist jedoch für einen anderen Aspekt des Systemüberblicks ein gutes Beispiel. Da Include-Dateien wiederum andere Dateien includieren dürfen, erreicht die transitive Hülle dieser Includes schnell extreme Ausmaße. Eine Darstellung der Include-Hierarchie kann hier einen schnellen Überblick geben und liefert meist sehr überraschende Ergebnisse.

Eine weitere wichtige Information bzgl. des Überblicks über das Gesamtsystem ist die Aufrufhierarchie von Prozeduren. Werden Prozeduren und Funktionen als Knoten und die Aufrufbeziehungen als Kanten dargestellt, so ergibt sich ein Graph. Abbildung 3.1 auf der nächsten Seite zeigt einen solchen Aufrufgraphen, der vom Werkzeug HINDSIGHT/C für ein ca. 300 KByte großes C-Programm generiert worden ist. Der insgesamt sehr unübersichtlichen Darstellung kann man eine Schichtenmodellierung entnehmen. Prozeduren einer Schicht rufen (fast) immer nur Prozeduren tieferer Schichten auf. Das Kästchen ganz rechts ist die Main-Prozedur.

Das Produkt ESW/PC der Firma VIASoft kann ebenfalls eine Aufrufhierarchie erzeugen. Die Abbildung 3.2 auf Seite 36 zeigt die entsprechende Hierarchie eines COBOL-Programms. Die Kästen stehen für COBOL-Paragraphen, die Verbindungslinien für `PERFORM`s.

3.3.2 Daten und Datenstrukturdarstellungen

Einfache Informationen über Programmdaten werden z. T. bereits von Compilern angeboten: definierte Daten, Typen, Verwendung etc. Für komplexere Informationen, insbesondere für Daten*strukturen*, bietet sich eine graphische Darstellung an. So kann z. B. die Überlagerung von Datenstrukturen im selben Speicherbereich (Varianten-Records in Pascal, COMMON-Blöcke in FORTRAN, Unions in C) zur Verdeutlichung graphisch dargestellt

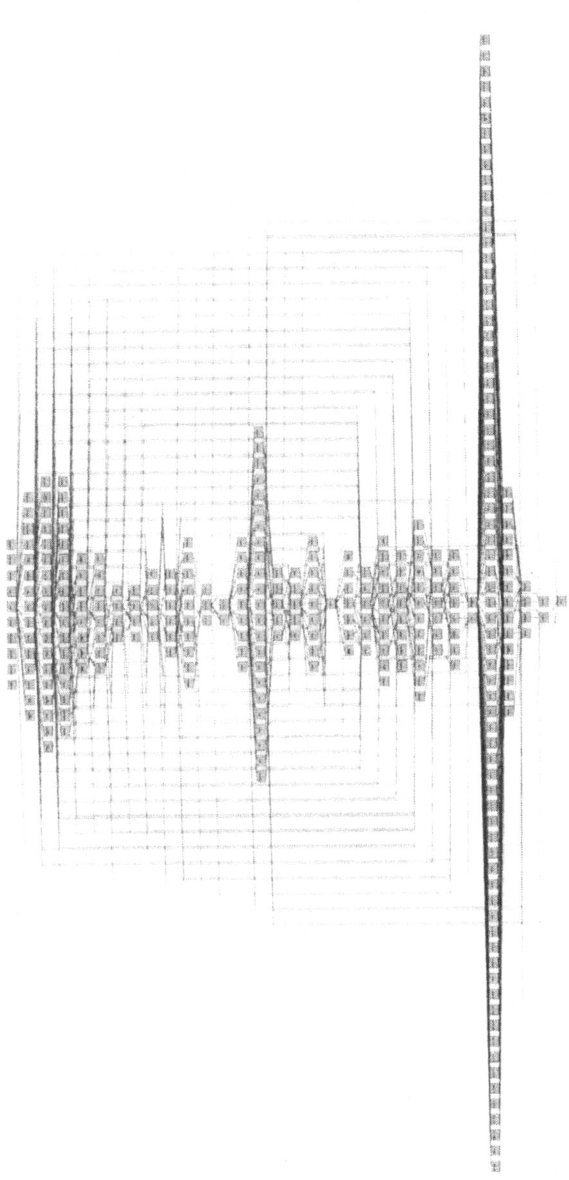

Abbildung 3.1: Aufrufgraph (Hindsight)

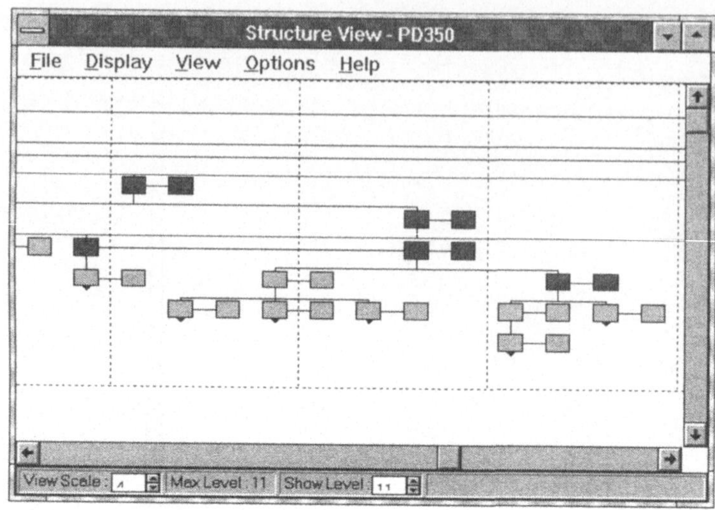

Abbildung 3.2: PERFORM-Hierarchie eines COBOL-Programms (ESW/PC)

werden. Abbildung 3.3 zeigt am Beispiel einer C-Union (hier ein C++-Beispiel aus [Str91, S. 168], die Größen sind Hardware-abhängig), wie eine solche Speicher-Layout-Visualisierung aussehen kann.

```
union tok_val {
    char* p;
    char v[8];
    long I;
    double d;
} tok;
```

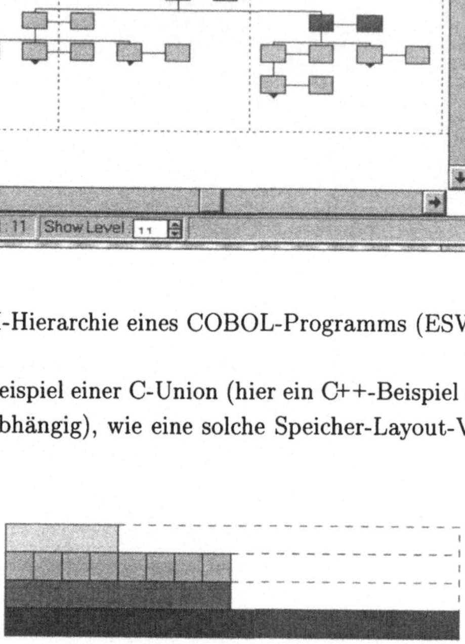

Abbildung 3.3: Darstellung einer C-Union

Eine weitere sinnvolle Möglichkeit zur Darstellung von Datenstrukturen ist die Vererbung in C++ und Modula-3. Die Daten eines Objekts werden sukzessive entlang der Vererbungshierarchie „aufgesammelt" und dargestellt. Am Beispiel einer C++-Hierarchie zeigt Abbildung 3.4 auf der nächsten Seite sowohl die textuelle Darstellung mit Vererbung als auch die expandierte graphische Form.

3.3.3   Der Kontrollfluß

Daß der Kontrollfluß eine zentrale Rolle in der imperativen Programmierung einnimmt, wird in diesem Buch an mehreren Stellen belegt. Der Kontrollfluß zählt zu den Grundlagen (Ab-

```
class Point {
  float x_coord;
  float y_coord;
};
```

class Point

| x_coord |
| y_coord |

```
class BigPoint : Point {
  float size;
};
```

class BigPoint

| x_coord | inherited from Point |
| y_coord | inherited from Point |
| size |

Abbildung 3.4: Darstellung von Vererbung

schnitt 2.3.2) und ist zentraler Gegenstand der Kapitel über Metriken, Sprachkonversion und Restrukturierung (Kapitel 4, 5, 6). Es ist offensichtlich, daß damit auch im Programmverstehen die Visualisierung des Kontrollflusses eine zentrale Rolle einnimmt. Gebräuchliche Darstellungsarten sind

- Kontrollflußgraphen

- Struktogramme

- Petri-Netze

Kontrollflußgraphen sind die in Abschnitt 2.3.2 eingeführten Graphen, Struktogramme, auch Nassi-Schneidermann-Diagramme, wurden innerhalb der Strukturierten Programmierung entwickelt. Für nicht strukturierte Konstrukte müssen Erweiterungen der Darstellungsarten eingeführt werden, die zu Code-Duplizierung und Verwendung von Hilfsvariablen führen. Petri-Netze können vor allem Zustandübergänge und parallele Aktivitäten adäquat darstellen.

Als Beispiel für die Kontrollflußvisualisierung zeigt Abbildung 3.5 auf der nächsten Seite den Kontrollflußgraphen, den das Werkzeug HINDSIGHT für eine C-Funktion erzeugt. Abbildung 3.6 auf Seite 39 zeigt den Kontrollflußgraphen für ein FORTRAN-Programm, erzeugt von Logiscope.

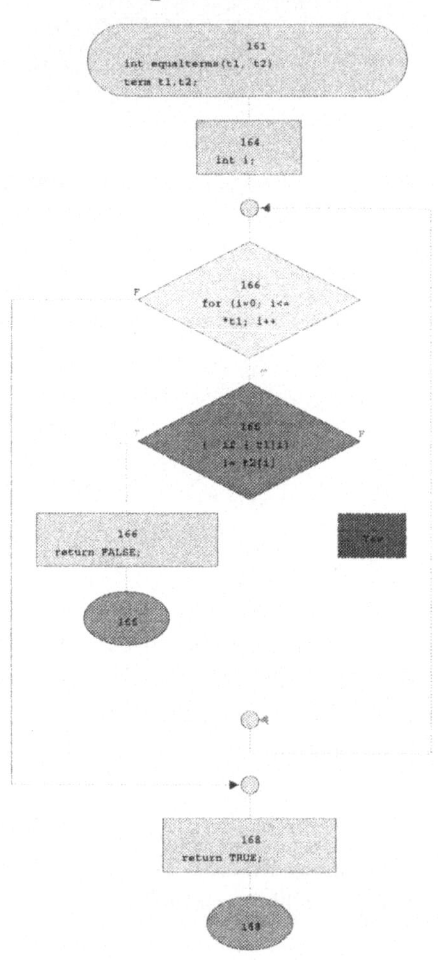

Abbildung 3.5: Kontrollflußgraph (Hindsight)

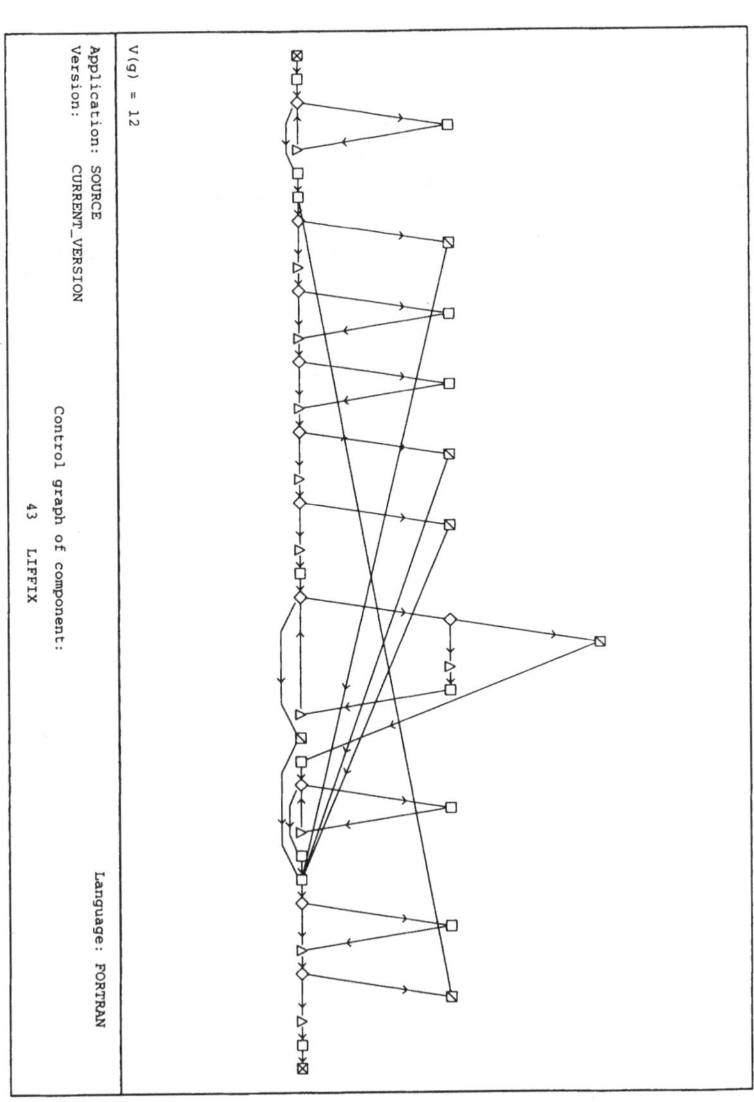

Abbildung 3.6: Kontrollflußgraph (Logiscope)

3.3.4   Der Datenfluß

Bei der Visualisierung des Datenflusses gibt es zwei Probleme:

1. Der Datenfluß ist i. allg. nicht berechenbar

2. Es existiert keine „Standarddarstellung"

Zum ersten Punkt ist anzumerken, daß für Sprachen mit Zeigern und Adressen die statische Datenflußanalyse i. allg. nicht berechenbar ist. Aber auch wenn für Teilbereiche eine Datenflußanalyse machbar ist, führt die Transitivität der Datenflußrelation zu einer exponentiellen Explosion des Datenflußgraphen.

Für den zweiten Punkt ist z. T. auch die oben genannte Komplexität verantwortlich. Für reale Programmgrößen kann der Datenfluß nicht mehr übersichtlich dargestellt werden. Man geht daher zu einer vereinfachten Darstellung über, und annotiert z. B. den Quelltext oder den Kontrollflußgraphen mit folgenden Informationen

- definierte Daten

- lesender Zugriff auf Daten

- schreibender Zugriff auf Daten

- ...

3.3.5   Darstellung anderer Eigenschaften

Andere Eigenschaften von Programmsystemen wie etwa die Aufrufhäufigkeit von bestimmten Prozeduren (Profiling zur Performanz-Optimierung), Metriken oder andere Qualitätseigenschaften können ebenfalls graphisch dargestellt werden, um ein schnelleres Erkennen von prägnanten Details zu ermöglichen. Zum Einsatz kommen hier die üblichen Graphikelemente der Geschäftsgraphik, z. B. Balken-, Säulen- oder Tortendiagramme. Abbildung 3.7 auf der nächsten Seite zeigt in einem Säulendiagramm die Komponenten eines Software-Systems bzgl. bestimmter Qualitätskriterien, die bei einem Reengineering-Projekt von Belang sein könnten. Das Diagramm wurde ebenfalls mit Logiscope erzeugt.

Eine ganz andere Eigenschaft von Programmvisualisierungssystemen (also nicht von den bisher betrachteten Progammsystemen) ist die Kopplung und die damit verbundene synchrone Darstellung von verschiedenen Sichten. So kann etwa die Veränderung des Fokus in einem Fenster einen Update eines anderen Fensters mit entsprechender Änderung des Fokus nach sich ziehen. Abbildung 3.8 auf Seite 42 zeigt hierfür ein Beispiel. Eine Änderung des Fokus im Textfenster zieht einen Update des Kontrollflußfensters nach sich und umgekehrt.

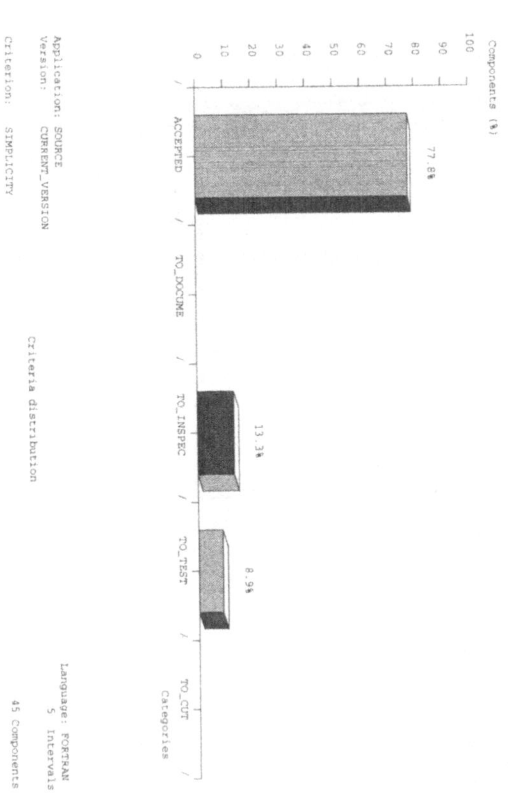

Abbildung 3.7: Säulendiagramm (Logiscope)

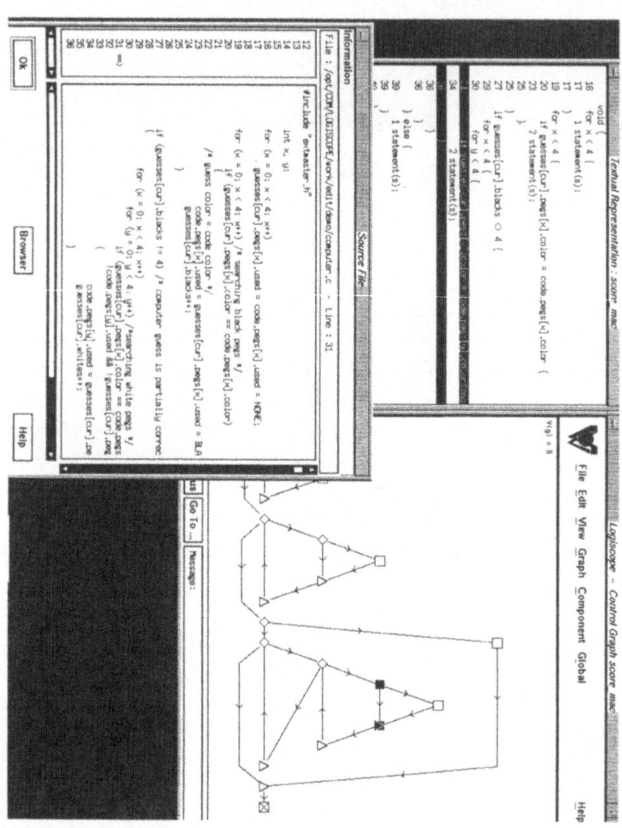

Abbildung 3.8: Gekoppelte Sichten (Logiscope)

3.4 Übungsaufgaben

Aufgabe 3.1 Bitten Sie einen Kommilitonen mit einigen seiner Übungsaufgaben aus dem Programmierkurs jeweils folgendes zu tun:

1. Entfernen aller Kommentare

2. Konsistentes Umbenennen aller Bezeichner in sinnlose Namen: Hugo, Fritz, Elfriede, ...

3. Verkürzen aller Bezeichner auf eine maximale Länge von eins oder zwei

4. Entfernen aller Einrückungen

Versuchen Sie diese geänderten Programme zu verstehen. Welche Änderungen beeinträchtigen das Programmverstehen am meisten? Fassen Sie gute Vorsätze für die Programme, die Sie zukünfig schreiben werden!

Aufgabe 3.2 Was ist an folgendem C-Progamm schlecht gelöst und sehr gefährlich?

```
if (condition1())
    if (condition2()) {
        doAction1();
        doAction2();
    }
else
    doSomeThingElse();
```

Aufgabe 3.3 In Programm 3.4 auf der nächsten Seite sehen Sie ein paar kleine Programmausschnitte in PL/I-Syntax, die jedoch auch für Pascal- und C-Programmierer verständlich sein sollten. Versuchen Sie für jeden dieser Ausschnitte herauszubekommen, was er tut, oder anders formuliert, versuchen Sie herauszufinden, was die Spezifikation dieser Programme war.

Aufgabe 3.4 Welche weiteren Darstellungsarten als die in Abschnitt 3.3 genannten wünschen Sie sich persönlich von einem Programmverstehenswerkzeug?

```
I = 3 - I;                        I = I - (I/2 * 2) + 1;


IF I = 1 THEN GO TO SKIP
I = 1;                            J = 2;
GO TO DONE;                       IF I = 2 THEN J = 1;
SKIP: I = 2;                      I = J;
DONE:


IF I = '2' THEN I = 1             IF I = 2 THEN I = 1;
ELSE I = 2                        IF I = 1 THEN I = 2;
```

Programm 3.4: Sechs Beispielprogramme zur Aufgabe 3.3

Kapitel 4

Metriken

Dieses Buch beschäftigt sich mit der Wartung von Software-Systemen oder genauer gesagt mit Techniken und Werkzeugen, die den Wartungsvorgang erleichtern (z. B. Programmverstehenswerkzeuge), oder die Qualität der Software in der Wartungphase erhöhen (z. B. Restrukturierung und Modularisierung von Software). Während die Qualität von Software den Vorgang des Programmverstehens implizit beeinflußt (ein „gutes" Programm ist sicher leichter zu verstehen und zu bearbeiten als ein „schlechtes"), ist die Erhöhung der Software-Qualität explizites Ziel einer Restrukturierung oder Modularisierung. Allgemeiner kann man sagen, daß die perfektionierende Wartung (siehe Seite 6) gerade die oben erwähnte Qualitätsverbesserung zum Ziel hat. Um den (perfektionierenden) Wartungsvorgang objektiv zu überwachen, muß also vor und nach den Wartungsvorgängen die Qualität der Software gemessen werden.

Was jedoch ist die Qualität eines Software-Systems? Welche Kriterien beeinflussen sie? Wie kann man sie messen?

Auf den Punkt gebracht formulierte DeMarco:

„You cannot control what you cannot measure! "

Man kann sehr viele Eigenschaften von Software messen: Die Größe des Quellprogramms, die Größe des ausführbaren Programms, die Anzahl der Personen-Monate oder die finanziellen Mittel zur Erstellung eines Programms, die Laufzeit eines Programms, die Anzahl und Struktur der Daten, die Komplexität der Ablauflogik und vieles mehr.

Für den Wartungsprozeß — und natürlich auch für den Software-Entwicklungsprozeß — sind nur einige wenige Eigenschaften interessant[1]:

---

[1]Betriebswirtschaftlich sehr wichtig sind natürlich auch die verursachten Kosten und Entwicklungszeiten. Wir betrachten zunächst nur qualitative, d. h. software-technische Kriterien.

1. die Größe

2. die Daten(-strukturen)

3. die Ablauflogik/Kontrollstrukturen

Wir stellen im folgenden Metriken aus diesen drei Bereichen vor. Danach betrachten wir einen Ansatz, der betriebswirtschaftliche und benutzerbezogene Aspekte ebenfalls einbezieht. Schließlich gehen wir auf spezielle Wartungsmetriken ein.

4.1   Die Größe von Software-Systemen

4.1.1   Die Größe eines Programms in Zeilen

Die Größe von Software-Systemen kann auf sehr unterschiedliche Art und Weise bestimmt werden. Eine sehr weit verbreitete Meßmethode ist, einfach die Zeilen eines Programms zu zählen. Die Maßeinheit ist LOC (Lines Of Code) bzw. KLOC (kilo LOC).

Es steht außer Frage, daß ein Programm mit vielen Kommentaren, geschickt eingestreuten Leerzeilen und Einrückungen für den Wartungsprozeß besser geeignet ist als dasselbe Programm ohne Kommentare. Andererseits soll eine Metrik ja eine bestimmte Aussage machen oder unterstützen. Wenn zwei in der Funktionalität identischen Programme unterschiedlich groß sind (in LOC), welches ist dann vorzuziehen?

Um solche Probleme zu vermeiden und um einen standardisierten Begriff einer Programm-Code-Zeile zu haben, definieren wir:

> Eine *Code-Zeile* ist eine Zeile eines Programmtextes, die nicht Kommentarzeile oder Leerzeile ist.

Damit ist die Maßeinheit LOC eindeutig definiert. Bemerkung: Das Unix-Programm `wc` (word count) ist damit nicht zur LOC-Bestimmung geeignet.

4.1.2   Die Größe eines Programms nach Halstead

Die LOC-Einheit ist nicht sehr aussagekräftig. So kann eine Code-Zeile etwa mehrere Anweisungen, aber auch nur einen Teil einer Anweisung enthalten. Eine Reihe von Metriken, die sehr viel detailliertere Aussagen über die Größe und Komplexität von Programmen erlauben, wurde von M. H. Halstead eingeführt. Sie wurden in [Hal77] publiziert und sind unter dem Oberbegriff *Software-Science-Metriken* bekannt. Sie beziehen sich auf die kleinsten syntaktischen Einheiten eines Programms, die Token.

Die Basismetriken sind

η_1 = Anzahl der unterschiedlichen Operatoren

η_2 = Anzahl der unterschiedlichen Operanden

N_1 = Gesamtzahl Operatoren

N_2 = Gesamtzahl Operanden

Dabei wird unter einem Operator jedes Symbol oder Schlüsselwort verstanden, das eine Aktion beschreibt. Ein Operand ist ein Symbol, das ein Datum repräsentiert. Syntaktische Elemente zur Programmkonstruktion zählen ebenfalls zu den Operatoren. Neben Variablen und Konstanten werden auch Marken (engl. Label, Sprungziel eines GOTOs) zu den Operanden gerechnet.

Operatoren der Sprache C sind z. B.

`+, -, ++, !, &&`   (arithmetische und logische Operatoren)

`while, for, do`   (Schlüsselwörter für Anweisungen)

`int, long, float`   (Schlüsselwörter für Deklarationen)

`=, (, ), .`   (spezielle Symbole)

Die Größe eines Programms nach Halstead (die Anzahl Operatoren und Operanden) ist dann

$$N = N_1 + N_2$$

Bemerkung: Ähnlich wie bei der Bestimmung der LOC bestehen unterschiedliche Auffassungen darüber, was ein Operator bzw. Operand ist. Während Halstead in seiner Originalarbeit [Hal77] Deklarationen nicht zu den Operatoren zählte, tendieren heute die meisten Forscher dazu, diese einzubeziehen. Ein ähnliches Problem ist die Klassifikation von Sprungmarken. Bei der Benutzung eines speziellen Metrikwerkzeugs sollte daher das Handbuch beachtet werden.

Ein weiteres Problem ist das Überladen von Operatoren. Ein häufiges Beispiel, das praktisch in allen Sprachen vorkommt, ist das Überladen des '+' für die Ganzzahl- und Fließpunktaddition (evtl. auch für die Mengenvereinigung). Hier scheint es sinnvoll, nicht zwischen den verschiedenen Pluszeichen zu unterscheiden. Die Sprache C++ erlaubt das Überladen von *benutzerdefinierten* Funktionen. Hier sollten die syntaktisch identisch, semantisch jedoch evtl. verschiedenen Operatoren auch als solche gezählt werden.

4.1.3 Das Vokabular eines Programms

Mit den Operatoren (η_1) und Operanden (η_2) wird den syntaktischen Regeln der Programmiersprache entsprechend das Programm konstruiert. Sie bilden das *Vokabular* des Programms. Die (Software-Science) Metrik η definiert das Vokabular als

$$\eta = \eta_1 + \eta_2$$

Das Vokabular eines Programms besitzt gewisse Analogien zur natürlichen Sprache. Ein Programmierer schöpft aus einem Gesamtvokabular eine Teilmenge als Vokabular für ein bestimmtes Programm. Mit diesen Wörtern werden alle Sätze des Programms gebildet. Das Gesamtvokabular wird durch die Programmiersprache (Schlüsselwörter) und den Einfallsreichtum des Programmierers (Bezeichner) bestimmt. Bei Programmiersprachen mit wenig Sprachkonstrukten wird bei großen Programmen die Zahl η_1 nahe dem durch die Sprache vorgegebenen maximalen Wert liegen. Bei komplexeren Sprachen (PL/I, C++) und kleineren Programmen wird η_1 den Maximalwert sicherlich bei weitem nicht ausschöpfen.

4.1.4 Das Volumen eines Programms

Die sehr bekannte und oft benutzte (Software-Science) Metrik *Volumen* berechnet den zur Codierung eines Programms benötigten Platz in *Bits*. Das *Volumen* V eines Programms ist definiert als

$$\begin{aligned}
V &= N * log_2\eta \\
&= (N_1 + N_2) * log_2(\eta_1 + \eta_2)
\end{aligned}$$

Daß dies der minimale Platzbedarf zur Darstellung des Programms ist, ist leicht ersichtlich: Zur Darstellung der η verschiedenen Operatoren und Operanden werden $log_2\eta$ Bits benötigt. Das Programm selbst besteht aus einer Sequenz der Länge N dieses Vokabulars. Man benötigt also $N * log_2\eta$ Bits zur Darstellung des Programms.

Obwohl die Programmzeilen (LOC), die Größe (N) und das Volumen (V) eines Programms sehr unterschiedliche Maßzahlen sind, scheinen sie dieselbe Programmcharakteristik zu messen: Eine Untersuchung von über 1000 kommerziellen Programmen ([CFS81]) ergab, daß die Programmzeilen, N und V für ein Programm linear sind, d. h. die entsprechenden Quotienten lagen über die 1000 Programme in sehr engen Grenzen. Untersuchungen des Autors [Mül96a] bzgl. LOC, Volumen und zyklomatischer Komplexität (siehe Abschnitt 4.3.1) kommen zu einem ähnlichen Ergebnis, wenngleich hier die Stichprobengröße keine gesicherten statistischen Aussagen zuläßt.

4.2　Metriken zur Erfassung von Daten und Datenstrukturen

Die Verarbeitung von Daten ist das zentrale Thema der EDV (elektronische *Daten*verarbeitung). Im Bereich Metriken sind die Ansätze bzgl. Daten und Datenstrukturen allerdings bei weitem nicht so zahlreich und umfangreich, wie im Bereich Verarbeitung. Dies scheint darauf zurückzuführen zu sein, daß der algorithmische Teil eines Programms die Programmkomplexität zu großen Teilen bestimmt. Der metrischen Erfassung der algorithmischen Komplexität ist Abschnitt 4.3 gewidmet. Den Bereich Daten werden wir nur sehr kurz ansprechen.

Je mehr Variablen ein Programm enthält, desto komplexer wird es wahrscheinlich sein. Es besteht also ein offensichtlicher Zusammenhang zwischen der Variablenanzahl und der Programmkomplexität. Dies rechtfertigt die Einführung einer simplen Variablenmetrik VARS, dem einfachen Zählen der Variablen (keine Mehrfachvorkommen). Eine weitere Datenmetrik ist uns bereits aus Abschnitt 4.1.2 bekannt. Die Metrik η_2 ist eine datenbasierte Metrik, da sie die durch den Programmierer eingeführte Datenelemente zählt.

Die VARS Metrik fließt in Halsteads η_2 ein. Hinzu kommen noch Konstanten und Marken. Es gilt also:

$$\eta_2 = VARS + Konstanten + Marken$$

Wie bei der Größe von Programmen (Abschnitt 4.1.2) ist η_2 nicht geeignet, die „Menge der verwendeten Daten", sondern nur die unterschiedlichen Daten zu quantifizieren. Ist dies gewünscht, geht man zum bereits bekannten Maß N_2 über.

Damit beschließen wir den Abschnitt über Datenmetriken. Es bleibt anzumerken, daß die wenigen Ansätze zu Datenmetriken[2] nicht auf eine geringere Wichtigkeit von Daten im Gegensatz zur Ablauflogik hindeuten. Vielmehr ist es so, daß erstens in der imperativen Programmierung der algorithmische Teil eines Programms hauptsächlich die Programmkomplexität bestimmt, und zweitens die großen Datenbestände nicht in Programmen, sondern in Datenbanken zu finden sind. Da hier ausschließlich Daten gespeichert werden, läßt sich die Größe relativ leicht angeben. Sie beträgt heute bei industriellen Anwendungen leicht mehrere Gigabyte (als einfache, aber aussagefähige Maßeinheit). Andere aussagekräftige Angaben sind die Anzahl der Segmente (bei hierarchischen Datenbanken) oder die Anzahl der Relationen und Attribute (bei relationalen Datenbanken).

---

[2]Es existieren noch weitere Datenmetriken, z.B. die durchschnittliche Anzahl lebender Variablen ($\overline{LV}$) innerhalb einer Prozedur oder die Variablenspanne (SP), die beide ein Maß für die Referenzhäufigkeit einer Variablen pro Programmsegment bilden. Diese Metriken sind jedoch nicht sehr verbreitet und werden daher nicht weiter betrachtet.

4.3　Metriken der Ablauflogik

Die Ablauflogik eines Programms wird i.allg. sehr eng mit dem Programm als solches assoziiert. Spricht man von einem komplexen oder schwer zu verstehenden Programm, meint man eigentlich eine komplexe oder schwer zu verstehende Ablauflogik. Da Metriken zur quantitativen Messung der Programmkomplexität eingesetzt werden, ist leicht nachzuvollziehen, daß viele Metriken für die Ablauflogik von Programmen entwickelt wurden.

4.3.1　Zyklomatische Komplexität

Die durch T. J. McCabe [McC76] eingeführte zyklomatische Komplexität ist ein Maß für die unabhängigen Pfade durch ein Programm. Sie steht in unmittelbarem Zusammenhang mit der Testbarkeit und Wartbarkeit eines Programms. Um ein Programm zu testen, muß es mindestens so viele verschiedene Testfälle geben, wie es Pfade durch das Programm gibt, damit jeder Pfad mindestens einmal durchlaufen wird. Für die Wartbarkeit wird allgemein angenommen, daß der Wartungsaufwand in enger Beziehung zu den Pfaden eines Programms steht. Anschaulich kann man sagen, daß die Anzahl der Pfade den Wartungsaufwand bestimmt, da bei Änderungen um so mehr Abhängigkeiten beachtet werden müssen, je mehr Pfade es gibt.

Die zyklomatische Komplexität v(G) für ein Programm ist ganz ähnlich der zyklomatischen Zahl eines gerichteten Graphen [Wil72] definiert:

$$v(G) = e - n + p$$

wobei e die Zahl der Kanten (edges), n die Zahl der Knoten (nodes) und p die Anzahl der verbundenen Komponenten des Graphen G ist. Nach Definition wird für die zyklomatische Komplexität die Anzahl der verbundenen Komponenten mit 2 angenommen (der Kontrollflußgraph selbst und eine Linie vom Ausgang des Kontrollflußgraphen zum Eingang). Die zyklomatische Komplexität ist dann

$$v(G) = e - n + 2$$

Der Kontrollflußgraph in Abbildung 4.1 auf der nächsten Seite hat 20 Kanten und 17 Knoten, so daß seine zyklomatische Komplexität

$$v(G) = 20 - 17 + 2 = 5$$

ist.

Der in Abbildung 4.1 dargestellte Kontrollflußgraph hat im Gegensatz zu den in Abschnitt 2.3.2 eingeführten Kontrollflußgraphen keine ein- und abführende Kanten. Dies ist durch

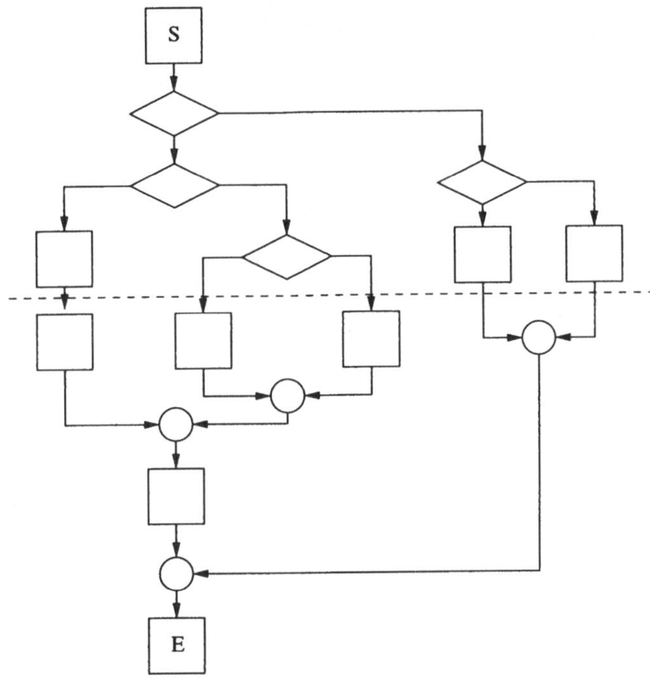

Abbildung 4.1: Flußdiagramm mit 20 Kanten und 17 Knoten

den graphtheoretischen Ursprung begründet, wo eine Kante durch ein Knotenpaar definiert ist.

Durch eine geringfügige andere (äquivalente) Definition können aber die Kontrollflußgraphen aus Abschnitt 2.3.2 verwendet werden: Die Konstante p=2 wird der Kantenanzahl e zugesprochen und ein- und abführende Kanten (2) werden bei e mitgezählt.

Um das Konzept der unabhängigen Pfade eines Programms in der zyklomatischen Komplexität wiederzuerkennen, betrachten wir noch einmal das Flußdiagramm in Abbildung 4.1. An seiner „breitesten" Stelle ist horizontal ein Schnitt angedeutet. Dieser Schnitt kreuzt 5 verschiedene Pfade des Programms, was gerade der zyklomatischen Komplexität entspricht. Dies ist allerdings nur bei diesem Beispiel so. Wie wir noch sehen werden, wird die zyklommatische Komplexität von den bedingten Verzweigungen verursacht, die in diesem Beispiel maximal verschachtelt und somit maximal „breit" sind. Bei nicht verschachtelten Verzweigungen erhalten wir den minimal „breiten" Graph, mit einem Schnitt von lediglich 2 Pfaden. Bei den degenerierten Programmen, deren Flußdiagramm man in Abbildung 4.2 auf der nächsten Seite sieht, ist die zyklomatische Komplexität jeweils 1. Man benötigt also nur einen Testfall, um alle möglichen Pfade des Programms zu erreichen.

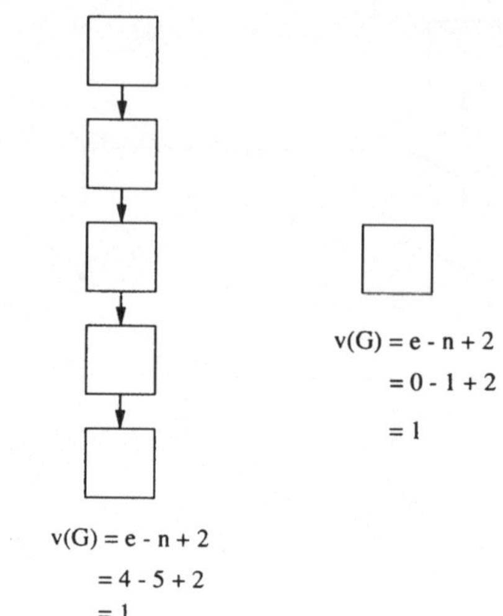

Abbildung 4.2: Degenerierte Flußdiagramme

Die graphbasierte Definition der zyklomatischen Komplexität bedeutet nicht, daß deren Bestimmung notwendigerweise über das Flußdiagramm zu geschehen hat. Durch ein paar einfache Überlegungen kann man die Berechnung der zyklomatischen Komplexität auf eine rein syntaktische Analyse des Quelltextes zurückführen. Unter den drei Knotenarten haben Funktions- und Sammelknoten jeweils einen Ausgang, Prädikatknoten haben zwei Ausgänge. Besitzt ein Kontrollflußgraph keine Prädikatknoten (z. B. die Kontrollflußgraphen in Abbildung 4.2), so ist $e = n - 1$. Daß die Anzahl der Knoten um 1 größer als die der Kanten ist, ist auf die fehlende Ausgangskante des Endknotens (bei dieser Betrachtung) zurückzuführen.

Für jeden Prädikatknoten erhält der Kontrollflußgraph eine zusätzliche Kante, so daß für einen Kontrollflußgraph mit p Prädikatknoten die Anzahl der Kanten $e = n - 1 + p$ ist. Durch Umformung dieser Gleichung erhält man

$$\begin{aligned} e - n &= p - 1 \\ v(G) = e - n + 2 &= p + 1 \end{aligned}$$

Die zyklomatische Komplexität kann also ganz einfach durch Zählen der Prädikatknoten, bzw. auf Quell-Code-Ebene durch Zählen der Verzweigungen berechnet werden.

Die bisher betrachteten Programme hatten weder Schleifen, noch Unterprogrammaufrufe. Wie diese die zyklomatische Komplexität beeinflussen, werden wir im folgenden untersuchen. Wir betrachten die beiden Schleifen WhileDo und DoUntil (siehe auch Abbildung 4.3 auf der nächsten Seite).

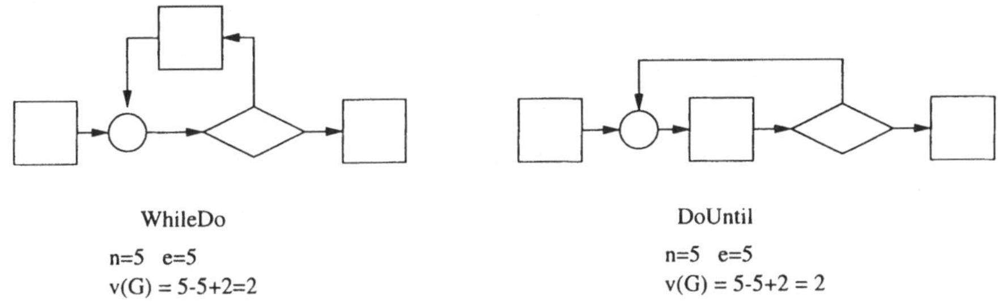

Abbildung 4.3: Zyklomatische Komplexität von Schleifen

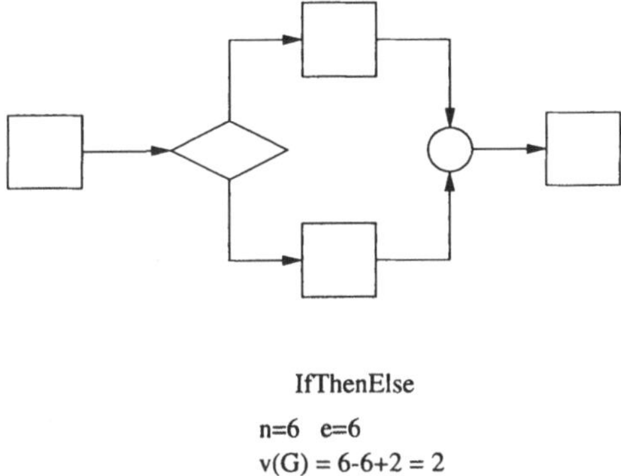

Abbildung 4.4: Zyklomatische Komplexität eines IfThenElse

Wir erhalten in beiden Fällen dieselbe zyklomatische Komplexität wie bei einer einfachen Verzweigung (Abbildung 4.4). Dies ist auch sofort einsichtig, wenn man die Kontrollflußdiagramme analysiert. Sie enthalten genau einen Prädikatknoten und ob der Sprung nach vorn (Verzweigung) oder nach hinten (Schleife) weist, ist für die Berechnung von $v(G)$ irrelevant. Für die Berechnung der zyklomatischen Komplexität bedeutet dies, daß z. B. in C nicht nur das Schlüsselwort `if` $v(G)$ um eins inkrementiert, sondern auch die Schlüsselwörter `while`, `do` und `for`.

Wie verhält sich die zyklomatische Komplexität bei Verzweigungen, deren boole'schen Bedingungen nicht einfach, sondern mit dem logischen UND oder ODER verknüpft sind? Ein komplexer Prädikatknoten kann durch zwei einfache Prädikatknoten beschrieben werden. Abbildung 4.5 auf der nächsten Seite zeigt das entsprechende Schema für IfThen.

Die zyklomatische Komplexität wird also auch bei den Schlüsselwörtern für logische Verknüpfungen (in C `&&` und `||`) inkrementiert.

Als letzter Punkt steht noch die Untersuchung von Unterprogrammen und Unterprogramm-

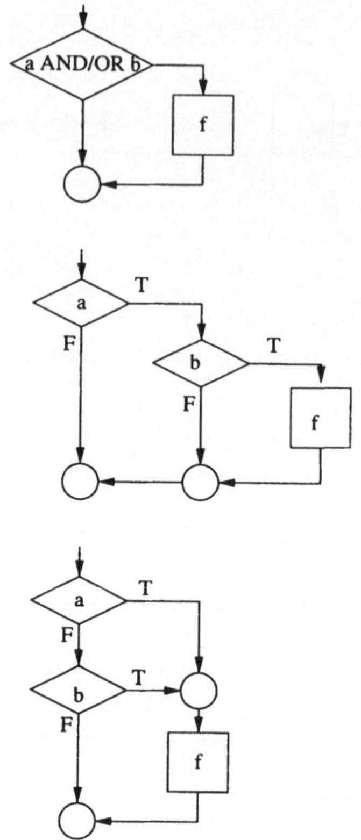

Abbildung 4.5: Zyklomatische Komplexität bei boole'schen Ausdrücken

aufrufen an. Abbildung 4.6 auf der nächsten Seite zeigt schematisch ein Kontrollflußdiagramm mit Unterprogrammaufruf.

Für Haupt- und Unterprogramme gelten

$$v(G_1) \;=\; e_1 - n_1 + 2$$
$$v(G_2) \;=\; e_2 - n_2 + 2$$

Da rufendes und aufgerufenes Programm durch einen *call* und ein *return* verbunden sind, ist die zyklomatische Komplexität für den Gesamtgraph

$$\begin{aligned}
v(G) &= (e_1 + e_2 + 2) - (n_1 + n_2) + 2 \\
     &= (e_1 - n_1 + 2) + (e_2 - n_2 + 2) \\
     &= v(G_1) + v(G_2)
\end{aligned}$$

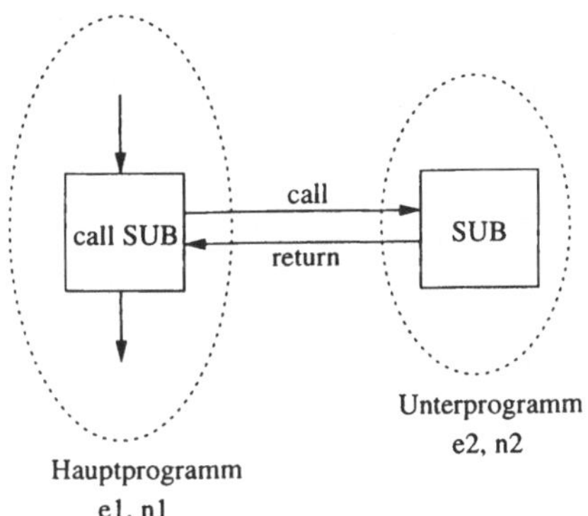

Abbildung 4.6: Zyklomatische Komplexität von Unterprogrammen

Allgemein wird die zyklomatische Komplexität eines Programms durch Summation der zyklomatischen Komplexitäten aller Unterprogramme berechnet.

4.3.2 GOTO-Metriken

Im Gegensatz zu McCabe's zyklomatischer Komplexität ist die ebenfalls von McCabe stammende *essentielle Komplexität* kein Maß für die logische Komplexität eines Programms, sondern eher für die Strukturiertheit oder besser Unstrukturiertheit eines Programms. Diese Unstrukturiertheit ist auf die unkontrollierte Verwendung des GOTOs zurückzuführen. Die essentielle Komplexität beschränkt sich jedoch nicht auf das einfache Zählen von GOTOs, sondern unterscheidet in „gute" und „schlechte" GOTOs. Gute GOTOs werden benutzt, um komplexe Verzweigungen oder Schleifen zu simulieren. In frühen Versionen von z. B. FORTRAN und COBOL war dies notwendig, da die entsprechenden höheren Programmierkonstrukte nicht vorhanden waren. Schlechte GOTOs sind GOTOs, die nicht an den Beginn oder das Ende eines Programmsegments (Verzweigung, Schleife, Prozedur) springen, sondern mitten hinein.

Die essentielle Komplexität ist definiert als die Anzahl der GOTOs, die nicht an das Ende oder den Beginn eines Programmsegments springen. Für ein strukturiertes Programm ist die essentielle Komplexität daher gleich 1.

Eine weitere GOTO-bezogene Metrik ist die sogenannte Knotenzahl (knot count). Werden für ein Programm die zusammengehörenden IF und ENDIF sowie die GOTOs und Marken miteinander verbunden, so ist die Knotenzahl die Anzahl der Überschneidungen der Verbindungslinien. Abbildung 4.7 auf der nächsten Seite zeigt ein Beispiel, für das die Knotenzahl vier beträgt.

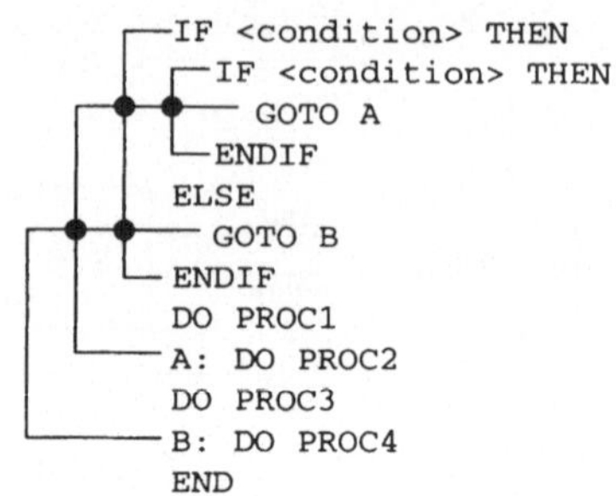

Abbildung 4.7: Knotenzahl: Überschneidungen von Verbindungslinien

4.4 Function-Points

Die bisher beschriebenen Metriken messen bestimmte Eigenschaften des Quell-Codes,
z. B. Größe, Komplexität und Strukturiertheit. Sie sind daher nicht für alle Einsatzgebiete
geeignet. Zum einen lassen sie funktionale Eigenschaften von Anwendungen außer acht,
zum anderen sind sie wenig geeignet, Schätzungen bzgl. Neuentwicklungen bzw. Erweiterungen innerhalb der Wartung zu unterstützen, da die zu messenden Programme noch nicht
existieren. Die Metriken, die sich auf die Programmgröße beziehen (LOC, Halstead's Volumen), weisen zudem die paradoxe Eigenschaft auf, daß höher entwickelte Sprachen bei der
Betrachtung der Entwicklungskosten pro Größeneinheit benachteiligt werden. Tabelle 4.1
auf der nächsten Seite zeigt eine exemplarische Berechnung der Kosten einer Anwendung
pro LOC. Das Fallbeispiel A ist eine Assembler-Implementierung, Fallbeispiel B ist in einer Sprache der dritten Generation implementiert, z. B. FORTRAN, COBOL oder PL/I.
Die Aufwände unterscheiden sich nur in den Einträgen für Codierung, Integration/Test und
Management/Support. Bei der Betrachtung der Kosten pro LOC schneidet die Sprache der
dritten Generation deutlich schlechter ab, da die fixen Kosten von Analyse, Design und
Dokumentation auf weniger Code-Zeilen aufgeteilt werden.

Allan Albrecht stellte 1979 die sogenannte Function-Point-Methode [Alb79] vor, die die genannten drei Probleme größtenteils beseitigt. Die Function-Point-Methode versucht, eine
Anwendung bzgl. ihrer Funktionalität aus Benutzersicht zu quantifizieren. Sie kann daher zur Projektplanung und -überwachung (Problem 1) eingesetzt werden. Die Bewertung
der Funktionalität (Problem 2) entspricht der Intention/Definition der Methode. Und die
betriebswirtschaftliche Sicht auf die Produktivität (Kosten pro LOC versus Kosten pro
Function-Point, Problem 3) entspricht der Informationstechnischen Einordnung der Programmiersprachen. Dieser letzte Punkt ist in Tabelle 4.2 auf Seite 58 dargestellt, der die
vorherige Rechnung mit LOC analog mit Function-Points durchführt. Man erkennt, daß in
dieser Rechnung bei 3GL-Sprachen die Kosten pro FP sinken, was dem betriebswirtschaft-

	Fallbeispiel A Assembler 10000 LOC	Fallbeispiel B 3GL-Sprache 3000 LOC
Analyse	2 Monate	2 Monate
Design	3 Monate	3 Monate
Codierung	10 Monate	3 Monate
Integration/Test	5 Monate	3 Monate
Benutzer-Dokumentation	2 Monate	2 Monate
Management/Support	3 Monate	2 Monate
Gesamtaufwand	25 Monate	15 Monate
Gesamtkosten	125000 $	75000 $
Kosten pro Zeile	12,50 $	25,00 $
Zeilen pro PM	400	200

Tabelle 4.1: Paradoxon der Produktivität bei LOC-Berechnung

lichen Produktivitätsbegriff entspricht.

Bevor wir auf die eigentliche Berechnung der Function-Points eingehen, möchten wir die Vorbedingungen und einige Regeln für die Function-Point-Methode aus [IBM85] wiederholen:

- Eine Bewertung kann erst durchgeführt werden, wenn die Projektanforderungen bekannt sind. Je klarer die Anforderungen vorliegen, vielleicht sogar in der Function-Point-Form definiert sind, desto treffender wird das Ergebnis sein.

- Eine Bewertung sollte von Mitarbeitern durchgeführt werden, die ein ausreichendes Wissen über die Anforderung haben. Ideal ist es, wenn IS- und Benutzer-Mitarbeiter die Bewertung gemeinsam machen.

- Bei der Bewertung muß die gesamte Anwendung/Projektanforderung betrachtet werden. Die Methode kann nicht angewandt werden bei Schätzungen auf Modul- oder Programmebene; dies würde falsche Ergebnisse bringen.

	Fallbeispiel A Assembler 30 FP	Fallbeispiel B 3GL-Sprache 30 FP
Analyse	2 Monate	2 Monate
Design	3 Monate	3 Monate
Codierung	10 Monate	3 Monate
Integration/Test	5 Monate	3 Monate
Benutzer-Docu	2 Monate	2 Monate
Management/Support	3 Monate	2 Monate
Gesamtaufwand	25 Monate	15 Monate
Gesamtkosten	125000 $	75000 $
Kosten pro FP	4166,67 $	2500 $
FP pro PM	1,2	2,0

Tabelle 4.2: Tabelle 4.1 mit Function-Points

- Die Methode ist, wenn die Anfangsschwierigkeiten überwunden sind, leicht anzuwenden und nicht zeitaufwendig. Die Projektanforderungen sollten nicht besonders minuziös zergliedert werden, sondern die gesamte Anwendung muß im Blickfeld stehen.

- Beim Einsatz dieser Methode ist sehr streng darauf zu achten, daß das Anwendungsprojekt aus der Sicht des Benutzers betrachtet wird.

4.4.1   Die Berechnung der Function-Points

Um die Function-Points eines Projekt zu bestimmen, werden die Basisfunktionen der Anwendung identifiziert. Die Function-Point-Methode unterscheidet zwischen externen Ein- und Ausgaben, internen und externen Dateizugriffen sowie Anfragen. Da in einem konkreten Projekt mit einer gewissen Spannbreite der Komplexität dieser fünf Basisfunktionen zu rechnen ist, wird ein dreigeteiltes Komplexitätsmaß niedrig/mittel/hoch eingeführt und individuell gewichtet. Tabelle 4.3 auf der nächsten Seite zeigt diese Gewichtungsfaktoren.

Exemplarisch wollen wir die externen Ausgaben näher beschreiben. Es wird jede Ausga-

| Basisfunktionen | | Gewichtungsfaktor (Kompl.) | | |
original	deutsch	niedrig	mittel	hoch
External Inputs	Externe Eingaben	3	4	6
External Outputs	Externe Ausgaben	4	5	7
Internal Logical Files	Interne Dateizugriffe	7	10	15
External Interface Files	Externe Dateizugriffe	5	7	10
External Inquiries	Externe Anfragen	3	4	6

Tabelle 4.3: Gewichtungsfaktoren der Basisfunktionen

be, die in der Anwendung zu erstellen ist, gezählt. Solche Ausgaben können z. B. Bildschirmausgaben, Interface-Dateien zu anderen Anwendungen, Berichte in Listenform oder Formulare, Ausgaben auf Micro-Fiche usw. sein. Für jede Ausgabe wird ihre Komplexität bestimmt. Für Listenausgaben wird etwa bei der Anzahl der Spalten oder Anzahl der Gruppenwechsel unterschieden. 1-6/7-15/>15 Spalten und 1/2-3/>3 Gruppenwechsel werden als niedrig/mittel/hohe Komplexität eingestuft. Die eingestuften und aufsummierten Angaben werden mit den Gewichtungsfaktoren aus Tabelle 4.3 multipliziert und summiert. Dieser Wert ist der FP-Wert der Anwendung für externe Ausgaben. Die FP-Werte für die anderen Basisfunktionen werden analog berechnet. Die Summe der fünf Werte ergibt die FPs der Anwendung. Dieser FP-Wert wird in einem zweiten Gewichtungsschritt noch einmal den verschiedenen Einsatzgebieten angepaßt. Tabelle 4.4 auf der nächsten Seite zeigt 14 Korrekturfaktoren, die sogenannten *General System Characteristics*, mit einem Wertebereich von je 0 bis 5 („Einfluß nicht vorhanden" bis „sehr starker Einfluß"). Die angepaßten Function-Points (AFP, adjusted function points) errechnen sich dann als

$$AFP = FP * (0,65 + 0,01 * \sum C_i)$$

Ein Ziel der Function-Point-Methode war die Projektplanung. Wie kann man nun mit Hilfe der berechneten Function-Points für ein Projekt die Projektplanung unterstützen? Aufgrund einer Vielzahl von durchgeführten Projekten können die Function-Points eines Projekts mit den zur Entwicklung benötigten Personenmonaten korreliert werden[3]. Es ergibt sich eine Tabelle, bzw. in graphischer Darstellung eine Kurve (Abbildung 4.8 auf Seite 61), in der sich leicht die benötigten Personenmonate für gegebene Function-Points ablesen lassen. Auf

---

[3]Diese Korrelation ist natürlich nur gegeben, wenn andere, bisher nicht betrachtete Einflußgrößen konstant sind, z. B. Programmiersprache, Entwicklungsmethodik und Entwicklungsumgebung. Wir gehen darauf im nächsten Abschnitt ein.

C_1	Data communication	Datenaustausch mit externen Programmen
C_2	Distributed functions	Applikation auf mehr als einem Prozessor
C_3	Performance objectives	Leistungsanforderung durch den Kunden
C_4	Heavily used configuration	Starke Konfigurationsabhängigkeiten
C_5	Transaction rate	Hohe Anforderungen an die Durchsatzraten
C_6	On-Line data entry	Interaktive Benutzung
C_7	End-user efficience	Güte der Mensch-Maschine-Schnittstelle
C_8	On-Line update	Sofortiger Update der Daten
C_9	Complex processing	Komplexe interne Verarbeitung
C_{10}	Reusability	Wiederverwendbarkeit
C_{11}	Installation ease	Güte der Installation
C_{12}	Operational use	Güte der Administration
C_{13}	Multiple sites	mehrere (heterogene) Installationen
C_{14}	Facilitate change	Schnelligkeit von Datenänderungen

Tabelle 4.4: Korrekturfaktoren (General System Characteristics)

diese Weise unterstützt die Function-Point-Methode also die Aufwandsschätzung bei Projekten. Alternativ dazu kann die Function-Point-Methode auch für Produktivitätsanalysen verwendet werden, indem in einem Projekt die Function-Points und die benötigten Personenmonate mit den Eintragungen in der Tabelle verglichen werden. Dies gehört bereits zur „rückwärts" gerichteten Verwendung von Function-Points, die wir im nächsten Abschnitt beschreiben.

4.4.2 Alternative Verwendung der Function-Points

Die Function-Point-Methode geht von den funktionalen Anforderungen an eine Anwendung aus, berechnet die Function-Points für diese Funktionalität und läßt dann eine Schätzung der benötigten Personenmonate zur Implementierung dieser Funktionalität zu. Variable Größen in diesem formalisierten Prozeß sind die General System Characteristics und andere zentrale Punkte einer Software-Entwicklung, wie etwa die verwendete Programmiersprache. Bei einer „Rückwärtsverwendung" der Function-Point-Methode kann sie wie die im

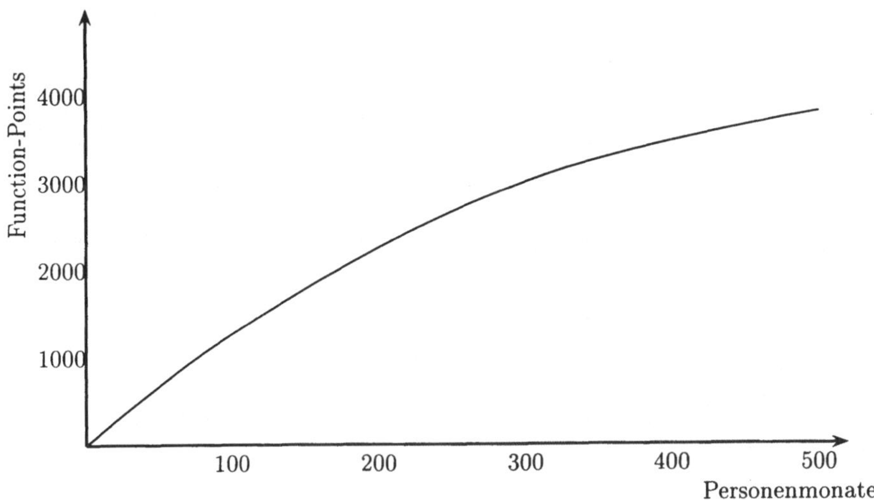

Abbildung 4.8: Verhältnis Function-Points zu Personenmonate

Abschnitt 4.1 beschriebenen Metriken als Quell-Code-Metrik verwendet werden. Die variablen Größen müssen dazu bekannt sein, d. h. nicht aus dem Quell-Code extrahierbare Eigenschaften, wie die General System Characteristics[4], müssen manuell eingegeben werden. Ansonsten werden die Function-Points aus gegebenem Quell-Code berechnet. Den Einfluß der Programmiersprache auf die Function-Points gibt Tabelle 4.5 auf der nächsten Seite wieder, die für eine Auswahl von Programmiersprachen den Level (Reifegrad, siehe auch die beiden Beispielrechnungen in den Tabellen 4.1 auf Seite 57 und 4.2 auf Seite 58) und die benötigten Statements (LOC) pro FP angeben.

Zu beachten ist, daß diese Tabelle die Umrechnung von LOC in Function-Points und umgekehrt ermöglicht. Dies kann aber nur eine Näherung sein, da die Definition von Function-Points funktionale Eigenschaften beachtet, LOC aber nicht. Eine exakte Umrechnung darf also nicht nur Code-Zeilen zählen, sondern muß auch die Semantik der Code-Zeilen, nämlich die fünf Basisfunktionalitäten der Function-Points berücksichtigen.

4.5   Kann man Wartbarkeit messen?

Die Wartbarkeit von Systemen sinkt, wenn ihre Größe und Komplexität steigt. Metriken wie Halstead's Volumen und McCabe's zyklomatische Komplexität sind damit sicherlich

---

[4]Siehe auch die Beschreibung von VIA/Recap auf Seite 138.

Sprache	Level	Anweisungen im Quell-Code (LOC) pro Function-Point
Assembler	1,0	320
ALGOL	3,0	107
C	2,5	128
COBOL74	3,0	107
COBOL85	3,5	91
FORTRAN	3,0	107
PL/I	4,0	80
PROLOG	5,0	64
SQL	17,0	12

Tabelle 4.5: Korrelation von Function-Points und LOC

geeignet, Anhaltspunkte zur Wartbarkeit eines Systems zu geben. Sie sind aber bei weitem nicht geignet, Wartbarkeit in *allen* Teilaspekten zu erfassen. Oman und Hagemeister [OH92] haben untersucht, welche Einflußgrößen bzgl. der Wartbarkeit existieren. Auf der obersten Ebene kann man zwischen

- dem Management (Personal, Methoden, Prozesse)

- der operationalen Infrastruktur (Hardware, Software, Betrieb)

- und dem eigentlichen Software-System (Reifegrad, Source-Code, Dokumentation)

unterscheiden.

Die ersten beiden Punkte müssen durch Consulting-Verfahren ermittelt werden, wie sie unter anderem im Kapitel 9 beschrieben werden. Informationen zum Punkt drei können größtenteils automatisch aus dem Source-Code und aus Bibliothekssystemen entnommen werden.

In [OH92] wird eine große Anzahl verschiedener Eigenschaften von Software-Systemen genannt, die die Wartbarkeit beeinflussen. Obwohl es im Augenblick kein kommerzielles Werkzeug gibt, daß alle diese Eigenschaften berücksichtigt, geben wir diese im folgenden an. Allein die Anzahl der Eigenschaften macht deutlich, wie ungemein vielfältig der Wartungsprozeß ist und wie vielen Einflußgrößen er unterliegt. Der studentische Leser kann anhand der Liste seinen eigenen Programmierstil überprüfen. Der Praktiker kann die Liste zum Abgleich des EDV-Handbuchs benutzen und so evtl. die gängigen Konventionen im Betrieb verbessern.

Die charakteristischen Einflußgrößen von Software-Systemen können in den Reifegrad, den eigentlichen Source-Code und die unterstützende Dokumentation unterschieden werden.

4.5.1 Der Reifegrad

Unter den Reifegrad einer Anwendung fallen Maße, die das Alter und die Intensität der Verwendung innerhalb des Wartungsprozesses beschreiben.

1. *Alter*   Das Alter der Anwendung in Monaten.

2. *Größe*   Die Größe in KNCSS ((Kilo) Non-Commented Source Statements)

3. *Stabilität*   Ein Maß für die Änderungshäufigkeit bezogen auf die Größe. Es ist Stabilität = 1 - CF, wobei für CF, den Change Factor gilt: $CF = e^{C_n - C_1} * \sum_{i=1}^{n} \frac{C_i}{i}$. Dabei ist C_i der Prozentsatz der Code-Zeilen, die sich im i-letzten Quartal geändert haben.

4. *Wartungsintensität*   Die Wartungsintensität (MI) ist ein Maß für die Wartungsaktivitäten pro Zeiteinheit (MA). MA_i ist der Aufwand der Wartungsarbeiten bezogen auf den Gesamtaufwand im i-letzten Quartal. $MI = e^D * \sum_{i=1}^{n} \frac{MA_i}{i}$

5. *Defektintensität*   Ein Maß für die Häufigkeit von Defekten (gemeldete Code-Fehler). $DI = e^{DD_n - DD_i} * \sum_{i=1}^{n} \frac{DD_i}{i}$ mit der Defect Density $DD_i = \frac{\text{defects}_i}{\text{KNCSS}_i}$

6. *Zuverlässigkeit*   Ein Maß für die Fehlerhäufigkeit von Laufzeitfehlern für die Zeiteinheit t: $R(t) = e^{-FI*t}$, FI ist die Fehlerhäufigkeit pro Stunde (Failure Intensity).

7. *Wiederverwendung*   Der Prozentsatz der Code-Zeilen, die aus einem anderen System übernommen wurden.

8. *Subjektive Einschätzung*   Eine Einschätung der folgenden Charakteristiken: Programmiersprachenkomplexität, Komplexität der Anwendung, Entwicklungsaufwand, benutzte Entwicklungstechnik, Änderungshäufigkeit der Requirements, Produktabhängigkeiten, Komplexität der Diagnosetechniken, Testüberdeckung, Komplexität der Testprozeduren, Installation, Effizienz.

4.5.2 Source-Code

Die wartungsbeeinflussenden Charakteristiken von Source-Code kann man weiter aufteilen in

1. Kontrollstrukturen,

2. Informationsstrukturen, und

3. Typographie, Namenskonventionen und Kommentierung.

Dabei kann man zwischen systemweiten (Anwendung) und komponentenweiten (Programm, Prozeduren, Funktionen) Charakteristiken unterscheiden, so daß sich eine Sechsteilung ergibt.

4.5.2.1 Systemkontrollstrukturen

Hier wird versucht, die Kontrollstrukturen auf Systemebene, d. h. *zwischen* den Modulen, die Aufteilung in Module und die Art der Implementeriung (z. B. Kapselung und Reuse) zu erfassen.

1. *Modularität*   Zweitupel aus Anzahl Module und durchschnittlicher Modulgröße in KNCSS.

2. *Komplexität*   Zweitupel aus McCabe's zyklomatischer Komplexität und Halstead's Effort[5]

3. *Konsistenz*   Zweitupel aus Standardabweichung der Modulgröße und Standardabweichung McCabe's zyklomatischer Komplexität über alle Module.

4. *Schachtelung (Nesting)*   Dreitupel aus der maximalen und durchschnittlichen Schachtelungstiefe sowie dem prozentualen Anteil der geschachtelten Module.

5. *Kontrollflußkopplung (Control Coupling)*   Ein Maß für die Kopplung der Systemkomponenten untereinander, definiert als das Quadrat der Anzahl Modulaufrufe (Fan Out).

6. *Kapselung*   Ein Maß für das Verhältnis der Kopplung von Daten und Kontrollfluß. Definiert als $\text{Encapsulation} = 1 - \dfrac{\text{DataCoupling} * \text{Anzahl Module}}{\text{Fan In}}$.

7. *Modulwiederverwendung* $\text{Module Reuse} = 1 - \dfrac{\text{Anzahl Module}}{\text{Fan In}}$

8. *Kontrollflußkonsistenz* $\text{Control Flow Consistency} = 1 - \dfrac{\text{Anzahl Zeilen Dead Code}}{\text{Größe in KNCSS}}$

---

[5]Eine weitere von Halstead definierte Metrik: $E = \frac{\eta_1 N_2 N log_2 \eta}{2\eta_2}$, siehe auch 4.1.2.

4.5.2.2 Komponentenkontrollstrukturen

1. *Komplexität*   Zweitupel aus der durchschnittlichen zyklomatischen Komplexität und dem durchschnittlichen Halstead's Effort (Durchschnitt über alle Module).

2. *Strukturiertheit*   Prozentualer Anteil der Benutzung von Single-Entry Single-Exit Strukturen.

3. *Unbedingte Sprünge*   Anteil von unbedingten Sprüngen pro Modul, gemittelt über alle Module.

4. *Schachtelung*   Dreitupel aus maximaler und durchschnittlicher Strukturschachtelung und prozentualer Anteil geschachtelter Strukturen, gemittelt über alle Module.

5. *Cohesion*   Emerson's Cohesion Metrik k(M): $k(M) = \frac{\sum_i^v V(R_i)}{v}$, wobei $V(R_i)$ die zyklomatische Komplexität der Instruktionen ist, die die i-te Variable in der Menge aller Variablen in Modul M referenzieren.

4.5.2.3 Systeminformationsstrukturen

Zu den Informationsstrukturen auf Systemebene gehören Charakteristiken der Informationsspeicherung und des Informationsflusses, z. B. globale Datendefinitionen, Datenflüsse über Modulgrenzen, System-Input/Output.

1. *Globale Datentypen*   Verhältnis der Anzahl globaler Datentypen zu den insgesamt definierten Datentypen.

2. *Globale Datenstrukturen*   Verhältnis der Anzahl globaler Datenstrukturen zu den insgesamt definierten Datenstrukturen.

3. *Systemkopplung*
$$\text{Systemkopplung} = \frac{\text{Anz. globaler Datenstrukturen} + \text{Anz. Übergabeparameter}}{\text{Gesamtanzahl Datenstrukturen}}$$

4. *Datenflußkonsistenz* $= 1 - \frac{\text{Datenflußanomalien}}{\text{Anzahl Datenstrukturen}}$, wobei Datenflußanomalien Fehler oder problematische Konstrukte wie Benutzung vor Definition, Definition aber nicht benutzt oder Redefinition ohne Benutzung sind.

5. *Datentypkonsistenz*   Prozentualer Anteil der Datenstrukturen, die bei einer Zuweisung typ-konvertiert werden.

6. *Schachtelung*   Ein Dreitupel aus maximaler und durchschnittlicher Tiefe von Datenstrukturschachtelungen und dem prozentualen Anteil geschachtelter Datenstrukturen.

7. *I/O-Komplexität*   Anzahl Zeilen mit Input/Output geteilt durch die NCSS.

4.5.2.4 Komponenteninformationsstrukturen

Hier geht es um Charakteristiken der Datenspeicherung auf der Modulebene. Dazu gehören z. B. lokale Datenstrukturen und Datenflüsse. Die im folgenden angegebenen Größen sind immer als Mittelwerte über alle Module zu verstehen.

1. *Lokale Datentypen*   Anzahl der lokalen Datentypen dividiert durch die Gesamtzahl der definierten Datentypen.

2. *Lokale Datenstrukturen*   Anzahl der lokalen Datenstrukturen dividiert durch die Gesamtzahl der definierten Datenstrukturen.

3. *Datenkopplung*

$$\text{Datenkopplung} = \frac{\text{Anz. globaler Datenstrukturen} + \text{Anz. Übergabeparameter im Modul}}{\text{Gesamtanzahl Datenstrukturen im Modul}}.$$

4. *Initialisierungsintegrität*   Prozentsatz der korrekt definierten Variablen (Benutzung nach Initialisierung).

5. *Spannweite von Datenstrukturen*   Die durchschnittliche Spannweite von Datenstrukturdefinitionen in NCSS.

4.5.2.5 Typographie auf Systemebene

Zu den systemweiten Charakeristiken gehört das Layout und die Kommentare auf System- und Intermodulebene. Zu beachten ist, daß diese Eigenschaften keinen Einfluß auf die Programmausführung haben.

1. *Programmformatierung*   Dreitupel aus Prozentsatz von Leerzeilen im gesamten Programm, Prozentsatz von Modulen mit Leerzeilen und Prozentsatz von Modulen mit guter Formatierung.

2. *Programmkommentierung*   Zweitupel aus Prozentsatz von Kommentarzeilen im gesamten Programm und Prozentsatz der Module mit Header-Kommentar.

3. *Modulseparierung*   Prozentsatz der Module mit Leerzeilen oder Kommentare vor / nach der ersten /nach der letzten Zeile des Moduls

4. *Namen*   Die Anzahl von Bezeichnern und Marken mit bedeutungsvollen Namen, dividiert durch die Gesamtanzahl von Bezeichnern und Marken; „bedeutungsvoll" ist über die Länge der Bezeichner definiert.

5. *Symbole und Groß/Kleinschreibung* Dreitupel aus Prozentsatz der Bezeichner mit speziellen Zeichen (z. B. „-" und „_"), Prozentsatz der Bezeichner mit gemischter Groß/Kleinschreibung, Prozentsatz der reservierten Wörter mit gemischter Groß/Kleinschreibung.

4.5.2.6 Typographie auf Komponentenebene

Auf der Komponentenebene werden nur die lokalen Charakteristiken bzgl. des Layout und der Kommentierung betrachtet. Sie haben ebenfalls keinen Einfluß auf die Programmausführung. Die Werte sind immer als gemittelt über alle Module zu verstehen.

1. *Statement-Formatierung* Prozentsatz der Einzeilen-Statements (max. ein Statement pro Zeile).

2. *Vertikale Leerformatierung* Prozentsatz der Leerzeilen.

3. *Horizontale Leerformatierung* Prozentsatz der Zeilen mit horizontaler Leerformatierung (Einrückungen, mehrere Leerzeichen zur Formatierung).

4. *Intramodulkommentierung* Prozentsatz der Kommentarzeilen.

4.5.3 Dokumentation

Anhand einer subjektiven Schätzung werden für die Dokumentation Noten zwischen eins und fünf vergeben.

1. *Beschreibungsfähigkeit* Eine Einschätzung bzgl. der Genauigkeit (relativ zum Code), der Konsistenz (Konflikte und Widersprüche) und der Eindeutigkeit (keine Mehrdeutigkeiten) der begleitenden Dokumentation.

2. *Vollständigkeit* Eine Einschätzung bzgl. des Umfangs und des Inhalts der Dokumentation.

3. *Korrektheit* Die Übereinstimmung vom und zum Code sowie die Verifizierbarkeit bzgl. der aktuellen Spezifikation.

4. *Lesbarkeit* Organisation, Zugreifbarkeit über Inhaltsverzeichnis und Stichworte, Konsistenz des Schreibstils und Layouts.

5. *Modifizierbarkeit* Modularisierung und Redundanz der Dokumentation, Bindung und Verteilung der Dokumentation sowie elektronische Verfügbarkeit.

4.5.4   Erfahrungen

Wir haben in diesem Abschnitt eine Reihe von Charakteristiken kennengelernt, die ohne Zweifel die Wartbarkeit von Anwendungssystemen beeinflussen. Auf Grund der Vielzahl von verschiedenen Einflüssen ist die Definition *einer* Metrik für die Wartbarkeit kein leichtes Unterfangen – aller Wahrscheinlichkeit nach ist dies sogar unmöglich. Was kann man aber von „Wartbarkeitsmetriken" erwarten? Eine solche Metrik soll

- verschiedene Anwendungen/Programme miteinander vergleichbar machen

- eine grobe Einschätzung einer Anwendung / eines Programms ermöglichen

- dem Wartungsaufwand (-kosten) entsprechen

- und sich vor allem mit der Einschätzung eines qualifizierten und erfahrenen Wartungs-programmierers decken.

Wir werden im folgenden drei Erfahrungsberichte skizzieren, die den Zusammenhang zwischen verschiedenen Metriken und Wartungsaufwänden untersucht haben. Die erste Arbeit, durchgeführt von Curtis et al. [CSM+79], untersucht Halstead's Effort, McCabe's zyklomatische Komplexität und die Programmgröße (gemessen in Anzahl Statements) und ihre Beziehung zur Software-Wartung, insbesondere das Verstehen und Modifizieren von Software als komplexe psychologische Aufgabe. Dazu wurde in einem Experiment die Reproduktion verschiedener Programme aus dem Gedächtnis, in einem anderen Experiment die Modifikation bzgl. einer Spezifikation bewertet. Bewertungsrichtlinien waren z. B. die Korrektheit und Effizienz des Ergebnisses. Diese Bewertungen wurden mit den drei objektiv gemessenen Metriken statistisch verglichen. Als Resultat läßt sich sagen, daß zwar grundsätzlich eine tendenzielle Übereinstimmung festzustellen war, bei Korrelationskoeffizienten von etwa 0,9 aber nicht von einer statistisch gesicherten Abhängigkeit gesprochen werden kann.

Die zweite Arbeit, von Kafura und Readdy [KR87], untersucht den Zusammenhang von sieben Metriken mit den Erfahrungen zweier Experten. Dazu wurden drei Versionen einer Anwendung, die über einen Zeitraum von drei Jahren entstanden, jeweils mit den Metriken analysiert und die Ergebnisse mit den Aussagen der Experten, die beide über den gesamten Zeitraum mit der Wartung der Anwendung betraut waren, verglichen. Die Metriken, die zum Einsatz kamen, waren:

- McCabe's zyklomatische Komplexität

- Halstead's Effort

- LOC

- Henry und Kafura's Informationsfluß-Metrik

- McClure's Kontrollfluß-Metrik

- Woodfield's Interconnection-Metrik

- Yau und Collofello's logisches Stabilitätsmaß

Auch hier ergab sich eine hohe Übereinstimmung zwischen den subjektiven Einschätzungen der Experten und den objektiv ermittelten Metrikwerten. Besonders erwähnenswert ist die Untersuchung von „Ausreißern", also von Prozeduren, deren Metrikwerte deutlich von den Mittelwerten abwichen. Diese Prozeduren waren in der Tat dieselben, die auch vom Wartungspersonal als die Prozeduren mit den höchsten Fehlerraten und die die meisten Probleme verursachenden Prozeduren eingeschätzt wurden.

In der letzten Arbeit, die wir zitieren wollen, wird eine kombinierte Metrik auf verschiedene Reengineering- und Wartungsmaßnahmen angewendet. Pearse und Oman [PO95] definieren einen Wartungsindex WI und führen vier Tätigkeiten bei verschiedenen Anwendungen durch. Diese sind

- die Beseitigung von totem, d. h. unbenutztem Code

- die Überarbeitung von Programmteilen, um Compiler-Warnungen zu entfernen

- die Restrukturierung von Code, vor allem die Aufteilung in kleinere Module

- die Integration neuer Funktionalität

Bei allen Tätigkeiten wird vorher und nachher der Wartungsindex ermittelt. Dieser ist definiert als

$$\text{WI} = 171 - 5,44 * \log(V) - 0,23 * v(g) - 16,2 * \log(\text{LOC}) + 50 * \sin(\sqrt{2,46 * K})$$

wobei V Halstead's Volumen, $v(g)$ McCabe's zyklomatische Komplexität und K den prozentualen Anteil an Kommentarzeilen darstellt. Es ist intuitiv nicht ersichtlich, warum gerade diese Definition des Wartungsindex Sinn machen soll. Es wurden aber in einer vorhergehenden Untersuchung [OH94] 50 verschiedene Polynome, unter anderem unter Verwendung der Maße aus 4.5.2, einem statistischen Abgleich mit der Einschätzung von Wartungsprogrammierer unterzogen. Das oben angegebene Polynom schnitt dabei am besten ab. Eine Faustregel für diese Metrik besagt, daß Systeme mit einem Wartungsindex unter 65 eine schlechte, zwischen 65 und 85 eine mittlere, und über 85 eine gute Wartbarkeit haben.

Die Ergebnisse der Studie lassen sich kurz so zusammenfassen: Die Entfernung von totem Code und von Compiler-Warnungen hatte praktisch keine Auswirkungen auf den Wartungsindex (im ersten Fall sank WI von 99 auf 98, im zweiten Fall blieb WI konstant). Die

Restrukturierung hatte großen Einfluß auf den Wartungsindex. WI stieg von 80 auf 86; damit wurde aus einem mittelmäßigen System ein gut wartbares System. Der letzte Test, die Integration neuer Funktionalitäten, erhöhte WI von 89 auf 91. Der Grund hierfür war, daß die Integration mit großer Sorgfalt vorgenommen wurde, so daß sich die Erhöhung des Code-Umfangs nicht negativ auf den Wartungsindex auswirkte.

Auch diese Metrikwerte entsprechen also in etwa den erwarteten Veränderungen, die mit einem intuitiven Wartbarkeitsmaß für die durchgeführten Wartungsaufgaben vermutet werden.

4.6   Übungsaufgaben

Aufgabe 4.1 Viele Programmiersprachen unterstützen die Einbindung von externem Code zur Compile-Zeit (z. B. `#include` in C). Sollten Source-Code-Metriken diesen externen Code berücksichtigen oder nicht? Diskutieren Sie Vor- und Nachteile beider Alternativen.

Aufgabe 4.2 Programmiersprachen wie C oder PL/I haben sehr mächtige Präprozessoren. Sollten Source-Code-Metriken Präprozessoranweisungen berücksichtigen? Welche Probleme sehen Sie?

Aufgabe 4.3 Halstead's N_1 mißt die Anzahl der Operatoren eines Programms. In vielen Programmiersprachen können bestimmte Operatoren nur in Paaren vorkommen, z. B. (,) oder `begin`, `end`. Sollten solche Operatorpaare als ein oder zwei Operatoren gezählt werden?

Aufgabe 4.4 Versuchen Sie eine einfache (und damit nicht korrekte) Implementierung von McCabe's zyklomatischer Komplexität mit Hilfe von UNIX-Dienstprogrammen. Welche Halstead-Metriken können ebenfalls implementiert werden? Welchen Restriktionen müssen Ihre Source-Programme gehorchen, damit die Metrikwerte (einigermaßen) korrekt sind?

Aufgabe 4.5 Berechnen Sie als Gruppenübung verschiedene Metriken für einfache Programme, z. B. aus dem Programmierkurs. Vergleichen Sie Ihre Ergebnisse.

Aufgabe 4.6 *(eine nicht ganz so ernst gemeinte Aufgabe)*
Bestimmen Sie McCabe's zyklomatische Komplexität für den Kontrollflußgraphen in Abbildung 4.9 (den VCG-Beispielprogrammen [San95] entnommen).

Aufgabe 4.7 Berechnen Sie für einige Ihrer Programme aus dem Programmierkurs die vorgestellten Metriken.

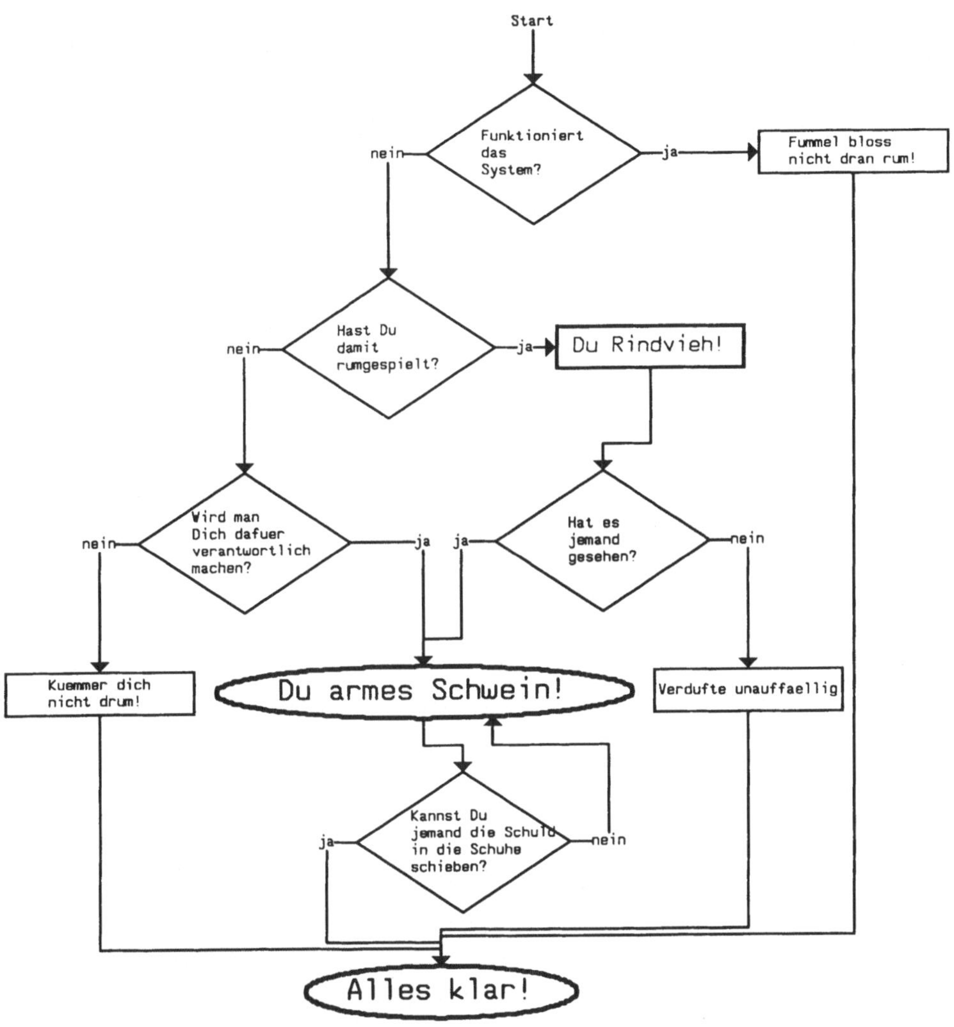

Abbildung 4.9: Kontrollflußgraph für die Software-Wartung (Aufgabe 4.6)

Kapitel 5

Sprachkonversion

Unter Sprachkonversion (auch Source-to-Source Translation) versteht man die Übersetzung eines Programms in Sprache L_1 in ein semantisch äquivalentes — nach Kapitel 2 genauer gesagt in ein funktionsäquivalentes — Programm in Sprache L_2. I. allg. sind L_1 und L_2 verschieden; für L_1 gleich L_2 fällt z. B. auch das Kapitel 6, Restrukturierung, unter den Oberbegriff Sprachkonversion. Sprachkonversionen können durch verschiedenste Gründe verursacht werden. Z. B. Wechsel auf eine andere Hardware, auf der der alte Compiler (die alte Sprache) nicht mehr verfügbar ist, oder Auslaufen der Unterstützung und Wartung für einen alten Compiler. Aber auch ohne solche harten Gründe kann eine Sprachkonversion erfolgen. Dies wird meist mit Effizienzsteigerungen oder Wartungsreduktion motiviert. Ein häufig anzutreffendes Szenario für eine solche erhoffte Wartungsreduzierung ist die Konversion von Assembler in eine 3-GL-Sprache, z. B. COBOL.

Auch Compiler selbst fallen unter dieses Modell. Der feststehende Sprachgebrauch versteht unter einem Compiler ein Werkzeug zur Konversion einer höheren Programmiersprache in Assembler oder Maschinensprache. Im deutschen Sprachgebrauch sind *Aufwärtsübersetzung* und *Sprachtransformation* geläufige Ausdrücke für nicht-compiler-artige Konversionen.

Es gibt zwei Arten von Konversionsschemata, die sehr lokale (Anweisung zu Anweisung) oder mehr globale (Programm zu Programm) Ansätze verfolgen.

5.1 Anweisungslokale Konversion

Bei der anweisungslokalen Konversion wird eine Anweisung der Quellsprache in eine Anweisung der Zielsprache überführt. Diese Art der Sprachkonversion wird in der englischsprachigen Literatur als *Translation via transliteration and refinement* bezeichnet. Der Überführungsvorgang ist zweistufig und in Abbildung 5.1 auf der nächsten Seite dargestellt.

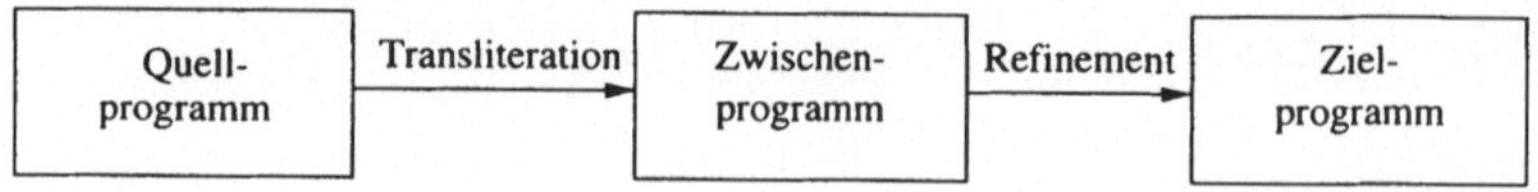

Abbildung 5.1: Anweisungslokale Konversion

Das Quellprogramm wird schrittweise Anweisung für Anweisung (literal) in ein Zwischen-
programm, das aber bereits in der Zielsprache geschrieben ist, übersetzt. Das Zwischenpro-
gramm wird dann in einem Verfeinerungsschritt noch einmal überarbeitet und es werden
verschiedene Optimierungen angewandt.

Als Beispiel für die Transliterationsphase dient die Übersetzung einer `PERFORM-TIMES`-
Schleife in COBOL in eine `for`-Schleife in C. Die COBOL-Schleife

```
PERFORM id TIMES
    ...
END-PERFORM
```

wird unter Einführung einer neuen Zählvariablen `pc` in die entsprechende C-Anweisung
überführt:

```
for (pc=id; pc>0; pc--) {
    ...
}
```

Die dargestellte Transformation ist relativ intuitiv und offensichtlich. Zu beachten ist lediglich, daß die im COBOL-Programm implizit vorhandene Laufvariable im C-Programm
explizit gemacht werden muß. Sinnvollerweise führt man dazu eine *neue* Variable ein. Soll
eine bereits vorhandene Variable benutzt werden, so ist sicherzustellen, daß das Herun-
terzählen der Variablen keine Auswirkungen auf andere Programmteile hat. Als möglicher
Refinement-Schritt kann z. B. im Schleifenrumpf die C-Anweisung

```
counter = counter + 1;
```

die für die COBOL-Anweisung

```
COMPUTE counter = counter + 1.
```

steht, durch das C-typische `counter++` ersetzt werden.

Die anweisungslokale Konversion hat neben der Einfachheit des Transformationsschemas weitere Vorteile. Das Verfahren benutzt einen Divide-and-Conquer Ansatz, um die zwei wichtigsten Ansprüche an ein solches Konversionsverfahren — Korrektheit und Effizienz — zu erfüllen. Die Korrektheit der Übersetzung wird durch den Translations-Prozeß garantiert. Durch die lokale Natur des Translationsprozesses ist es relativ einfach, das Basiswissen der Konversion zu codieren und zu verifizieren. Der Translationsprozeß benötigt keine weiteren Informationen darüber, wie spezielle Kombinationen von Quellanweisungen in spezielle Kombinationen der Zielanweisungen überführt werden können. Die Effizienz des Konversionsschemas wird durch den Refinement-Schritt garantiert. Spezielles Wissen über Optimierungstechniken innerhalb der Zielsprache ermöglicht dedizierte Verfahren für den Refinement-Prozeß. Dieses Wissen kann — zumindest für populäre Sprachen wie etwa C und C++ — der einschlägigen Literatur[1] entnommen werden.

5.2 Konversion durch Modellbildung

Auch die Konversion durch Modellbildung erfolgt, wie die anweisungslokale Konversion, in zwei Schritten. Die grundlegenden Unterschiede sind, daß erstens nicht lokal sondern global und zweitens nicht horizontal (Source-to-Source) sondern vertikal (Abstraktionsniveau) überführt wird. Abbildung 5.2 zeigt das Modell: Ausgehend vom Quellprogramm wird nach einer globalen Analyse eine abstrakte Beschreibung des Quellprogramms gebildet. Diese abstrakte Beschreibung enthält meist Anteile verschiedener Spezifikationssprachen, z. B. denotationale Semantik, CSP, Prädikatenlogik, VDM, Z, ... Diese abstrakte Beschreibung wird dann in die Zielsprache abgebildet. In der englischen Originalliteratur wird dieser Vorgang mit *Translation via Abstraction and Reimplementation* bezeichnet. Man beachte den feinen Unterschied zwischen *Translation* und *Transliteration* in Abschnitt 5.1.

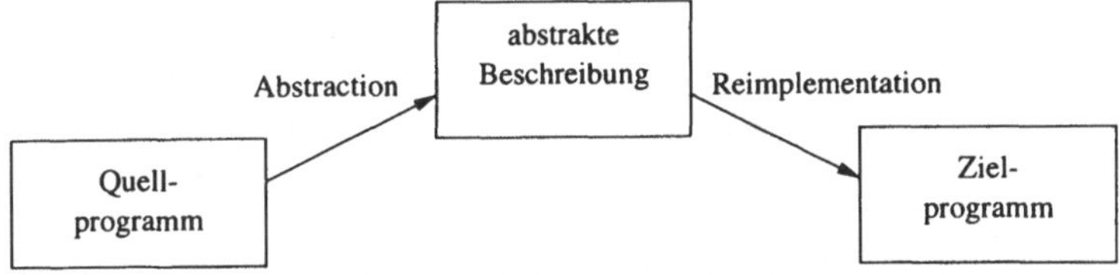

Abbildung 5.2: Konversion durch Modellbildung

Die Motivation für einen so komplexen und schwierigen Konversionsprozeß ist offensichtlich: Durch den Weg über eine abstrakte, d. h. programmiersprachenunabhängige Repräsentation

---

[1]Es existieren eine Reihe von Büchern der Art *Efficient Programming in ...*

werden Unzulänglichkeiten des Quellprogramms eliminiert. Z. B. kann bei der Konversion von FORTRAN nach ADA der Datenfluß von Funktionsargumenten analysiert werden [Wat88]. Die Quellsprache läßt die Spezifikation des Datenflusses von Funktionsargumenten nicht zu. Durch globale Analysen läßt sich dieser jedoch berechnen. Im ADA-Zielprogramm können dann die Argumente mit in, out oder inout gekennzeichnet werden. Dies führt zu effizienteren, besser dokumentierten und wartbareren Programmen.

Das im obigen Beispiel dargestellte Verhalten ist typisch für den Modellbildungsansatz und als deren Hauptvorteil zu sehen. Die anweisungslokale Konversion kann prinzipiell keine große Verbesserung[2] des Programm-Codes erzielen, da die Überführung Anweisung zu Anweisung die Verwendung ausdrucksstarker Sprachkonstrukte, die die Zielsprache, nicht aber die Quellsprache besitzt, nicht zuläßt.

Der Nachteil der Konversion durch Modellbildung ist in der Implementierung des Abstraktionsprozesses zu sehen. Dieser ist i. allg. so komplex und schwierig, daß er bisher praktisch nur im akademischen Umfeld prototypisch implementiert wurde. Eine hundertprozentige Konversion durch Modellbildung ist mit den heutigen Mitteln der Informatik noch nicht möglich.

5.3 Repräsentationsformalismen

In diesem Abschnitt werden wir Repräsentationsformalismen untersuchen, die als Zwischenstufe der Konversion durch Modellbildung geeignet sind. Sie bilden praktisch das Modell, das aus dem Quell-Code gewonnen wird. Ein solcher Formalismus kann und wird aber auch in anderen Bereichen als der Sprachkonversion eingesetzt. Die in den Kapiteln über Programmverstehen, Metriken und Restrukturierung vorgestellten Verfahren arbeiten i. allg. nicht auf dem Quell-Code, sodern ebenfalls auf einer effizienteren, internen Datenstruktur. Eine solche Datenstruktur wird sinnvollerweise von allen Komponenten eines CARE-Tools (Computer Aided Reengineering / Reverse Engineering) verwendet, und ist somit das Bindeglied zwischen den einzelnen Teilbereichen eines werkzeuggestützten Reengineerings.

Um die Anzahl der Schnittstellen zu minimieren, ist es sinnvoll, eine möglichst programmiersprachenunabhängige Repräsentation zu wählen. Die Werkzeuge zur Darstellung, Restrukturierung und Metrikerstellung können dann auf denselben Datenstrukturen operieren. Für eine programmiersprachenunabhängige Repräsentation spricht weiterhin, daß in großen Applikationen die verschiedensten Sprachen (in der Größenordnung 10 und mehr) eingesetzt werden. Ein typisches Szenario ist etwa COBOL, Assembler, JCL, CICS, IMS-DL1, VSAM, etc.

---

[2]Es ist im allgemeinen sogar eher das Gegenteil der Fall.

Wie wir gesehen haben, werden an eine solche Repräsentationssprache hohe Ansprüche gestellt. Es ist daher nicht verwunderlich, daß sich eine ganze Reihe von Ansätzen etabliert haben. Unter anderem sind dies mathematisch orientierte Spezifikationssprachen sowie die sogenannten *narrow-spectrum*, *wide-spectrum* und *broad-spectrum* Sprachen.

5.3.1 Spezifikationssprachen

Zu den bekanntesten Spezifikationssprachen gehören VDM [Jon90] und Z [Spi89]. Ein Hemmnis für die weitere Verbreitung dieser Sprachen ist das Ausbildungsniveau der Anwender. Während Universitäten und Forschungsinstitute ausgebildetes Personal besitzen, ist der durchschnittliche Wartungsprogrammierer durch die Komplexität dieser Sprachen überfordert. Ein weiteres Problem ist, daß die Transformation von existierenden Programmsystemen nach VDM oder Z bisher nur wenig betrachtet wurde. Als typische Spezifikationssprachen wurden sie im Forward-Engineering-Prozeß eingesetzt. Die Verwendung im Reverse-Engineering-Prozeß ist eine noch neue Anwendung, die im Augenblick im wissenschaftlichen Umfeld starke Beachtung findet. Die resultierenden Spezifikationen sind äußerst komplex und umfangreich. Transformationen und Theorembeweiser, die auf diesen Datenstrukturen operieren, müssen daher große Datenmengen (bereits mehrere MB für sehr kleine Programme) bewältigen können.

5.3.2 Narrow-spectrum Sprachen

Den größten Anteil der in heutigen Produktionssystemen verwendeten Sprachen nehmen die imperativen Sprachen ein. Der narrow-spectrum Ansatz macht sich die Gemeinsamkeiten dieser Sprachfamilie zunutze und definiert eine Basissprache, in die alle anderen Sprachen abgebildet werden können.

Ein gemeinsamer Sprachkern, der praktisch in allen imperativen Sprachen enthalten ist, umfaßt:

- Konstanten

- Variablen

- Typkonstruktoren (Arrays, Records, ...)

- Dateien

- Zeiger

- Bedingte Anweisungen

- Schleifen

- Funktionen/Prozeduren

- Prozesse oder Tasks

Die Semantik dieser Sprachkonzepte ist zum Teil sehr ähnlich, die Syntax variiert dagegegen von Sprache zu Sprache beträchtlich. Es ist daher sinnvoll, von der konkreten Syntax zu abstrahieren und *eine* künstliche, übergeordnete Sprache als Repräsentationsformalismus zu definieren.

In der Realisierung dieses Ansatzes ergeben sich allerdings einige Probleme:

1. Durch die unterschiedliche semantische Interpretation der obigen Sprachkonzepte muß die Repräsentation eine Obermenge dieser Konzepte sein. Die Konversion eines Programms in die interne Repräsentation ist damit leicht zu erreichen. Die Konversion der internen Repräsentation in die Zielsprache kann aber Probleme bereiten, wenn die Zielsprache die entsprechenden Konstrukte nicht bereitstellt. Z. B. kann eine interne Funktion, die einen Boole'schen Wert oder einen Character zurück liefert, nicht in FORTRAN überführt werden, da FORTRAN nur REAL- oder INTEGER-Werte als Funktionsergebnisse erlaubt.

2. Bei der Bearbeitung realer Anwendungsprogramme werden keine Standardsprachen (z. B. Normen: ISO, ANSI), sondern herstellerspezifische Sprachen verwendet. Das bedeutet, daß operationale Software-Systeme vom Compiler, Linker und vielen anderen Umgebungsvariablen einschließlich der Hardware abhängen. Die Transformation in ein gemeinsames Zwischenformat erfordert daher intime Kenntnisse der verwendeten Compiler und Hardware.

3. Die schon erwähnte Sprachvielfalt in der heutigen Anwendungslandschaft erfordert, daß die Zwischensprache „größer" als alle verwendeten Sprachen ist. Während etwa COBOL keine Konstrukte zur Prozeßinstanzierung besitzt, benutzen viele COBOL-Programme die Möglichkeit von Betriebssystemaufrufen, um Subprozesse zu erzeugen. Eine umfassende Zwischensprache wird also auch Konstrukte enthalten, die in vielen der Quellsprachen gar nicht vorhanden sind. Die Zwischensprache wird daher im Vergleich zu den einzelnen Quellsprachen sehr „groß" sein.

5.3.3 Wide-spectrum Sprachen

Eine wide-spectrum Sprache ist eine Sprache, die über den gesamten Lebenszyklus eines Programmsystems benutzt werden kann. Dies bedeutet, daß sie sowohl für Spezifikation,

Design und Implementierung eines Systems geeignet sein muß. In Frage kommen hier ebenfalls VDM und Z (siehe auch Abschnitt 5.3.1), allerdings müßten diese noch um zusätzliche Funktionalität, z. B. Design-Unterstützung zur Modularisierung und prozedurale Erweiterungen, erweitert werden.

Ein Beispiel für eine wide-spectrum Sprache ist das an der TU München entwickelte CIP-System [BMPP89].

Die Hauptprobleme beim Einsatz von wide-spectrum Sprachen entsprechen den Problemen aus Abschnitt 5.3.1. Die Sprachen wurden bisher nur im Forward-Engineering-Umfeld eingesetzt. Die Bestätigung der Einsatzfähigkeit als Reverse-Engineering-Werkzeug steht noch aus.

5.3.4 Broad-spectrum Sprachen

In einer broad-spectrum Sprache werden verschiedene Arten von Sprachen, wie z. B. Kommandosprachen, Datenbanksprachen, Programmiersprachen, Bildschirmbeschreibungssprachen etc. zusammengefaßt. Eine solche Sprache enthält außerdem die entsprechenden Konstrukte, um *programming in the small* und *programming in the large* zu unterstützen.

Die Sprache ADA unterstützt bereits eine Reihe von broad-spectrum Features. ADA bildete die Basis für die Sprache UNIFORM [Cah93], die broad-spectrum Sprache des REDO Projekts [vZ93]. ADA umfaßt Kommandosprachenanteile (TASK-Konzept) und besitzt die Möglichkeit zur Definition von abstrakten Datentypen (ADT). Diese können dann z. B. für Datenbank- und Bildschirmsprachen genutzt werden.

5.4 Ein Beispielsystem

Wir betrachten ein System, das an der Universität Durham entwickelt wurde. Die Anfänge des Systems liegen in der Mitte der achtziger Jahre. Durch die lange Entwicklungszeit bedingt wurden bereits mehrere Namen für das System vergeben: Maintainer's Assistent und ReForm (Reverse Engineering through FORmal Methods). Während diese Systeme Forschungsprototypen waren, ist mittlerweile ein kommerzielles Produkt unter dem Namen FermaT auf dem Markt. Wir verwenden im folgenden den Namen ReForm, da dieser in den meisten Publikationen über das System ([War88, WCM89, War91, War92, War93, WB93, WB94b, WB94a, WB95]) ebenfalls verwendet wurde.

Das Ziel von ReForm ist die Konversion von Assembler in 3GL-Sprachen, vor allem C und COBOL. Das verwendete Konversionsschema ist Translation via Abstraction and Reimplementation. Im folgenden werden wir die in ReForm verwendete Zwischensprache WSL (Wide Spectrum Language, auch nach unserer Definition in Abschnitt 5.3.3 eine wide-spectrum Sprache) näher betrachten.

WSL besteht aus einem Kern und verschiedenen Erweiterungen:

WSL-Kern

- primitive Statements

    - Assertion: {P}
    - Guard: [P]
    - Hinzufügen von Variablen: *add(x)*
    - Löschen von Variablen: *remove(x)*

- Zusammengesetzte Statements

    - Sequenzielle Komposition: $(S_1; S_2)$
    - Auswahl: $(S_1 \sqcap S_2)$
    - Rekursive Prozeduren: $(\mu X.S_1)$

WSL-Spracherweiterungen

- Dijkstras Guarded Command Language

- `while`-Schleifen

- mutually rekursive Prozeduren (labels und gotos)

- lokale Variablen

- Prozeduren und Funktionen mit Parametern

- Ausdrücke mit Seiteneffekten

- Assembler

Was besonders auffällt ist, daß WSL Assembler als Teilsprache beinhaltet. Es wird also keine Konversion (die Abstraktionsphase nach unserem Modell) von Assembler nach WSL vorgenommen, sondern ausgehend von der WSL-Teilmenge Assembler werden Transformationen (innerhalb *einer* Sprache) ausgeführt, die letztendlich in einer Beschreibung auf höherem Abstraktionsniveau enden. Auch auf diesem hohen Abstraktionsniveau werden noch verschiedene Transformationen vorgenommen, so daß der Ansatz insgesamt als Transformationssystem anzusehen ist. Während jedoch das bereits genannte CIP-System [BMPP89] als Forward-Engineering-Transformationssystem anzusehen ist, ist ReForm ein Reverse-Engineering-Transformationssystem (siehe auch Abschnitt 5.5).

Ein solches Transformationssystem muß nach Ward und Bennett [WB93] den folgenden Ansprüchen genügen:

- Es muß gängige Programmkonstrukte (wie z.B. Schleifen mit Exits des Schleifenrumpfs, GOTOs, Rekursion, ...) beherrschen.

- Es muß Variablen-Aliasing, Seiteneffekte und Zeiger beherrschen.

- Es muß mit beliebig schlechtem Code gerechnet werden. Dies macht es unter Umständen nötig, zuerst zu restrukturieren, bevor mit dem eigentlichen Reverse Engineering begonnen werden kann. Diese Restrukturierung muß (halb-)automatisch erfolgen.

- Sprache und Transformationen müssen formal basiert sein. Dies ermöglicht den Beweis, daß die Transformationen semantikerhaltend sind.

- Die formale Sprache sollte eine wide-spectrum Sprache sein, damit sowohl low-level Konstrukte (z.B. GOTOs) als auch high-level Konstrukte (z.B. Spezifikationen in Prädikatenlogik) in der Sprache behandelt werden können.

- Es werden Übersetzer von den Quellsprachen in die formale Sprache benötigt.

- Transformationen müssen ohne Programmwissen anwendbar sein. Transformationen können dann das Programmverstehen unterstützen.

- Es muß ein umfangreicher Katalog von (korrekt bewiesenen) Transformationen zur Verfügung stehen.

- Eine interaktive Oberfläche mit Pretty-Printer erleichtert die Programmübersicht durch Einrückungen.

Das ReForm-Tool genügt selbstverständlich diesen Ansprüchen. Durch die mathematische Fundiertheit und den Transformationsansatz besitzt ReForm, oder allgemeiner mathematisch basierte Transformationssysteme, die folgenden Vorteile:

- Das/die entwickelte Programm/Spezifikation ist korrekt durch Konstruktion.

- Transformationen werden durch semantische Regeln beschrieben und sind somit auf eine ganze Problemklasse anwendbar.

- Durch den formalen Rahmen kann das Reverse Engineering computer-unterstützt durchgeführt werden.

- Falls die Transformationen hinreichend mächtig sind, können sie als zentrales Mittel des Reverse Engineerings eingesetzt werden.

- Die Transformationen können als Programmverstehensverkzeug genutzt werden: Ein nicht verständliches Programm kann in ein leicht verständliches überführt werden.

Als letztes wollen wir die Features von ReForm kurz charakterisieren.

- Quell-Code (Assembler) wird nach WSL übersetzt und dann automatisch restrukturiert und vereinfacht. Weitere Transformationen sind benutzergesteuert (siehe nächsten Punkt)

- ReForm validiert Transformationsmöglichkeiten und bietet dem Benutzer in einem Menü die anwendbaren Transformationen an.

- Die Transformationen sind selbst in einer WSL-Erweiterung, Meta-WSL genannt, geschrieben.

- Die Transformationen sind in LISP implementiert. Ein History-Mechanismus erlaubt die Protokollierung und ein Zurücksetzen.

- Der Code kann mit externer Dokumentation und Kommentaren annotiert werden.

5.5   Eine allgemeinere Sichtweise der Sprachkonversion

Unsere Definition von Reverse Engineering auf Seite 11 zielt auf die Extraktion und Repräsentation der Spezifikation eines Software-Systems auf ein anderes, meist höheres Niveau ab. Genau dies ist bei beiden Konversionsarten (vgl. die Abbildungen 5.1 und 5.2) als Zwischenschritt ebenfalls zu implementieren. Man kann daher das Reverse Engineering als einen Teilaspekt der Sprachkonversion sehen, wobei allerdings einige Punkte des Reverse Engineerings bei dieser Sichtweise zu sehr vernachlässigt werden. Das Reverse Engineering wird in diesem Buch nur am Rande gestreift, da sich in diesem Gebiet erst sehr wenige Techniken etabliert haben und sich somit z. T. nicht für ein Lehrbuch eignen. Nach unsere obigen Bemerkung ist daher klar, daß auch die Sprachkonversion, zumindest was die Konversion durch Modellbildung angeht, ebenfalls erst in den Kinderschuhen steckt.

Selbst wenn die Sprachkonversion i. allg. noch nicht Produktreife erreicht hat, wollen wir zum Schluß dieses Kapitels ein effizientes Konversionsmodell vorstellen. Nehmen wir an, daß n verschiedene Quellsprachen in m verschiedene Zielsprachen zu konvertieren sind. Hierzu benötigt man $n * m$ Konvertierer. Bei *einer* gemeinsamen Zwischenrepräsentation benötigt man lediglich $n + m$ Konvertierer, was in Abbildung 5.3 angedeutet ist.

Dieser Ansatz ist bekannt und wird z. B. bei der Konversion von Bitmap-Graphiken vom Werkzeug PBM (Portable BitMap Format) erfolgreich eingesetzt. In [Mül96b] wird ein solches Schema auf der Basis Dynamischer Algebren [Gur94] vorgestellt, einem sehr universellen und anpassbaren Formalismus, der bereits zur Beschreibung sehr verschiedener Sprachen, wie etwa C, Smalltalk, PROLOG und OCCAM eingesetzt wurde.

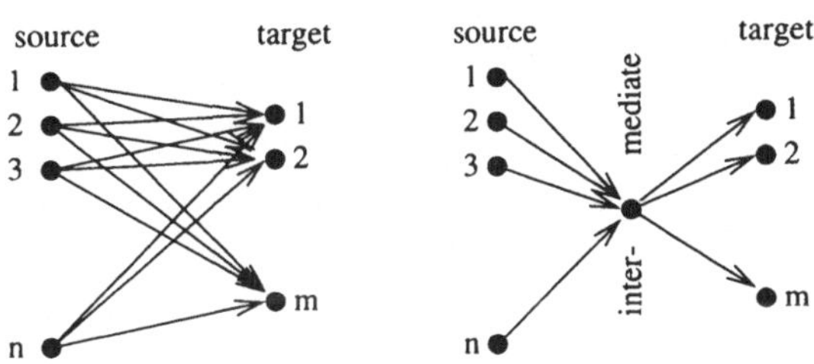

Abbildung 5.3: Effizientes Konversionsschema

Es bleibt abzuwarten, wie weit sich die Sprachkonversion in der Praxis etablieren kann[3]!

5.6 Übungsaufgaben

Aufgabe 5.1 Leser mit Internet-Zugang können sich z. B. auf `ftp.uni-stuttgart.de` Sprachkonvertierer von Pascal, Modula-2 und FORTRAN nach C beschaffen. Sie finden die Konvertierer unter

```
/pub/unix/programming/pascal/p2c-1.20.tar.gz

/pub/unix/programming/modula/mtc.tar.Z

/pub/unix/programming/fortran/f2c-19950119.tar.gz
```

Testen Sie diese Konvertierer! Prüfen Sie die Ausgaben vor allem im Hinblick auf das Programmverstehen (Kapitel 3).

Aufgabe 5.2 Für das Programmverstehen sind Kommentare im Programmtext eine wichtige Quelle. Welche Probleme sehen Sie bei der Sprachkonversion bzgl. der Kommentarzuordnung? Welche Lösungen schlagen Sie vor?

Aufgabe 5.3 Modula-2 erlaubt bei Prozedur- und Funktionsargumenten sowohl call-by-value als auch call-by-reference. C kennt nur call-by-value (einzige Ausnahme sind Arrays). Wie konvertieren Sie die formalen Parameter und die tatsächlichen Aufrufe von Prozeduren und Funktionen?

Aufgabe 5.4 Modula-2 erlaubt die Verwendung von Bezeichnern textuell vor ihrer Definition. Programm 5.1 auf der nächsten Seite zeigt als Beispiel zwei Prozeduren, die sich gegenseitig aufrufen.

---

[3]Vgl. auch Kapitel 8.

```
PROCEDURE A;              │   PROCEDURE B;
BEGIN                     │   BEGIN
                          │
    ...                   │       ...
    B                     │       A
    ...                   │       ...
                          │
END A;                    │   END B;
```

Programm 5.1: Benutzung einer noch nicht bekannten Prozedur

C erlaubt diese Art der Verwendung i. allg. nicht. Wie lösen Sie das Problem?

Aufgabe 5.5 Modula-2 besitzt mächtigere Konzepte zur Beschränkung des Gültigkeitsbereichs von Bezeichnern als C, nämlich geschachtelte Module und Prozeduren. Wie lösen Sie entstehende Namenskonflikte bei Bezeichnern?

Kapitel 6

Restrukturierung

Zu Beginn der siebziger Jahre wurde erkannt, daß die freie Verwendung des GOTOs zu schwer lesbaren Programmen führt ([Dij68, Wul72]). Haben aber Programmierer bereits Schwierigkeiten beim Lesen und damit Verstehen eines Programms, so sind diese Programme erst recht schlecht zu modifizieren und zu erweitern. Anders ausgedrückt vermindern GOTOs die *Wartbarkeit* eines Programms erheblich. Obwohl auch positive Einschätzungen zur *restriktiven* Verwendung des GOTOs publiziert wurden [Knu74], besteht heute allgemein Konsens darüber, daß GOTOs zu vermeiden sind und ihre Verwendung von schlechtem Programmierstil zeugt.

Die Verwendung von einigen wenigen, wohlstrukturierten Basiskontrollstrukturen, einer der wichtigsten Aspekte der *Strukturierten Programmierung* [DDH72, Wir73, HM77, LMW79] zur Erzeugung standardisierter, lesbarer Programme, wurde durch die Arbeit von Böhm und Jacopini[1] unterstützt. Sie zeigten in [BJ66], daß jedes Programm (mit freier Verwendung von GOTOs) in ein strukturiertes Programm (nur Sequenz, bedingte Verzweigung, Schleife) überführt werden kann.

6.1 Primprogramme

In Anlehnung an Primzahlen sind Primprogramme Programme, die sich unter gewissen Kriterien nicht weiter zerlegen lassen. Wir greifen auf die Definition eines ordentlichen Unterprogramms (Seite 20) zurück.

> Ein ordentliches Programm heißt *Primprogramm*, wenn es keine ordentlichen Unterprogramme mit mehr als einem Knoten besitzt.

---

[1]Böhm und Jacopini publizierten die *erste* Arbeit zur GOTO-Elimination. Es folgte eine ganze Reihe ähnlicher Arbeiten.

So ist z. B.

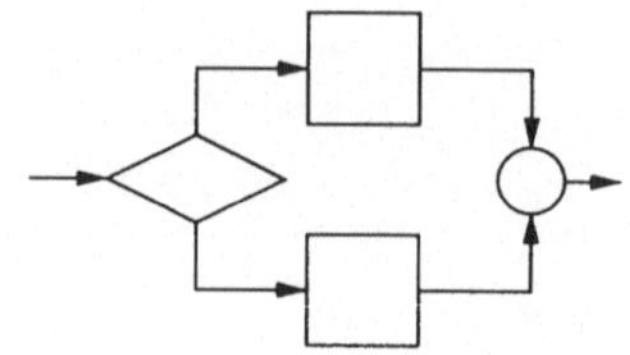

ein Primprogramm, während

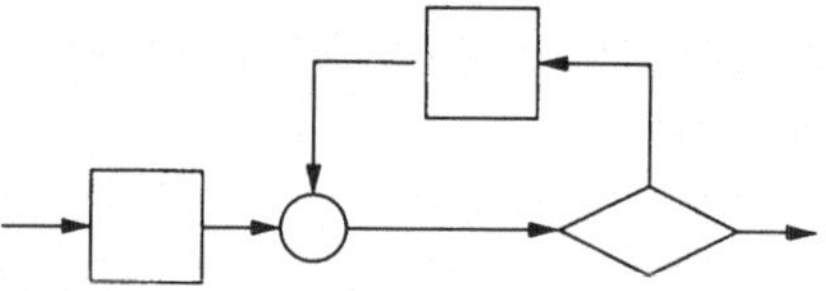

keines ist.

Stehen unendlich viele Knoten zur Verfügung, so lassen sich z. B. nach dem folgenden Muster

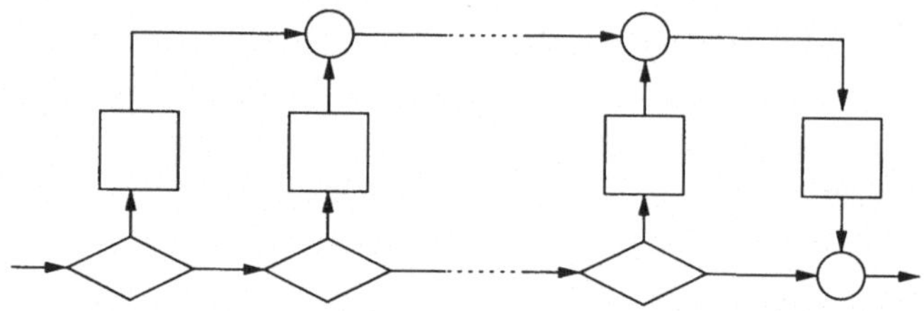

unendlich viele Primprogramme erzeugen. Für endliche Knotenmengen ist dies naturgemäß
nicht der Fall.

Von besonderem Interesse sind Primprogramme mit bis zu vier Knoten. Es gibt insgesamt
15 solcher Primprogramme (eins mit einem Knoten, drei mit zwei Knoten, drei mit drei
Knoten, acht mit vier Knoten). Acht dieser Programme besitzen keine Funktionsknoten
und sind daher für die imperative Programmierung uninteressant. Die restlichen sieben
Programme sind in Abbildung 6.1 auf der nächsten Seite dargestellt. Es sind dies die
bekannten Konstrukte der Strukturierten Programmierung. Sie werden mit ihren üblichen
Bezeichnungen dargestellt.

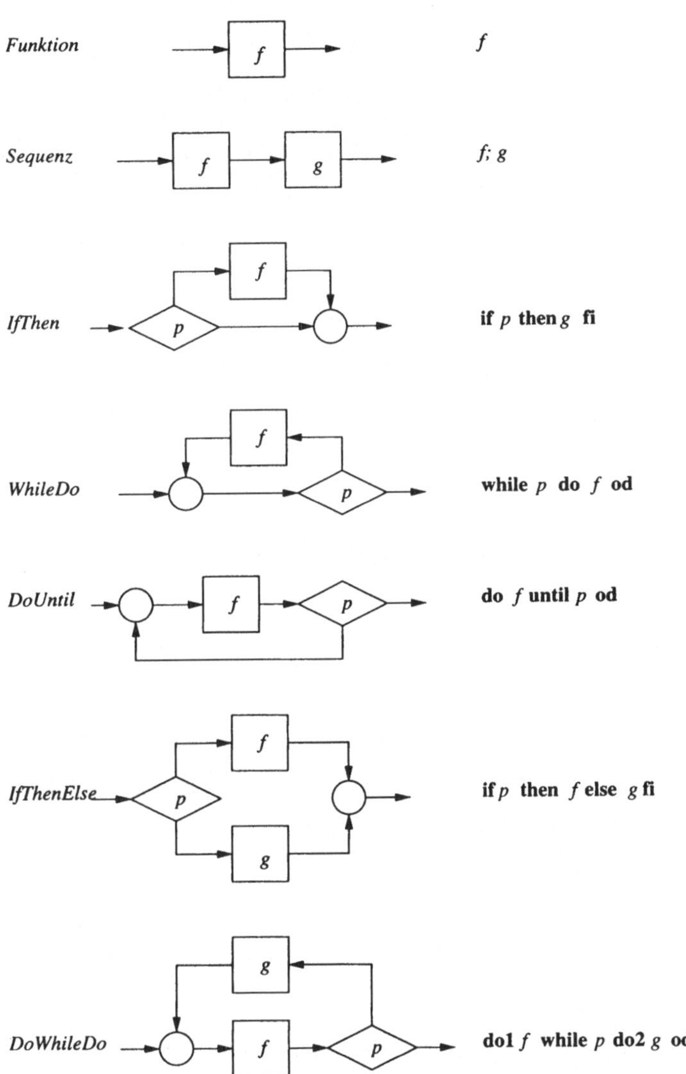

Abbildung 6.1: Primprogramme mit bis zu vier Knoten

6.2 Zusammengesetzte und strukturierte Programme

Die wahllose Verwendung von GOTOs verwebt die einzelnen Teile eines Programms derart stark miteinander, daß sich keine bausteinartige Zerlegung oder Zusammensetzung erreichen läßt. Die in Abbildung 6.1 dargestellten Basiselemente gewährleisten dagegen einen solch modularen Aufbau. Die zentrale Idee der *Strukturierten Programmierung* ist der strukturierte, bausteinartige Aufbau von Programmen mittels dieser Basiselemente[2].

Wir definieren, was ein zusammengesetztes und was ein strukturiertes Programm ist.

Ein Programm heißt *zusammengesetzt*, wenn es

1. ein Primprogramm ist

2. aus einem Primprogramm durch evtl. wiederholtes Ersetzen eines Funktionsknotens durch ein Primprogramm entstanden ist

Ein *strukturiertes* Programm ist ein zusammengesetztes Programm, wobei die zugelassenen Primprogramme Elemente einer Basismenge sind.

Strukturierte Programme sind also immer strukturierte Programme *bzgl. einer Basismenge*. Als Basismenge kommen die 2^7 Elemente der Potenzmenge der Basiselemente (Abbildung 6.1) in Frage. Für die Basismenge {*Sequenz, IfThenElse*} entstehen z. B. die strukturierten Programme, die nur aus bedingten Verzweigungen ohne Schleifen bestehen.

Die Basismenge {*Sequenz, IfThenElse, WhileDo*} ist ein ausgezeichnetes Element der Potenzmenge. Diese Basismenge genügt, um alle strukturierten Programme beschreiben zu können. Anders ausgedrückt, durch Hinzunahme weiterer Basiselemente zu dieser Basismenge können keine Algorithmen formuliert werden, die nicht bereits mit dieser Basismenge formuliert werden können. Diese Basismenge ist also in einer gewissen Sichtweise *minimal*. Sie ist daher auch die Basismenge des Satzes der Strukturierten Programmierung.

6.2.1 Einfache Erzeugung strukturierter Programme — Satz der Strukturierten Programmierung

Werden bei der Erstellung eines Programms nur Primprogramme als Grundelemente verwendet, so ist dieses Programm nach Definition ein strukturiertes Programm. Für die Wartung

---

[2]Es genügen bereits einige wenige dieser sieben Basiselemente. Die meisten Sprachen stellen jedoch noch weitere bereit, um eine möglichst einfache Formulierung von Algorithmen zu ermöglichen.

ist wesentlich, daß strukturierte Programme genügen, um alle Algorithmen zu beschreiben und daß sich nicht strukturierte Programme automatisch (algorithmisch) in strukturierte Programme überführen lassen. Der Satz der Strukturierten Programmierung drückt diesen Sachverhalt aus. Zusätzlich leistet der konstruktive Beweis die Algorithmenbeschreibung zur Erzeugung solcher strukturierten Programme.

Satz der Strukturierten Programmierung:

Jedes ordentliche Programm ist funktionsäquivalent zu einem strukturierten Programm bzgl. der Basismenge {*Sequenz, IfThenElse, WhileDo*}. Das strukturierte Programm benutzt die Funktionen und Prädikate des Originalprogramms und eine zusätzliche Variable (Zähler) mit Zuweisungen und Tests dieser Variablen.

Der konstruktive Beweis erzeugt ein entsprechendes strukturiertes Programm durch folgenden Algorithmus:

Sei P das ursprüngliche, ordentliche Programm.

1. Numeriere alle Funktions- und Prädikatknoten von P mit den Zahlen 1 bis n, beginnend beim ersten vom Eingang zu erreichenden Knoten.

2. Die abgehenden Kanten erhalten die Nummern des nachfolgenden Funktions- oder Prädikatknotens. Die Kante, die zum Ausgang führt erhält die Nummer 0.

3. Für jeden Funktionsknoten f mit Nummer i und abgehender Kante j wird die Sequenz g_i durch Anhängen der Zuweisung $L := j$ gebildet (L ist der zusätzliche Zähler):

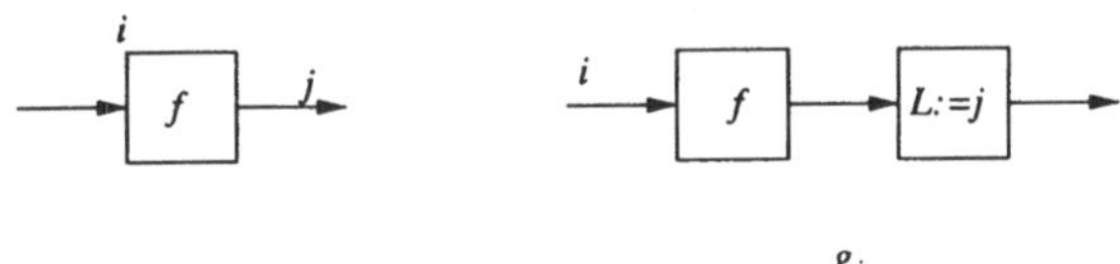

4. Für jeden Prädikatknoten mit der Nummer i wird das *IfThenElse* Programm g_i nach folgendem Schema gebildet

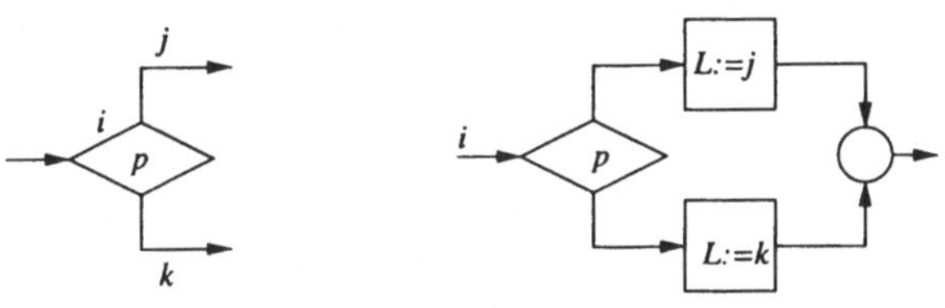

5. Das strukturierte Programm besteht aus einer *WhileDo*-Schleife mit verschachtelten *IfThenElse*, dessen Aufbau in Abbildung 6.2 skizziert ist.

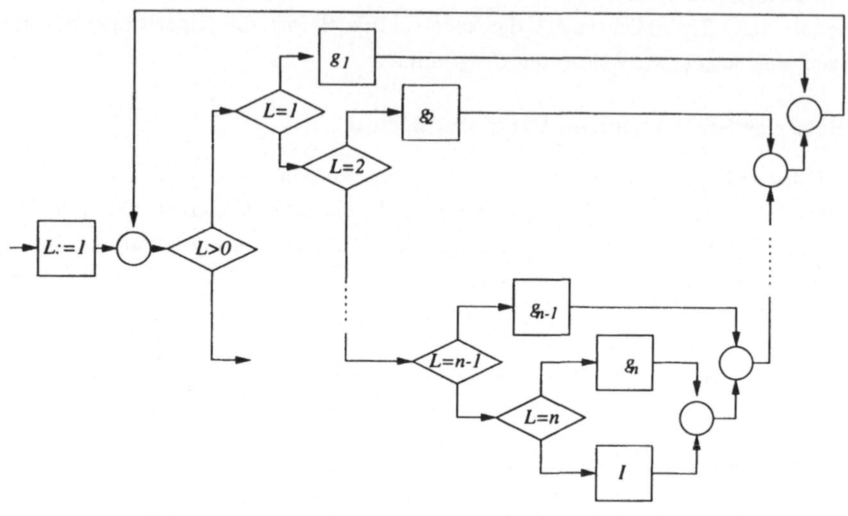

Abbildung 6.2: Aufbau der umgebenden WhileDo-Schleife

Beispiel: Abbildung 6.3 zeigt ein einfaches, nicht strukturiertes Programm. Wir werden obigen Algorithmus zur Restrukturierung an diesem Programm demonstrieren. Die Schritte 1 und 2 des Algorithmus sind in Abbildung 6.3 bereits ausgeführt. Die durch die Schritte 3 und 4 entstehenden Teilprogramme sind in Abbildung 6.4 dargestellt. Abbildung 6.5 zeigt das im Schritt 5 entstehende Resultat der Restrukturierung.

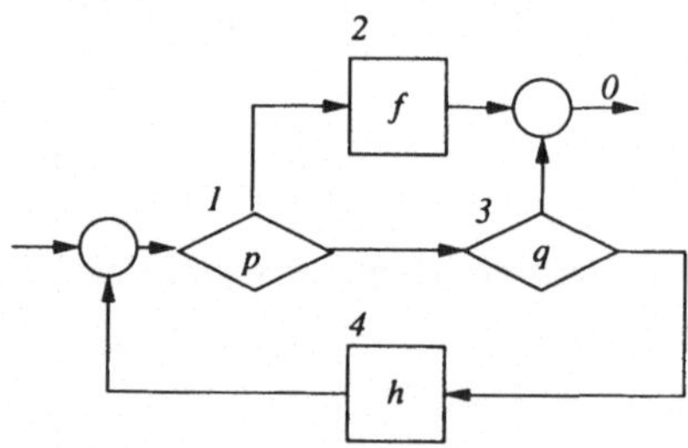

Abbildung 6.3: Ein einfaches, nicht strukturiertes Programm

Bemerkung: Wie bereits angedeutet, ist die Basismenge {*Sequenz,IfThenElse,WhileDo*} zwar minimal zur Beschreibung aller odentlicher Programme in dem Sinne, daß keines ihrer Elemente weggelassen werden kann. Sie ist jedoch nicht die einzige Basismenge für die

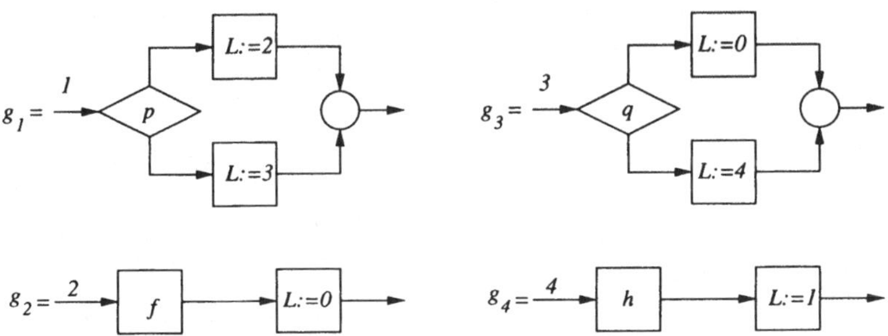

Abbildung 6.4: Die Teilprogramme g_i für Abbildung 6.3

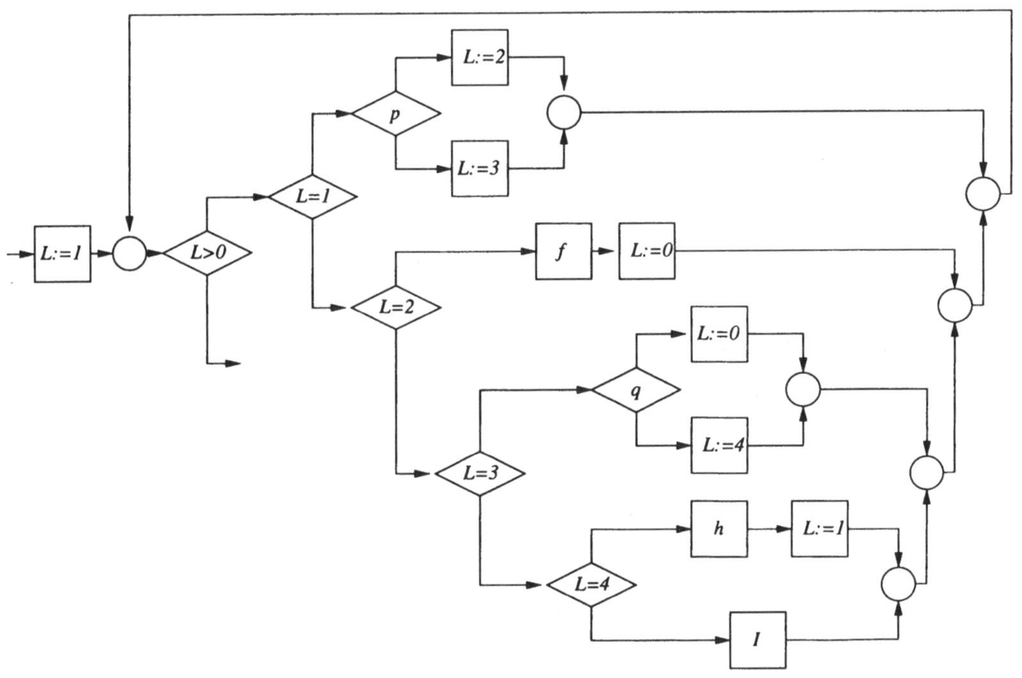

Abbildung 6.5: Resultat der Restrukturierung

dies gilt. So ist z. B. auch die Basismenge {*Sequenz, IfThenElse, DoUntil*} von der gleichen Mächtigkeit. Dies sieht man leicht ein, da das *WhileDo* durch einfache Kombination von *IfThenElse* und *DoUntil* simuliert werden kann.

6.2.2 Erzeugung effizienter strukturierter Programme

Der in Abschnitt 6.2.1 beschriebene Algorithmus zeigt, wie auf sehr einfache Art und Weise aus einem beliebig unstrukturierten ordentlichen Programm ein strukturiertes Programm erzeugt werden kann. Dieser Algorithmus ist allerding von rein akademischem Interesse. Der Algorithmus erzeugt für das Beispiel acht neue Funktions- und fünf neue Prädikatknoten (vgl. Abbildungen 6.3 und 6.5), und ist daher für die Praxis nicht geeignet.

Wir geben nun einen Algorithmus an, der unnötiges Setzen und Testen der Zählervariable vermeidet und so deutlich weniger Funktions- und Prädikatknoten erzeugt.

Die zentrale Idee ist die Knotenexpansion der Zählerzuweisungen. Die neu eingeführten Programme g_i setzen als letzte Anweisung immer den Zähler L auf einen bestimmten Wert, der dann für die neue *WhileDo*-Iteration als Einsprung dient. Ersetzt man für gegebenes $j > 0$ alle Zuweisungen L:=j durch das Programm g_i, so wird an keiner Stelle mehr L auf j gesetzt, und das *IfThenElse* für $L = j$ kann entfallen. Da die Prädikate $L = j$ geschachtelt sind, fängt man bei $j = n$ an und ersetzt rückwärts alle Zählerzuweisungen. Im ersten Schritt entsteht so aus den Programmen

$$g_1, g_2, \ldots, g_{n-1}, g_n$$

die Programme

$$g_1', g_2', \ldots, g_{n-2}', g_{n-1}'$$

Diese Ersetzungen führt man so lange aus, bis

1. alle Zählerzuweisungen (außer $L := 0$) ersetzt wurden, oder

2. alle verbleibenden g_i die Zählerzuweisung $L := i$ enthalten.

Die zweite Bedingung enthält eine Selbstreferenz (Rekursion), so daß keine unendliche Ersetzung stattfinden kann.

War das Ausgangsprogramm schleifenfrei, so enthält jeder Pfad die Zählerzuweisung $L := 0$ und die *WhileDo*-Schleife und die Zählervariablen können ganz weggelassen werden.

Beispiel: Zur Demonstration des Algorithmus wählen wir das bekannte Beispiel des letzten Abschnitts, das in Abbildung 6.3 auf Seite 90 dargestellt ist; die entsprechenden g_i zeigt Abbildung 6.4.

Zur Elimination von g_4 muß lediglich g_3 geändert werden. Wir erhalten g_3':

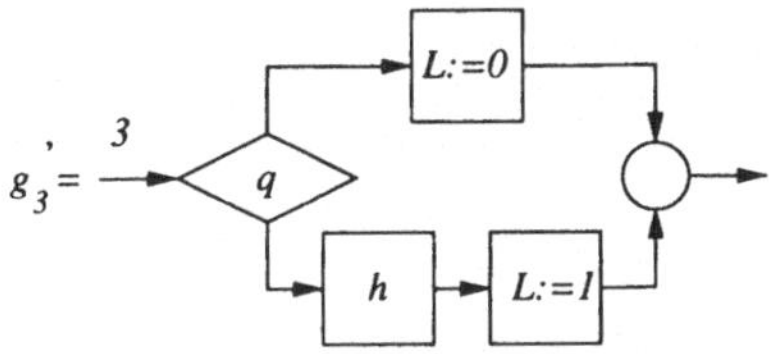

g_3' kann durch Ersetzen der entsprechenden Zuweisung in g_1 eliminiert werden. Es entsteht g_1':

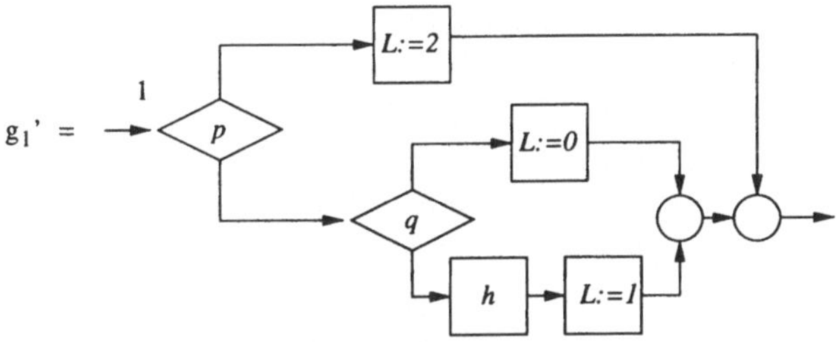

Durch Ersetzen von g_2 in g_1' entsteht schließlich g_1'':

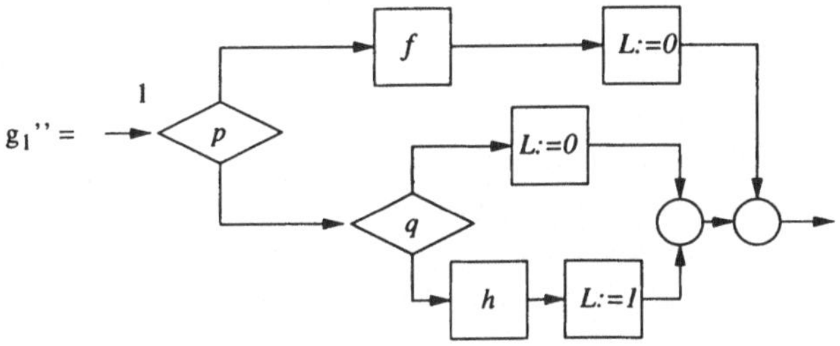

Durch Einsetzen in den Schleifenrahmen entsteht das Endprodukt der Restrukturierung, das in Abbildung 6.6 dargestellt ist.

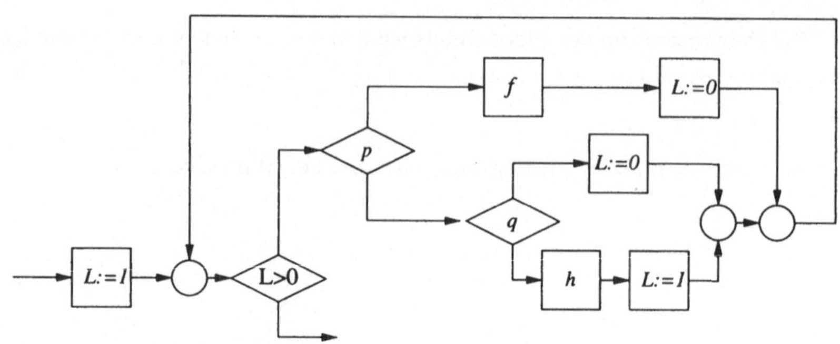

Abbildung 6.6: Resultat der Restrukturierung

Im Vergleich zum Ausgangsprogramm erzeugt dieser Algorithmus vier neue Funktions- und einen neuen Prädikatknoten. Verglichen mit dem einfachen Algorithmus eine Einsparung von vier Funktions- und vier Prädikatknoten.

Den Begriff Restrukturierung haben wir bisher praktisch als synonym zur GOTO-Elimination verwendet. Dies ist zwar gängiger Sprachgebrauch, jedoch geht die Restrukturierung über die reine GOTO-Elimination hinaus. Andere Schwerpunkte sind etwa die Transformation von mehreren verschachtelten IfThenElse-Konstrukten in eine CASE-Verzweigung oder die Elimination von totem Code oder toten Daten/Variablen. Diese Themengebiete gelten als nicht so attraktiv im Hinblick auf eine Erhöhung der Wartungsqualität, werden daher kaum in Werkzeugform nachgefragt und sind somit wiederum auch für die Werkzeughersteller nicht lukrativ genug.

Sowohl die Optimierung von Verzweigungen als auch das Erkennen und Entfernen von totem Code und toter Daten ist zentrales Thema im Bereich der optimierenden Compiler. Wir verweisen daher den interessierten Leser auf die einschlägige Literatur des Compiler-Baus.

6.3 Übungsaufgaben

Aufgabe 6.1 Restrukturieren Sie das in Abbildung 6.7 auf der nächsten Seite angegebene Programm mit beiden vorgestellten Algorithmen.

Aufgabe 6.2 Welche Probleme sehen Sie bzgl. des Programmverstehens bei einer automatischen Restrukturierung?

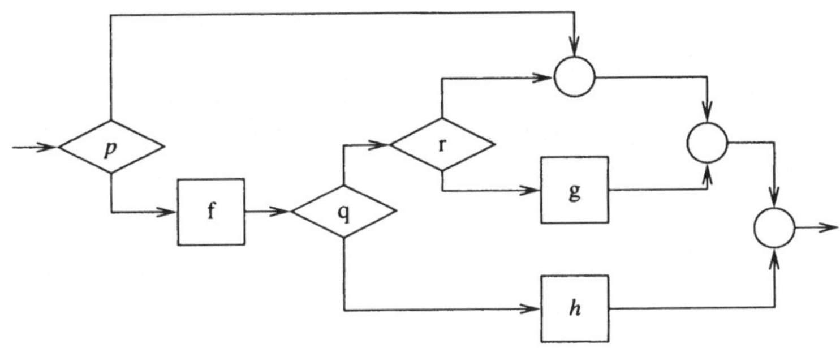

Abbildung 6.7: Kontrollflußdiagramm für Aufgabe 6.1

Kapitel 7

Wiederverwendung

Die Identifikation der Software-Krise liegt nun bereits mehr als 25 Jahre zurück (Garmisch-Partenkirchen 1968). Ein Lösungsansatz, der bereits auf der Garmisch-Konferenz von McIlroy aufgezeichnet wurde, ist der der Wiederverwendung von Software: Neue Software-Systeme sollten auf standardisierten, massengefertigten Software-Bausteinen, sogenannten Software-ICs, aufbauen. Als Analogie dient die Hardware-Herstellung, wo sich die Verwendung von Standardbausteinen zur Herstellung neuer, komplexer Systeme als Standardtechnik etabliert hat. Daß die Idee der Software-ICs in Vergessenheit geriet, bzw. sich nicht durchsetzen konnte, unterlegt die „Neugeburt" der Software-ICs durch J. Cox [Cox86]. Cox propagiert Software-ICs allerdings nicht allgemein, sondern als Möglichkeit innerhalb der objektorientierten Software-Entwicklung.

Während McIlroy und Cox Software-Wiederverwendung hauptsächlich auf Ebene von Programmen (Source-Code) sehen, wollen wir Software-Wiederverwendung auf *alle* Ergebnisse, die in irgendeiner Phase des Software-Entwicklungsprozesses entstehen, ausdehnen. Insbesondere sollen auch Ergebnisse der frühen Phasen, wie Analyse und Design wiederverwendet werden. Je früher die Wiederverwendung einsetzt, desto höher ist die zu erwartende Produktivitätssteigerung.

7.1 Motivation

Die Wiederverwendung von Software ist integraler Bestandteil des Software-Engineerings, auch wenn dies sich im Augenblick in der akademischen Forschung und Lehre sowie der Praxis so nicht explizit abzeichnet. Zur geplanten und vor allem planbaren, methodisch untermauerten und unterstützten, und in kleinen Schritten vollzogenen Software-Entwicklung gehört sicherlich auch die Benutzung vorgefertigter, von anderen erstellter Bausteine. Dieses in allen industriellen Produktionen — einzige Ausnahme ist die Software-Entwicklung — verwendete System verspricht eine Reihe von Vorteilen.

Grob umrissen läßt sich sagen, daß die Verwendung von qualitativ hochwertigen, wiederverwendbaren Bausteinen innerhalb der Software-Entwicklung zu erheblichen Produktivitäts- und Qualitätssteigerungen führt, was letztendlich zu einer Kostensenkung bzw. zu einem verbesserten Kosten/Nutzen-Verhältnis führt.

Eine genauere Betrachtung der produktivitäts- und qualitätssteigernden Faktoren der Wiederverwendung lassen unter anderem die folgenden Gründe erscheinen:

Entlastung von Routinearbeiten

Da häufig genutzte Funktionalität in Bibliotheken bereits vorliegt, wird der Programmierer von diesen Routine-Implementierungen entlastet. Das Rad muß nicht jedes mal neu erfunden werden.

Verkürzung der Entwicklungszeit

Sind die benötigten Bausteine leicht auffindbar, verständlich, adaptierbar und integrierbar, kann die Gesamtentwicklungszeit für Software erheblich verkürzt werden. In den immer kürzer werdenden Release-Wechseln der heutigen EDV-Industrie ist dies ein wichtiger Wettbewerbsvorteil.

Erhöhte Software-Qualität

Bibliotheksmodule wurden bereits in vielen anderen Systemen verwendet. Man kann daher davon ausgehen, daß sie vielfach getestet und auch bereits in Produktionssystemen erfolgreich eingesetzt wurden.

Reduktion des Wartungsaufwands

Wiederverwendbare Bausteine werden zwar in vielen Software-Systemen verwendet, jedoch nur einmal zentral verwaltet und gewartet. Updates und Erweiterungen werden daher nur einmal vorgenommen und finden dann (mehr oder weniger automatisch) ihren Weg in die Produktionssysteme.

Ein weiterer Aspekt ist, daß die Verwendung von Standardbausteinen natürlich auch zu einer gewissen Standardisierung der Software führt; sie wird damit leichter verständlich und handhabbarer.

Weitergabe von Erfahrungen

Häufig findet ein betriebsinterner Erfahrungsaustausch eher unsystematisch über die beteiligten Personen statt, indem die Entwickler von Projekt zu Projekt in neuen Gruppen zusammenarbeiten und ihre Erfahrungen bei der konkreten Arbeit austauschen. Eine unternehmensweite Bibliothek von wiederverwendbaren Bausteinen erlaubt dagegen die systematische Ansammlung und Nutzbarmachung von wichtigen Erfahrungen im Gesamtunternehmen.

7.2 Das Umfeld

Obwohl die oben dargestellten Vorteile der Software-Wiederverwendung äußerst attraktiv erscheinen, muß man sagen, daß sich die Wiederverwendung in den zurückliegenden 25 und mehr Jahren nicht als Standard innerhalb der Software-Entwicklung etablieren konnte. In diesem Abschnitt werden wir technische, aber auch nichttechnische Problemfelder, die einem breiten Einsatz der Wiederverwendung entgegenstehen, analysieren.

Ein nicht zu unterschätzendes psychologisches Problem der Wiederverwendung ist das sogenannte „not invented here syndrome". Software, die nicht selbst im eigenen Bereich oder von Kollegen entwickelt wurde, *kann* nicht gut sein. Diese inhärente Skepsis gegenüber fremder Software ist bei vielen Entwicklern vorhanden und kann nur durch gute Erfahrungen (gut dokumentierte, fehlerfreie und effiziente Bausteine) mit der Zeit abgeschwächt werden.

Ein weiteres Problemfeld hängt mit der Wirtschaftlichkeit zusammen. Obwohl die Wiederverwendung Produktivitäts- und Qualitätsgewinne verspricht, sich also wirtschaftlich rechnet, bedarf es einer initialen Investition, um das organisatorische Umfeld für die Wiederverwendung aufzubauen. Neben diesen initialen Aufwendungen, z. B. um die Struktur und Werkzeuge für den Aufbau und die Administration von Bausteinbibliotheken zu finanzieren, gibt es aber auch erhöhte Kosten über die Gesamtlaufzeit. Da die Software allgemeiner konzipiert, entworfen und implementiert werden muß als für den speziellen erstmaligen Einsatz notwendig, erhöht sich der Aufwand und die Entwicklungszeit und somit auch die Kosten.

Zu den nicht technischen Problemfeldern gehören auch juristische und organisatorische Barrieren. Bei gekaufter Fremd-Software ist zunächst das Problem des Urheberrechts zu klären, wenn die gekauften Bausteine in eigenen, zu verkaufenden Software-Produkten eingebaut werden. Wird Quell-Code ge/verkauft, ist die Frage der Manipulierbarkeit/Änderbarkeit zu klären.

Als organisatorische Barriere erweist sich oft die fehlende unternehmensweite Infrastruktur, um Wiederverwendung projekt- und abteilungsübergreifend zu ermöglichen. Ein nur für die Bausteinverwaltung zuständiger Mitarbeiter evtl. Mitarbeitergruppe muß dafür sorgen, daß die evtl. mehrere tausend Teile umfassende Bausteinbibliothek ständig aktuell und auf hohem Qualitätsniveau ist.

Zu den organisatorischen Dingen gehört aber auch die Einrichtung eines Belohnungssystems. Wer wiederverwendbare Bausteine erzeugt, bzw. wer Bausteine in eigene Systeme integriert, soll belohnt werden. Die Beurteilung von Software-Entwicklern beruht z. T. immer noch auf den erzeugten LOC (siehe auch Abschnitt 4.1.1) der entsprechenden Produktionssysteme. Der Bausteinentwickler trägt aber nicht direkt zu Produktionssystemen bei. Der Bausteinverwender erzeugt weniger Code (in LOC), ist aber mit Tätigkeiten wie Finden, Adaptieren und Einbauen von Bausteinen befaßt. Hier gilt es neue Bewertungsstrategien zu entwickeln.

Die technischen Problemfelder der Wiederverwendung können u.a. durch die folgenden Fragen charakterisiert werden:

- Wie ist die Wiederverwendung in den Software-Entwicklungsprozeß zu integrieren?

- Welche Software-Teilsysteme besitzen das Potential, in anderen Systemen wiederverwendet zu werden? Wie werden solche Teile identifiziert?

- Welche Qualitätsmerkmale muß ein Baustein besitzen, um wiederverwendet werden zu können?

- Wie werden Bausteinbibliotheken verwaltet? Wie werden Bausteine klassifiziert, wie wird nach ihnen gesucht?

Der Beantwortung dieser Fragen ist der nächste Abschnitt gewidmet.

7.3 Ausgewählte Aspekte der Wiederverwendung

7.3.1 Wiederverwendung im Software-Entwicklungsprozeß

Damit Software-Wiederverwendung tatsächlich stattfindet, muß sie im Entwicklungsprozeß berücksichtigt und verankert werden. Nur so kann sichergestellt werden, daß über die übliche Software-Entwicklung hinaus Bausteine sowohl erzeugt als auch genutzt werden. Dabei muß die Unterteilung des Entwurfsprozesses in einzelne Phasen bereits die Wiederverwendung unterstützen, aber auch jede Phase für sich sollte Anteile enthalten, die speziell der Wiederverwendung gewidmet sind.

Es gibt zahlreiche Entwicklungsprozeßmodelle, wie z.B. das klassische Wasserfallmodell [Boe76] oder das iterative Spiralmodell [Boe88], die hier nicht detailliert dargestellt werden können. Unabhängig davon, welche Entwurfsmethodik genutzt werden soll, wird dieser Methodik mit dem Ziel der Wiederverwendung eine weitere Phase vorgeschaltet, um vorab potentiell wiederverwendbare Bausteine zu identifizieren. Dabei ist diese Phase nicht einem konkreten Entwicklungsprojekt zugeordnet, sondern sie wird projektübergreifend für den ganzen Anwendungsbereich durchgeführt. Diese Analyse des Anwendungsbereichs wird *Domain Analysis* genannt.

Die Analyse des Anwendungsbereichs gliedert sich in fünf Teilaktivitäten, die in Abbildung 7.1 auf der nächsten Seite dargestellt sind.

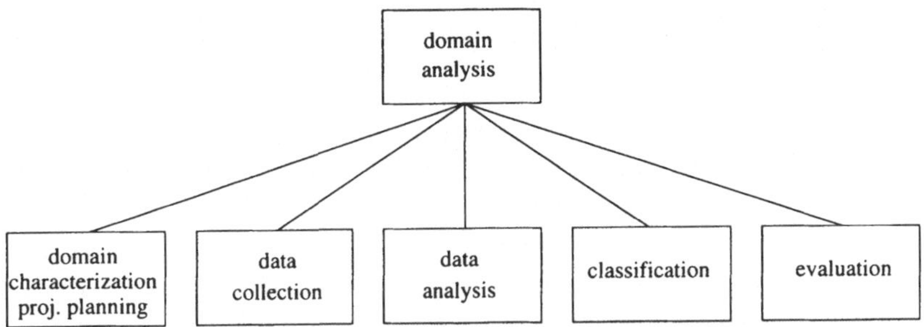

Abbildung 7.1: Teilaktivitäten der Domain Analysis

In der Planungs- und Festlegungsphase (domain characterization and projekt planning) geht es darum, den Anwendungsbereich genauer festzulegen und abzugrenzen. Es wird festgelegt, was noch innerhalb des Anwendungsbereichs liegt, bzw. was außerhalb des Anwendungsbereichs fällt. Bezogen auf ein Projekt ohne geplante Wiederverwendung muß dieser Anwendungsbereich sicherlich eine echte Obermenge sein.

In der nachfolgenden Phase der Datensammlung (data collection) werden Informationen über den Anwendungsbereich erhoben, um ein relativ vollständiges Bild zu bekommen. Die vier hauptsächlich angewendeten Techniken zur Informationserfassung sind Analysetechniken des Reengineerings (Anwendungs- und Programmverstehen, Kapitel 3; Metriken, Kapitel 4; Business-Process-Reengineering), Sichtung der vorhandenen Literatur, Wissenserwerb durch Experten (Interview- und Fragebogentechnik) und das Durchspielen verschiedener Szenarien (Konsistenz- und Vollständigkeitsprüfung durch Simulation).

In der Phase der Datenanalyse (data analysis) wird die zuvor erhobene große Menge von Informationen auf Korrektheit, Konsistenz und Vollständigkeit untersucht. Unwichtige Informationen müssen erkannt und herausgefiltert, wichtige Informationen müssen geordnet werden. Beim Ordnen geht es zunächst um die Identifikation von Objekten, der zugehörigen Operationen und Ereignissen und den Beziehungen untereinander. Ziel ist die Identifikation und Beschreibung von wiederverwendbaren Einheiten unter Einsatz von Methoden aus der strukturierten Analyse [DeM78] oder alternativ aus der objektorientierten Analyse [Boo91, MO92, Rum91].

Weiterhin geht es um die Analyse von Gemeinsamkeiten zwischen den erkannten Einheiten, die auf Möglichkeiten des Zusammenfassens und Verallgemeinerns hinweisen. Auch eine Analyse der Unterschiede und Variationen wird durchgeführt mit dem Ziel, diese Unterschiede einzukapseln und durch Parametrisierung zusammenzufassen.

Untersucht werden weiterhin verschiedene Kombinationen von wiederverwendbaren Einheiten, um so typische, größere Strukturschemata oder gar Rahmenarchitekturen aufzudecken. Dabei treten auch Unvereinbarkeiten zwischen wiederverwendbaren Einheiten zutage, die auf eine mögliche Aufteilung in unterschiedliche Architekturen hinweisen, die dann jeweils unvereinbare Mengen von Anforderungen aus dem Anwendungsbereich erfüllen sollen.

In der Phase der Klassifikation (classification) werden die Beschreibungen der wiederverwendbaren Einheiten in Gruppen ähnlicher Beschreibungen zusammengefaßt. Innerhalb jeder Gruppe zeichnet man eine abstrakte Beschreibung aus, die die gesamte Gruppe repräsentieren soll. Zusätzliche, neue Beschreibungen werden den existierenden Gruppen zugeordnet oder die Gruppen werden reorganisiert, um so die neuen Beschreibungen aufzunehmen. Letztlich werden die Gruppen in einer Generalisierungshierarchie angeordnet. Parallel zu diesem Prozeß wird häufig eine genauere Terminologie für den Anwendungsbereich festgehalten und in Beziehung zu den erhaltenen Beschreibungen gesetzt.

In einer abschließenden Phase der Evaluation (evaluation) werden alle Ergebnisse bewertet und noch einmal bezüglich Vollständigkeit und Konsistenz überprüft.

7.3.2 Qualitätskriterien für Bausteine

Ein wiederverwendbarer Baustein muß zunächst einmal die Qualitätskriterien erfüllen, die man von jeder Software erwarten kann. Wiederverwendbare Bausteine sollten also

- korrekt

- robust und fehlertolerant

- effizient

- modular

- portabel

- gut dokumentiert

sein, um die grundlegenden Software-Qualitätskriterien zu erfüllen. Darüber hinaus spielen die folgenden Qualitätskriterien gerade für die Wiederverwendung eine besondere Rolle:

Allgemeinheit: Eine wesentliche Eigenschaft eines wiederverwendbaren Bausteins muß seine Anwendbarkeit in vielen (auch dem Bausteinentwickler unbekannten) Anwendungsumgebungen sein. Dies ist nicht leicht zu erreichen und erfordert wiederholte Abstraktionsbemühungen bei der Bausteinerstellung bzw. zur Zeit der Domain Analysis, wo versucht werden muß, von den speziellen Gegebenheiten zu abstrahieren, um diese zu verallgemeinern und in der verallgemeinerten Form im Baustein zur Verfügung zu stellen. Das Parametrisieren von Bausteinen dient z. B. der größeren Allgemeinheit.

Erweiterbarkeit und Anpaßbarkeit: Selbst wenn ein Baustein sehr allgemein gehalten ist, kann es vorkommen, daß er in der verfügbaren Form nicht vollständig zum Anwendungsgebiet paßt und leicht erweitert oder angepaßt werden muß. Von daher ist es wichtig, daß solche Erweiterungen und Anpassungen (die sich sicherlich nicht alle vorhersehen lassen) leicht durchgeführt werden können.

Integrierbarkeit und Kombinierbarkeit: Bei der eigentlichen Nutzung eines Bausteins muß dieser mit anderen Bausteinen kombiniert werden, bzw. muß in das zu erstellende Software-System integriert werden. Der Baustein sollte dazu mit einer expliziten, möglichst engen Schnittstelle versehen sein, die die Interna einkapselt und gleichzeitig die Zugriffsmöglichkeiten von außen (aber auch die Abhängigkeiten nach außen) klar festlegt.

Selektierbarkeit: Der Nutzung eines Bausteins geht üblicherweise die Suche nach dem Baustein in einer umfangreichen Bausteinbibliothek voraus. Damit diese erfolgreich durchgeführt werden kann, müssen die für die Suche relevanten Eigenschaften und die Besonderheiten des Bausteins in einer solchen Form in der Bausteinbeschreibung vorliegen, daß die Suche möglichst effizient und werkzeuggestützt durchgeführt werden kann.

Verstehbarkeit: Die Suche nach einem Baustein liefert zunächst einmal nur Bausteinkandidaten, und in einem zweiten Schritt muß ein Entwickler diese Kandidaten bewerten und verstehen, um entscheiden zu können, ob sie in seiner Anwendungsumgebung überhaupt einsetzbar sind, bzw. wie groß der Aufwand ist, um sie entsprechend anzupassen. Das Verständnis fremder Software ist ein besonders schwieriges Problem[1], das nur durch eine detaillierte Dokumentation unterstützt werden kann. Dabei muß die Funktionalität eines Bausteins genauso dargelegt werden, wie genaue Einsatzbedingungen und Einschränkungen.

Die beiden letzten Forderungen können als Zusatz zu der oben bereits geforderten guten Dokumentation angesehen werden in dem Sinne, daß diese Dokumentation mit dem Ziel der Wiederverwendung um spezielle Details zur Suche und zum Verständnis angereichert werden muß.

7.3.3 Beschreibungs- und Suchverfahren

Software-Bausteine werden mit einer Bausteinbeschreibung versehen, die zwei wesentliche Funktionen zu erfüllen hat. Zum einen dienen diese Beschreibungsinformationen der Selektion gewünschter Bausteine. Dazu formuliert ein Entwickler seine Anforderungen und

---

[1]Wie wir in Kapitel 3 gesehen haben.

Wünsche als Anfrage, die mit den Beschreibungsinformationen vorhandener Bausteine verglichen wird, um so zu einer Menge von Kandidatenbausteinen zu kommen, die die spezifizierten Anforderungen erfüllen oder ihnen zumindest sehr nahe kommen. Zum anderen dienen die Beschreibungsinformationen dem Verständnis von Bausteinen, damit ein Entwickler schnell gefundene Kandidatenbausteine bewerten kann, um die Einsetzbarkeit und den evtl. notwendigen Modifikationsaufwand abschätzen zu können.

Um Bausteine einer Bibliothek zu strukturieren und somit eine zielgerichtete Suche zu ermöglichen, werden Bausteine klassifiziert. Klassifikationsschemata für Software-Bausteine sollten:

- Ausdrucksstark sein, um präzise Beschreibungen zu ermöglichen.

- Erweiterbar sein. Erweiterbarkeit meint zum einen, daß neue Bausteine zur Bibliothek hinzugefügt werden können, ohne daß eine komplette Neuklassifizierung der bisher schon klassifizierten Bausteine notwendig wird. Zum anderen soll auch eine nachträgliche Erweiterung des Klassifikationsschemas leicht möglich sein und keine komplette Neuklassifikation nach sich ziehen.

- Anpaßbar sein, so daß ein Klassifikationsschema leicht an die speziellen Bedürfnisse des jeweiligen Anwendungsbereichs angepaßt werden kann.

- Effiziente Suchverfahren ermöglichen, die zu einer Anfrage sowohl exakt passende Bausteine als auch ähnliche Bausteine liefern können.

- Einfach zu nutzen sein.

Wir werden im folgenden kurz die hierarchische Klassifikation und die Facetten-Klassifikation betrachten.

7.3.3.1 Hierarchische Klassifikation

Bei der hierarchischen Klassifikation baut man ausgehend von der Gesamtmenge aller Bausteine eine Teilmengenhierarchie auf, indem man sukzessive Mengen einer Hierarchiestufe in disjunkte Teilmengen der nächsten Hierarchiestufe zerlegt. Dabei wird die Zerlegung durch eine ausgezeichnete Eigenschaft gesteuert, innerhalb derer sich die einzelnen Teilmengen unterscheiden. Dieses Zerlegen wird solange fortgeführt, bis die erhaltenen Teilmengen nur noch wenige Elemente enthalten, so daß sich eine weitere Zerlegung nicht lohnt.

Für eine real durchzuführende Klassifikation wird zunächst die zugrundeliegende Hierarchie festgelegt (bzw. auf einer bereits existierenden basiert). Dann wird bausteinweise klassifiziert, wobei die Klassifikation entlang der Hierarchie durchgeführt wird. Auf jeder Hierarchiestufe wird der Baustein bezüglich der zur Zerteilung genutzten Eigenschaften analysiert, um so die Teilmenge der nächsten Hierarchiestufe zu bestimmen, in die der Baustein gehört. Damit wird sukzessive fortgefahren, bis ein Blatt der Hierarchie erreicht ist.

Bei der Suche nach einem Baustein wird ganz analog vorgegangen. Wieder wandert man entlang der Hierarchie und sucht die Teilmenge der nächsten Hierarchiestufe, die dem gesuchten Baustein am besten entspricht. Ist ein Blatt erreicht, so sind die dort enthaltenen Bausteine gute Kandidaten für den gesuchten Baustein. Ein solches Suchverfahren läßt sich leicht rechnergestützt durchführen, indem z. B. die Hierarchie visualisiert wird, so daß eine navigierende Suche entlang der Hierarchiebeziehungen ermöglicht wird.

7.3.3.2 Facetten-Klassifikation

Bei der Facetten-Klassifikation wird versucht, voneinander unabhängige Eigenschaften und Merkmale von Bausteinen festzulegen, um diese getrennt zu beschreiben. Anschaulich wird jeder Baustein nacheinander von unterschiedlichen Standpunkten aus betrachtet und beschrieben, und diese Einzelbeschreibungen werden zu einer Gesamtbeschreibung synthetisiert. Diese einzelnen Standpunkte, bzw. die unabhängigen Eigenschaften und Merkmale werden Facetten genannt, und die möglichen Werte zur Beschreibung heißen Terme. Beispielsweise könnte eine Facette *Quality* = { *as_is, tested, certified, high_quality_certified* } genutzt werden, um unterschiedliche Qualitätsstufen von Software-Bausteinen zu beschreiben.

Für eine Klassifikation gibt man als Klassifikationsschema eine feste Menge $F_1, \ldots, F_n$ von Facetten vor. Die Facetten sollten dabei die Beschreibung der wichtigsten Aspekte, Eigenschaften und Merkmale von Bausteinen durch die jeweiligen Terme ermöglichen. Jeder Baustein b wird dann durch einen Deskriptor $d(b)$ beschrieben, der zu jeder Facette den Term enthält, der von der Bedeutung am besten zum Baustein paßt, also $d(b) = (t_1, \ldots, t_n)$ mit $t_i \in F_i$. Deskriptoren stellen also jeweils gleichartig strukturierte Tupel dar, die z. B. alle innerhalb einer (oder auch mehrerer) Tabelle(n) eines relationalen Datenbanksystems verwaltet werden können.

Zur Suche spezifiziert man die gewünschten Eigenschaften eines gesuchten Bausteins als Anfrage in der Form eines partiellen Deskriptors, indem für ausgewählte Facetten diese Eigenschaften durch entsprechende Terme festgelegt werden, während die anderen Facetten leer bleiben bzw. durch „*" belegt werden. Eine solche Anfrage wird mit den Deskriptoren der vorhandenen Bausteine in der Bibliothek verglichen, wobei sich genau die Bausteine für das Suchergebnis qualifizieren, die auf den spezifizierten Werten mit der Anfrage übereinstimmen und bei den anderen Facetten beliebige Werte haben.

7.4   Beispiele für erfolgreiche Wiederverwendung

7.4.1   Funktionsbibliotheken

Einer der ersten Ansätze, Software-Wiederverwendung auf den unteren Ebenen von Source-Code-Programmen oder gar bereits übersetzten Object-Code-Programmen zu unterstützen, stellt die Idee der Funktionsbibliotheken dar. Die damals vorherrschenden Programmiersprachen wie z. B. Assembler, COBOL oder FORTRAN sind funktionsorientierte, imperative Sprachen mit dem Konzept der Funktion bzw. des Unterprogramms als wesentliches Mittel zur Abstraktion und Strukturierung. In diesem Umfeld bieten sich natürlich Funktionen in der Form von Source- oder Object-Code-Programmen als wiederverwendbare Einheiten geradezu an.

Die Nutzung bzw. Integration dieser Bausteine in neue Software-Systeme ist denkbar einfach. Man benutzt im eigenen Programm die Funktion als abstrakte Anweisung, die nur mit den notwendigen Parametern zu versorgen ist, wobei im Fall eines Source-Code-Bausteins zusätzlich die zuvor kopierte Funktionsdefinition als Teil des Programms zu übersetzen ist.

Diese Art wiederverwendbarer Bausteine ist besonders in sehr eng umrissenen Anwendungsgebieten erfolgreich wie z. B. Statistik oder numerische Mathematik. Bekannt und viel genutzte Funktionsbibliotheken in diesen Bereichen sind z. B. SPSS für statistische Anwendungen und IMSL für numerische Anwendungen.

In diesen Anwendungsgebieten lassen sich häufig genutzte Standardoperationen sehr natürlich und direkt als parametrisierte Funktionen modellieren. Weiterhin existiert für diese Bereiche eine allgemein anerkannte und standardisierte Terminologie, so daß die Beschreibung und Identifikation der Bausteine häufig bereits ausreichend allein über den Namen realisiert werden kann. Daher ist ein ausführliches Handbuch als Auflistung aller Funktionen und ihrer Parameter zusammen mit einem alphabetischen Index schon ausreichend zur Suchunterstützung in diesen Funktionsbibliotheken. Ein solches Handbuch ist dann als Bausteinkatalog anzusehen.

7.4.2   Software-Schablonen

Hat man bei den Funktionen in Funktionsbibliotheken noch komplette, ausführbare Programme als wiederverwendbare Bausteine, so liefern Software-Schablonen nur Rahmenprogramme mit vielen Lücken, die vor der eigentlichen Nutzung ausgefüllt werden müssen.

Als Weiterentwicklung der Funktionsbausteine findet dieser Ansatz ausschließlich auf der Ebene von Source-Code-Programmen statt. Im Unterschied zu den Funktionsbausteinen mit ihrer fest vorgegebenen und bereits komplett realisierten Funktionalität geht es hier eher darum, die *abstrakte* Struktur von Algorithmen und Datenstrukturen als Baustein zur Verfügung zu stellen. Die Schablone beschreibt dabei die invarianten Bestandteile des Algorithmus bzw. der Datenstruktur. Dieser invariante Rahmen muß dann um die anwendungsspezifischen, veränderlichen Details angereichert werden.

Die Nutzung von Schablonen ist schon etwas aufwendiger durch die Notwendigkeit der Vervollständigung, wofür in der Regel sogar große Teile des Source-Codes gelesen und verstanden werden müssen. Auch bei der Integration kommt es auf die jeweilige Schnittstelle der Schablone an, die nicht notwendig eine einfache Prozedur darstellen muß, sondern auch komplexer sein kann.

Aufgrund der Allgemeinheit dieser Bausteine reicht zur Beschreibung und Identifikation ein einfacher Name nicht mehr aus, sondern Schablonen müssen sehr genau beschrieben werden, zusammen mit speziellen Hinweisen zur notwendigen Vervollständigung.

7.4.3 Generatoren

Einen äußerst erfolgreichen Ansatz zur Wiederverwendung stellen Anwendungsgeneratoren dar. Als Wiederverwender programmiert man sozusagen diese Generatoren auf einer sehr hohen und abstrakten Ebene bzw. in einer sehr hohen und abstrakten Generatorsprache. Die so spezifizierte Eingabe wird dann vom Generator in ein ausführbares Programm einer herkömmlichen Programmiersprache transformiert.

Generatoren lassen sich als Weiterentwicklung des Schablonenansatzes deuten. Als Wiederverwender sieht man nicht mehr die konkreten Schablonen und muß deren Lücken direkt ausfüllen, sondern die Schablonen sind implizit im Generator enthalten. Das Ausfüllen der Schablonen geschieht dann indirekt auf der abstrakten Ebene der Eingabesprache für den Generator.

Dieser Ansatz läßt sich nur in sehr speziellen und eng begrenzten Bereichen einsetzen, in denen es überhaupt möglich ist, eine abstrakte Eingabesprache für einen Generator zu entwickeln, die komplette Anwendungen in diesem Spezialgebiet beschreiben kann. Dabei wird von den späteren Implementierungsdetails abstrahiert, und der Anwender konzentriert sich auf die Beschreibung des „Was" und nicht des „Wie". Die Wiederverwendung beschränkt sich bei diesem Ansatz nicht nur auf einzelne Algorithmen oder Datenstrukturen, sondern es werden komplette Systementwürfe wiederverwendet, die das „Wie" standardisiert lösen.

Typische Anwendungen für diesen Generatoransatz findet man z. B. im Bereich des Compiler-Baus, in dem sehr erfolgreich die Erfahrungen über lexikalische Analyse und Syntaxanalyse in entsprechenden Compiler-Compilern zusammengefaßt wurden (in UNIX z. B. Lex und Yacc). Ein weiteres Gebiet ist die visuelle Generierung und Spezifikation von Benutzungsoberflächen. Hier besteht die Generatoreingabe aus interaktiv am Bildschirm erzeugten graphischen Elementen, die dann in entsprechende, einbindbare Programme transformiert werden.

7.4.4 Abstrakte Datentypen

Abstrakte Datentypen können als Weiterentwicklung der Funktionsbibliotheken angesehen werden. Während in den frühen Programmiersprachen Unterprogramme und Funktionen die wesentlichen Strukturierungsmöglichkeiten waren, stellen moderne Sprachen mächtigere Konzepte zur Verfügung wie z. B. Modules, Packages und Classes. Diese Konzepte realisieren direkt die wichtigen Techniken der Modularisierung und Einkapselung auf der Ebene der Programmiersprachen.

Abstrakte Datentypen stellen eine Abstraktionsmöglichkeit für Funktionen *und* Daten dar und erlauben somit die Definition benutzerdefinierter Typen, die gleichberechtigt zu den von der jeweiligen Programmiersprache zur Verfügung gestellten Standardtypen sind.

Eine Spezifikation eines abstrakten Datentyps besteht im wesentlichen aus einem Typnamen, einer Spezifikation des Wertebereichs und einer Spezifikation der erlaubten Operationen auf diesem Typ. Dies stellt die nach außen sichtbare Schnittstelle eines abstrakten Datentyps dar, die die inneren Details der Implementierung unzugänglich einkapselt. Als Nutzer eines abstrakten Datentyps muß man nur die Spezifikation kennen und verstehen, um mit dem Datentyp arbeiten zu können.

Die Nutzung und Integration ist besonders einfach und basiert ausschließlich auf der Spezifikation der Schnittstelle. Sieht man diese Spezifikation als Ergebnis der Entwurfsphase und die Implementierung als Ergebnis der Implementierungsphase, so unterstützen abstrakte Datentypen auch die Wiederverwendung in frühen Phasen. Besonders erfolgreich ist dieser Ansatz für Programmiersprachen wie ADA und Modula, aber auch für objektorientierte Sprachen.

7.4.5 Objektorientierung

Die objektorientierte Software-Entwicklung ist derzeit sicherlich der vielversprechendste Ansatz zur Steigerung der Qualität und Produktivität bei der Anwendungsentwicklung. Software-Wiederverwendung beansprucht für sich die gleichen Ziele und man könnte die sehr anspruchsvolle These vertreten, daß das Ziel einer geplanten, systematischen Software-Wiederverwendung (neben weiteren Zielen wie Korrektheit, Robustheit, Erweiterbarkeit, Kombinierbarkeit) zwangsläufig zu den Schlüsselkonzepten der Objektorientierung führt. Etwas realistischer ist jedoch die Aussage, daß die Schlüsselkonzepte der Objektorientierung in besonderem Maße geeignet sind, Wiederverwendung zu ermöglichen und zu unterstützen.

Die Einführung objektorientierter Konzepte geht weit über den Rahmen dieser Arbeit hinaus. Der interessierte Leser findet in der einschlägigen Literatur jedoch genügend Material: [Mey88, Boo91, Rum91]. Hier sei nur angemerkt, daß durch das Konzept der Klassen und Objekte eine Kapselung wie bei abstrakten Datentypen erreicht wird. Durch das Konzept der Vererbung, verbunden mit Polymorphie und dynamischem Binden werden zusätzliche Möglichkeiten der Wiederverwendung geschaffen, die weit über die anderen Ansätze hinausgehen.

Mit der Standardisierung der Nutzung von Klassenbibliotheken und des Zugriffs auf entsprechende Objekte befaßt sich derzeit die Object Management Group (OMG) als ein internationaler Zusammenschluß namhafter Hard- und Software-Hersteller. Ein wesentliches Ziel dieser Standardisierungsbestrebungen ist der Einsatz von Klassenbibliotheken über Compiler-, Programmiersprachen- und Plattformgrenzen hinweg und zudem in einer verteilten, heterogenen Umgebung. Ein solcher Standard wird sicherlich zu einer weiteren Verbreitung und Belebung des Bausteinmarkts führen.

7.5 Übungsaufgaben

Aufgabe 7.1 Um die Wiederverwendung in den Software-Entwicklungsprozeß eines Unternehmens zu integrieren, muß zuerst die Wirtschaftlichkeit belegt werden. Welche Möglichkeiten sehen Sie, mit Hilfe von Metriken (aus Kapitel 4, aber auch selbst definierten) diese Wirtschaftlichkeit zu quantifizieren?

Aufgabe 7.2 Erstellen Sie eine Funktion in C als wiederverwendbaren Baustein, die zu einem Datum als Eingabe die zugehörige Nummer des Tages im Jahr als Ausgabe berechnet. Beachten Sie die Qualitätskriterien für Bausteine in Abschnitt 7.3.2.

Aufgabe 7.3 Entwerfen und realisieren Sie einen abstrakten Datentyp Datum in C++. Beachten Sie die Qualitätskriterien für Bausteine in Abschnitt 7.3.2.

Aufgabe 7.4 Welche C++-Klassenbibliotheken kennen Sie, und wie beurteilen Sie deren Qualität aus Sicht der Wiederverwendung?

Aufgabe 7.5 Suchverfahren auf Basis der hierarchischen Klassifikation oder der Facetten-Klassifikation liefern als Ergebnis eine Menge von Bausteinkandidaten. Welche Möglichkeiten der Beschreibung von Kandidaten gibt es, um den passenden Baustein in der Kandidatenmenge zu finden?

Aufgabe 7.6 Entwerfen Sie in den Grundzügen ein Klassifikationsschema für eine hierarchische Klassifikation von Software-Bausteinen, die Sortier-Algorithmen und -Datenstrukturen realisieren. Entwerfen Sie analog dazu ein Klassifikationsschema für die Facetten-Klassifikation.

Kapitel 8

Migration in die objektorientierte Welt

Im Kapitel 1 haben wir kritisiert, daß sich die Informatikforschung hauptsächlich der Anwendungsentwicklung widmet, die Wartung aber vernachlässigt. Es ist allerdings offensichtlich, daß sich besser entwickelte Anwendungssysteme auch positiv auf die Wartung auswirken. Die im Augenblick am vielversprechendste Entwicklungsmethodik ist die der objektorientierten Systeme. Von der objektorientierten Analyse über das objektorientierte Design bis zur Implementierung in objektorientierten Programmiersprachen und Datenbanksystemen scheint diese Methodik die besten Resultate im Hinblick auf die angestrebten Eigenschaften von Software-Systemen zu sein. Nach Meyer [Mey88] etwa kann von einem objektorientierten System ein hohes Maß an Korrektheit, Robustheit, Erweiterbarkeit, Wiederverwendbarkeit und Wartbarkeit erwartet werden.

Um diese positiven Eigenschaften im vollem Umfang zu nutzen, empfiehlt sich die Neuentwicklung eines Systems mit objektorientierten Methoden und Sprachen. Eine Neuentwicklung ist aber i. allg. aufwendiger (und damit teurer) und mit höheren Risiken behaftet als eine Transformation bestehender Systeme[1]. Innerhalb des Reengineerings wurden daher Methoden entwickelt, die Programme in herkömmlichen, imperativen Sprachen in objektorientierte Sprachen transformieren. Entgegen den beschriebenen Techniken in Kapitel 5 Sprachkonversion, die innerhalb der imperativen Sprachfamilie transformieren, benötigt die Transformation imperativer Programme in objektorientierte Programme Techniken, die deutlich über rein syntaktische Möglichkeiten hinausgehen. Eine optimale Methode müßte die objektorientierte Analyse und das objektorientierte Design nachahmen, ein Anspruch, der im Augenblick und in absehbarer Zeit nur von Menschen und nicht von Maschinen erfüllt werden kann. Die erfolgversprechendsten Ansätze sind daher die der interaktiven

---

[1]Siehe auch Kapitel 9 Bestandsanalyse.

Systeme, bei denen ein Werkzeug den Anwender bei der Transformation unterstützt, letztendlich aber der Mensch für die kreativen Anteile der Analyse und des Designs bzw. deren Umkehr verantwortlich ist.

Wir beschreiben im folgenden drei mögliche Ansätze einer Transformation, vom einfacheren zum anspruchsvolleren System hin:

- Wrapper-Technik

- syntaktische Muster (Pattern)

- kombinierter Top-Down/Bottom-Up-Ansatz

8.1   Wrapper-Technik

Die erste Arbeit zum Thema Wrapper-Technik stammt von Dietrich, Nachman und Gracer [DNG89]. Die grundlegende Idee dieser Technik ist die praktisch unverändert übernommene Altanwendung, die lediglich mit einer neuen, objektorientierten Schnittstelle versehen wird. Um dies zu bewerkstelligen, muß der grundlegende Unterschied herkömmlicher und objektorientierter Systeme, nämlich die ganzheitliche Sicht von Daten und die diese Daten manipulierenden Prozeduren in objektorientierten Systemen durch eine Schnittstelle simuliert werden. Abbildung 8.1 auf der nächsten Seite zeigt in der rechten Hälfte eine imperative Altanwendung mit Daten und – davon mehr oder weniger unabhängigen – Prozeduren. Auf der linken Seite sehen wir die neuen Objekte, implementiert in einer objektorientierten Sprache. Diese Objekte sind jedoch nicht real im Sinne einer selbständigen objektorientierten Implementierung. Vielmehr sind Attributzugriffe innerhalb eines Objekts Zugriffe auf Daten der imperativen Altanwendung und Methodenaufrufe Aufrufe der existierenden Prozeduren, gekennzeichnet durch gestrichelte Linien.

Dieses auf den ersten Blick recht einfache Modell für die Wrapper-Technik stellt jedoch hohe Ansprüche an die beiden Programmiersprachen sowie an die Kopplung der Systeme und die Systemarchitektur. Wir diskutieren diese Ansprüche im einzelnen.

8.1.1   Kommunikationsmöglichkeiten der Basissprachen

Eine offensichtliche, notwendige Bedingung ist die Möglichkeit der objektorientierten Programmiersprache Prozeduren der Altanwendung (bzw. der alten Programmiersprache) aufrufen und Daten ansprechen zu können. Ist die Altanwendung eine *echte*

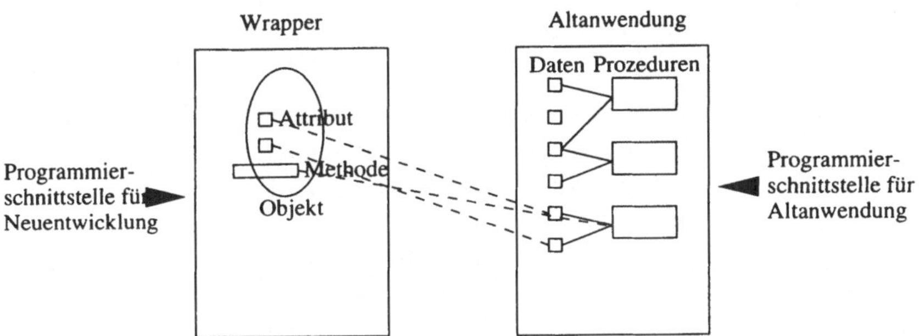

Abbildung 8.1: Schema der Wrapper-Technik

Legacy-Anwendung, ist dies bereits häufig ein Problem. So bieten etwa Smalltalk-Implementierungen Schnittstellen zu C und C++, jedoch i. allg. nicht für COBOL, PL/I oder gar Assembler auf Host-Rechnern.

Noch schwieriger wird es, wenn nicht nur Aufrufe von der Neu- zur Altsprache, sondern auch die Gegenrichtung benötigt wird. Es ist relativ unwahrscheinlich, daß etwa COBOL-Compiler die Möglichkeit der Smalltalk-Anbindung besitzen.

8.1.2 Garbage-Collection und Speicherkompaktierung

Je nach verwendeter Legacy-Implementierungssprache kann es sein, daß die Altanwendung Garbage-Collection durchführt. Es muß dann sichergestellt sein, daß Legacy-Daten, auf die ein Zeiger der Neuanwendung weist, nicht speicherbereinigt werden. Dies ist z. B. durch Legacy-Zeiger, die auf dieselben Daten verweisen, leicht implementierbar. Eng mit der Garbage-Collection verbunden ist die Speicherkompaktierung. Wird eine solche Speicherkompaktierung vorgenommen, so ist sicherzustellen, daß Zeiger der Neuanwendung auf solche Daten immer konsistent sind. Eine Lösung ist die Einführung einer zusätzlichen Zeigerindirektion über eine neu einzuführende Zeigertabelle der Altanwendung.

8.1.3 Synchronisation der Objektlebenszeiten

Bei der Deallokation eines Objekts in der Neuanwendung, z. B. durch Verlassen eines Blocks, explizite Freigabe oder Garbage-Collection müssen auch die entsprechenden Daten der Legacy-Anwendung dealloziert oder für Garbage-Collection verfügbar gemacht werden. Für Dietrich ist dieser Mechanismus essentiell für die Wrapper-Technik, da ansonsten der Speicherbedarf der Altanwendung monoton wächst und größere, lang laufende Anwendungen somit nicht realisiert werden können.

8.1.4 Cross-System-Konsistenz

Die bisher genannten Probleme sind wohldefiniert, sehr konkret, exakt und relativ einfach zu lösen. Anders verhält es sich mit der Konsistenz zwischen den Systemen (die z. T. bereits in der Garbage-Collection-Problematik offensichtlich geworden ist). Da der Zustand eines Systems sowohl in der objektorientierten als auch der imperativen Welt durch den Wert von Attributen respektive Variablen festgelegt ist, existieren eine Reihe von Invarianten zwischen den beiden Systemen. Diese müssen in der Implementierung berücksichtigt und gewährleistet werden. Auftretende Inkonsistenzen und Verletzungen von Invarianten können durch verschiedene Probleme und Programmierfehler verursacht werden. Eine sehr offensichtliche Ursache sind z. B. Ausnahmen (Exceptions). Da in beiden Systemen unterschiedliche Ausnahmebehandlungen realisiert sind, kann es leicht zu Bereinigungen und Zurücksetzungen in einem System kommen, die im anderen System unbemerkt bleiben.

8.2 Transformation über syntaktische Muster

Einer der Unterschiede zwischen imperativen und objektorientierten Sprachen ist die Zusammenfassung von Daten und Prozeduren zu Objekten, die aus Attributen und Methoden bestehen. In der Abbildung 8.2, die zum besseren Vergleich aus Abbildung 8.1 auf der vorherigen Seite entstanden ist, ist dies deutlich zu erkennen. In der rechten Hälfte besteht ein Programm aus Daten und Prozeduren, die durch eine *Benutzt*-Beziehung, dargestellt durch eine Verbindungslinie, verbunden sind. In der linken Hälfte ist ein Objekt zu erkennen, das aus jeweils zwei Attributen und Methoden besteht. Lediglich diese zwei Methoden haben Zugriff auf die Objektattribute.

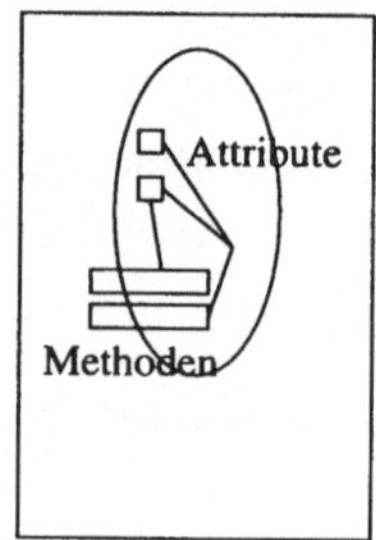

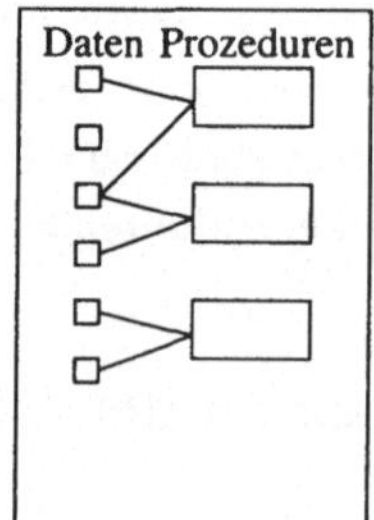

Abbildung 8.2: Objektorientiert versus imperativ

Soll eine Transformation des rechten Modells in das linke Modell erfolgen, so müssen zunächst die Verbindungen der Prozeduren zu den Daten untersucht werden. Es müssen

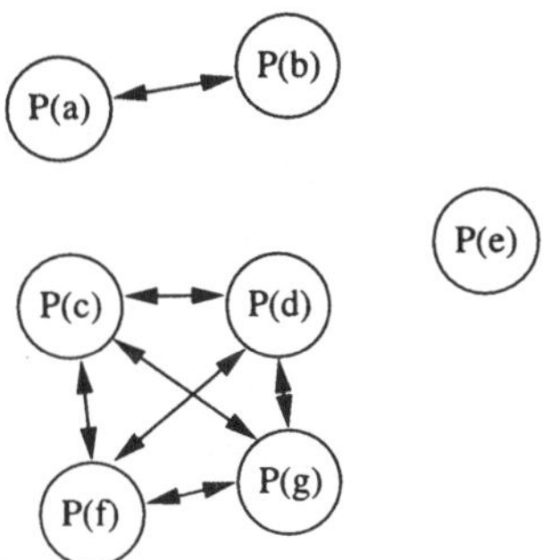

Abbildung 8.3: Beispielgraph für Verbindungsalgorithmus

Cluster von Prozeduren und Daten gefunden werden, die nicht (oder kaum) mit anderen Clustern in Verbindung stehen. Dies sind potentielle Kandidaten für Objektstrukturen.

Ein Verfahren um solche Verbindungen zu berechnen, wurde von Liu und Wilde [LW90] vorgeschlagen. Dabei wird für eine globale Variable x die Menge aller Prozeduren $P(x)$, die diese Variable referenzieren (als Parameter oder durch direkten Zugriff), berechnet. Die Mengen $P(x)$ bilden die Knoten eines Graphen, dessen Kanten die Knoten verbinden, deren Prozedurmengen einen nicht leeren Durchschnitt haben. Abbildung 8.3 zeigt einen Beispielgraph für die Variablen a, b, ..., g. Es ist offensichtlich, daß die Variablen a, b sowie c, d, f, g als auch e jeweils zu Objekten zusammenzufassen sind.

Dieser einfache Algorithmus kann in der Praxis nicht funktionieren, da bei größeren Programmen meist ein sehr stark verwobener Graph entsteht. Für das obige Beispiel führt etwa eine zusätzliche Prozedur, die die Variablen b,d und e initialisiert, zu einem zusammenhängenden Graphen, so daß keine einzelnen Objekte mehr erkennbar sind. Dieses Problem entsteht dadurch, daß das Ausgangsprogramm eben nicht objektorientiert entworfen wurde und in der imperativen Programmierung die geschilderten Programmiertechniken weit verbreitet sind.

Eine exakte automatisierbare Methode diese „nicht objektorientierten" Kanten im Graphen von den „richtigen" Kanten zu unterscheiden, gibt es nicht. Canfora und Cimitile [CC96] schlagen allerdings eine Methode vor, in dem in einem iterativen, statistischen Verfahren zusätzlich der Benutzer die Möglichkeit hat, Kanten im Graphen zu bestätigen bzw. zu entfernen. Wir geben diesen Algorithmus aus Platzgründen nicht an und verweisen den interessierten Leser auf die Originalliteratur.

Neben den Benutzt-Beziehungen zwischen Prozeduren und Daten, die zu Objektstrukturen mit Methoden und Attributen führen, ist das Erzeugen der Datenstrukturen, d. h. die Struktur (der Typ) der Attribute von besonderem Interesse. Diese auf Instanzebene durchgeführte

Untersuchung führt zu gleichen oder ähnlichen Strukturen, die durch Generalisierung zu den eigentlichen Klassendefinitionen vervollständigt werden können. In enger Verbindung damit steht das Erkennen von Vererbungsstrukturen. Eines der am fortgeschrittensten Systeme, die solche Strukturen erkennen, ist die COBOL R*Workbench [NK95], auf die wir uns z. T. beziehen.

Um gleichartige Datenstrukturen in COBOL zu erkennen, muß auf den einzelnen Felddefinitionen und deren PICTURE-Klauseln gearbeitet werden. Dies ist nötig, da COBOL keine benutzerdefinierten Datentypen, wie sie in moderneren imperativen Sprachen üblich sind, kennt. Um identische Datenstrukturen zu erkennen, wird daher für *jede* 01-Level-Datenstruktur die resultierende physikalische Datenstruktur berechnet. Diese werden dann innerhalb eines Programms, aber auch innerhalb des ganzen Anwendungssystems verglichen, um die übereinstimmenden Strukturen zu finden, die potentielle Kandidaten für Attributstrukturen von Klassendefinitionen sind. Je größer die Datenstrukturen sind, desto höher ist die Wahrscheinlichkeit eines korrekten Treffers. Bei sehr kleinen 01-Strukturen, etwa weniger als 5 Felder, kommt es häufig zu falschen Treffern, die nur durch Benutzerinteraktion als solche bestimmt werden können.

Wir geben im folgenden ein Beispiel an, daß zu solch einem falschen Treffer führt:

```
01 PERSON                      01 ADRESSE
   05 NAME     PIC X(20)          05 STRASSE PIC X(20)
   05 VORNAME PIC X(20)           05 ORT     PIC X(20)
   . . .                          . . .
```

Da beide 01-Strukturen mit 20 Zeichen langen alphanumerischen Feldern beginnen, sind sie strukturell identisch und könnten zu *einer* Klasse mit den entsprechenden zwei Attributen führen. Durch den Eingriff eines Benutzers bzw. durch weitere, strukturell nicht identische Felder kann dies verhindert werden.

Ein weiteres Problem einer automatischen Transformation ist die Namensgebung. Wenn wir in obigem Beispiel von einem positiven Treffer ausgehen, stellt sich die Frage, ob die linken oder rechten Bezeichner für die Klassendefinition benutzt werden sollen. COBOL R*Workbench etwa wählt nach dem Zufallsprinzip einen möglichen aus.

Um die entstehenden Klassen innerhalb einer Vererbungsbeziehung einordnen zu können, wird ebenfalls ein Strukturvergleich vorgenommen. Hier ist es jedoch erlaubt, daß bestimmte Strukturen aus anderen Strukturen entstehen, indem neue Felder hinzugefügt bzw. Felder entfernt werden. Dies resultiert in einer relativ einfachen Vererbungsbeziehung. Auch hier gilt, daß das Verfahren zu falschen Treffern, also Vererbungsbeziehungen, die in einem guten objektorientierten Design nicht existieren würden, kommen kann.

8.3 Kombinierter Top-Down/Bottom-Up-Ansatz

Entgegen dem im letzten Kapitel beschriebenen Migrationsverfahren greift der Benutzer im nun zu beschreibenden Verfahren nicht nur in den Fällen ein, in denen das System keine Entscheidung zwischen verschiedenen Alternativen finden kann, bzw. zwischen korrekten/falschen Alternativen nicht unterscheiden kann, sondern der Benutzer ist aktiv in den Migrationsprozeß eingebunden. Das Verfahren kann grob als ein kombiniertes Top-Down/Bottom-Up-Verfahren charakterisiert werden, in dem der Systembenutzer eine ganz normale objektorientierte Analyse (Top-Down) und das System ausgehend vom Quell-Code ein Reverse Engineering bis zur Analyseebene (Bottom-Up) durchführt. Diese beiden Analysedokumente werden dann vom Benutzer mit Systemunterstützung abgeglichen und über ein objektorientiertes Design schließlich zur Implementierung geführt.

Abbildung 8.4 auf der nächsten Seite zeigt schematisch diesen Prozeß, der von Klösch und Gall definiert und unter der Bezeichnung COREM (Capsule Oriented Reverse Engineering Method) publiziert wurde [KG95][2].

Der COREM-Prozeß besteht aus vier Teilprozessen, die mit der Abbildung 8.4 verdeutlicht werden können.

Design Recovery
Als erstes wird in einer Design-Recovery-Phase (innerhalb des Kasten IST-System) aus dem zugrunde liegenden prozeduralen System ein objektorientiertes Anwendungsmodell (reverse ooAM) über mehrere Zwischenschritte erzeugt.

Application Modeling
Als zweiter Schritt wird mit üblichen objektorientierten Analysemethoden ein zweites objektorientiertes Anwendungsmodell gewonnen (forward ooAM).

Object Mapping
Im dritten Schritt werden die Objekte dieser beiden Modelle auf semantische Übereinstimmung überprüft und das endgültige Anwendungsmodell (Ziel-ooAM) generiert.

System Transformation
Im vierten und letzten Schritt wird das erzeugte Anwendungsmodell implementiert.

Wir beschreiben die einzelnen Schritte im folgenden etwas detaillierter.

---

[2]Der COREM-Prozeß ist relativ umfangreich. Die Beschreibung [KG95] umfaßt über 300 Seiten. Wir können den Prozeß daher nur sehr oberflächlich wiedergeben.

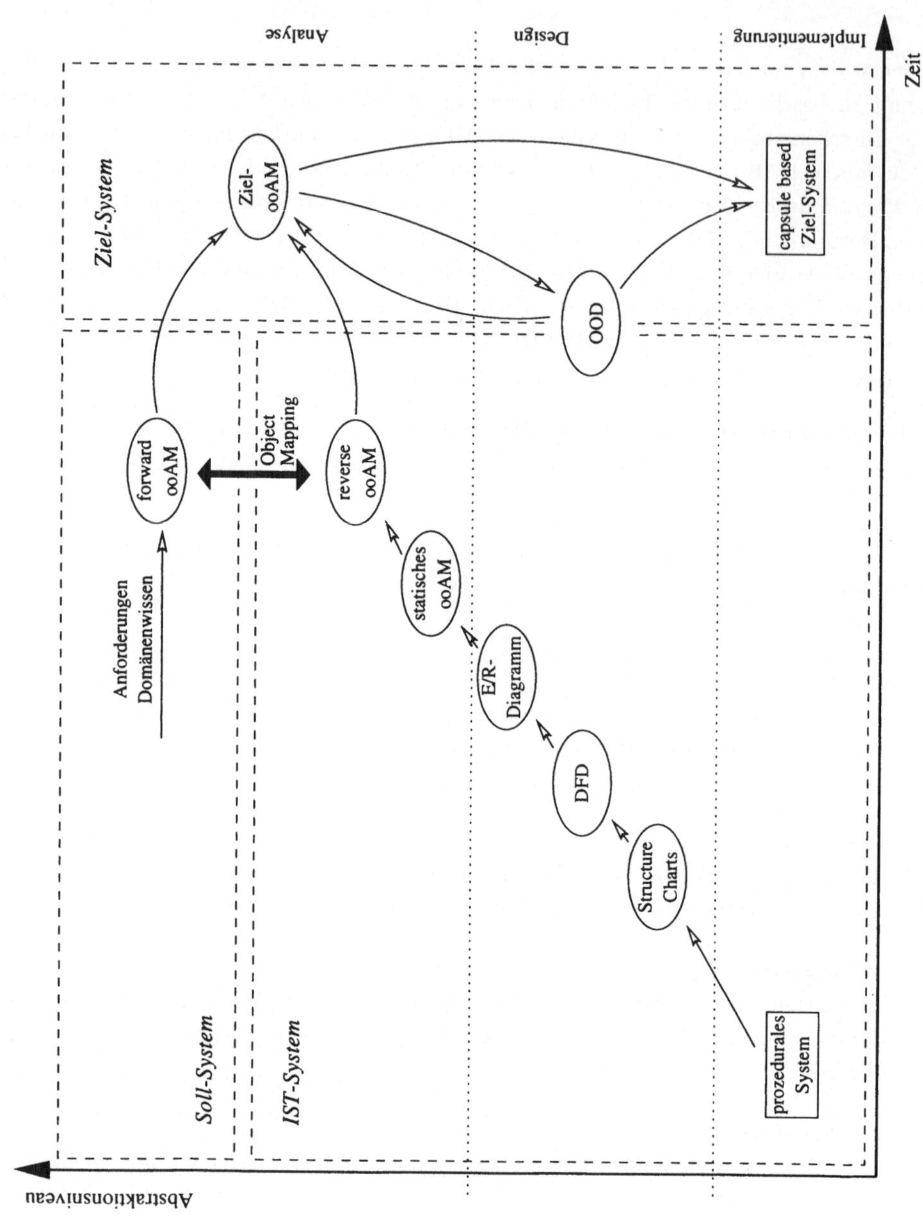

Abbildung 8.4: Der COREM-Prozeß (aus [KG95])

8.3.1 Design Recovery

Das Design Recovery in COREM ist die Umkehr der Phasen, wie sie in der strukturierten Analyse und dem strukturierten Design erfolgen: E/R-Diagramme, Datenflußdiagramme, Structure Charts. Structure Charts sind eine Darstellungsform für die einzelnen Prozeduren (Funktionen) eines Programms. Die Darstellung ist baumartig und ein Sohnknoten bedeutet, daß dieser Teil des Vaterknotens ist, bzw. daß die Prozedur in der übergeordneten Prozedur aufgerufen wird. Die Darstellung wird durch Markierungen an den Kanten ergänzt, die die Input-/Output-Parameter der Prozeduren darstellen. Abbildung 8.5 zeigt ein Beispiel, in dem die Prozedur `get-artnr` die Prozedur `read-art` mit den Parametern `artnr` und `art-record` aufruft. Der erste Parameter ist ein Input- der zweite ein Output-Parameter.

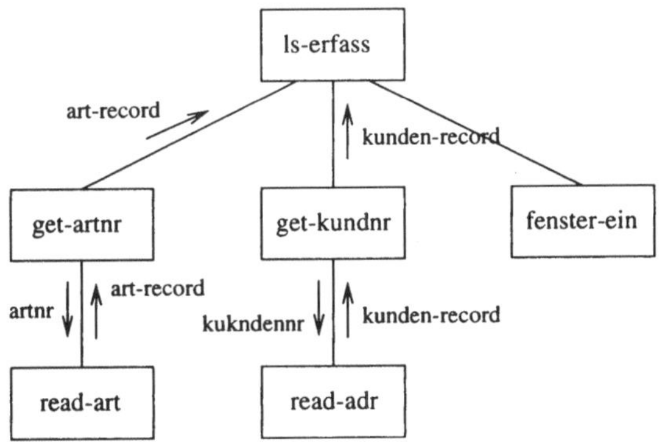

Abbildung 8.5: Beispiel eines Structure Chart (aus [KG95])

Structure Charts können automatisch aus dem Quell-Code gewonnen werden. Sie repräsentieren die Aufrufhierarchie von Prozeduren und den Datenaustausch zwischen rufender und gerufener Prozedur. Als Zwischenschritt zur Generierung des Datenflußdiagramms berechnet COREM sogenannte Nesting Trees. Dies ist unter anderem notwendig, um zwischen syntaktisch identischen globalen und lokalen Variablen zu unterscheiden. Nesting Trees repräsentieren die Verschachtelung von Prozeduren der COREM-Zielsprache Pascal[3]. Sie werden als Datenstruktur für die nachfolgende Datenflußanalyse benutzt, in der sie die Gültigkeitsbereiche von Prozeduren und Variablen bezeichnen. Schließlich wird das Datenflußdiagramm selbst berechnet. Es fließen nicht nur die durch die Structure Charts und Nesting Trees charakterisierten Variablen als Prozedurparameter, sondern auch globale Variablen und Schreib-/Lesezugriffe auf Dateien mit ein.

Die Erzeugung von E/R-Diagrammen ist der letzte und komplexeste Teil der umgekehr-

---

[3]Die Nesting Trees werden damit nur in Sprachen benötigt, die verschachtelte Blöcke erlauben. In C oder COBOL werden sie nicht benötigt und können im COREM-Prozeß einfach entfallen.

ten Design-Phase. Es existieren in der Literatur Ansätze zur Generierung von E/R-Diagrammen aus relationalen ([NA87]) und hierarchischen ([JK88]) Schemata als auch aus flachen Dateistrukturen ([Nil86]). Dabei ist die Analyse von flachen Dateistrukturen am schwierigsten und Gegenstand des COREM-Systems.

Zuerst werden die Entitäten identifiziert. Man unterscheidet zwischen Data-Store-Entitäten (DSE) und Non-Data-Store-Entitäten (NDSE). DSEs sind persistente, in Dateien abgelegte Daten. Da diese direkt als Ergebnis der Datenflußanalyse zur Verfügung stehen, werden sie einfach übernommen. NDSEs werden nicht in Dateien gespeichert und können nicht direkt der Datenflußanalyse entnommen werden. Zur Identifikation von NDSEs werden zwei Verfahren, ein deklaratives und ein funktionales, angewandt. Die deklarative[4] Identifikation geht von der Menge der bereits erkannten DSEs aus. Für jede zu untersuchende Datenstruktur (Record) werden die Komponenten mit den Komponenten der DSEs verglichen. Besteht eine Übereinstimmung, so ist die untersuchte Datenstruktur eine NDSE.

```
Lieferschein =
    RECORD
        lieferscheinnr : INTEGER;
        kunde : Kundentyp;
        artikelliste: ARRAY[1..max] OF Artikel;
        menge : INTEGER;
        ...
    END;
Auftragsbestaetigung =
    RECORD
        bestaetigungsnr : INTEGER;
        kunde : Kundentyp;
        betrag : INTEGER;
        ...
    END;
Artikel =
    RECORD
        nummer : INTEGER;
        preis : INTEGER;
        ...
    END;
```

Programm 8.1: Beispiel zu DSEs und NDSEs

---

[4]In COREM wird dies *deklarativ* genannt. Es ist prinzipiell jedoch lediglich eine *syntaktische* Prüfung auf Gleichheit.

Im Pascal-Beispiel in Programm 8.1 auf der vorherigen Seite sei `Lieferschein` eine DSE, da der Record auf eine Datei geschrieben wird. Da `Auftragsbestaetigung` und `Lieferschein` dieselbe Komponente `Kunde` besitzen, wird `Auftragsbestaetigung` zu einer NDSE. Bei dieser rein syntaktischen Analyse kommt es zu den gewöhnlichen Homonym-/Synonym-Problemen. Sie wird daher durch eine funktionale Identifikation von NDSEs erweitert, die auf der Datenflußanalyse basiert. Dabei werden Datenstrukturen zu NDSEs, wenn ein Datenfluß zwischen den Komponenten der untersuchten Datenstruktur und bereits identifizierter DSEs existieren. Als Beispiel seien `aufbes`, `lschein` und `art` Variablen der Typen `Auftragsbestaetigung`, `Lieferschein` und `Artikel` aus Programm 8.1 auf der vorherigen Seite sowie die beiden letzten Record-Typen bereits als DSE erkannt. Durch die Zuweisung

```
aufbes.betrag := lschein.menge * art.preis
```

wird dann auch `Auftragsbestaetigung` zu einer NDSE.

Wenn alle Entitäten (DSEs und NDSEs) identifiziert sind, werden die Relationen zwischen den Entitäten bestimmt. Auch hier wird wieder zwischen einer deklarativen (syntaktischen) und einer funktionalen (datenflußbasierten) Bestimmung unterschieden. Wir gehen hier nur auf den einfachsten Fall der deklarativen Relationenbestimmung, der Part-Of-Relation, ein und verweisen den interessierten Leser auf die Originalliteratur [KG95]. Die Part-Of-Relation wird im Quell-Code als ARRAY-Typ oder als verkettete Liste dargestellt. Abbildung 8.6 auf der nächsten Seite stellt ein Stück Programm-Code und die daraus resultierende Part-Of-Relation dar. Im Falle der ARRAY-Verwendung können sogar Kardinalitäten der Relation bestimmt werden. Im Beispiel hätte etwa E_v die Kardinalität *min,max*, die Kardinalität für E_u ist unbekannt. Auch hier ergeben sich wieder die bereits bei der Identifikation von Entitäten genannten Probleme mit Homonymen und Synonymen. Wenn etwa die Array-Definition

```
ARRAY [1..n] OF INTEGER;
```

lautet, die einzelnen Felder aber Lieferscheinnummern repräsentieren, kann keine Relation zu `Lieferscheinnummer` der Entität `Lieferschein` erstellt werden.

Im nächsten Schritt erfolgt der Übergang vom E/R-Diagramm zum statischen objektorientierten Anwendungsmodell (vgl. auch Abbildung 8.4 auf Seite 118, insbesondere den Übergang vom Design zur Analyse). Dieser Übergang mit Ausgangspunkt E/R-Diagramm ist einer der Gründe dafür, daß COREM im strengen Sinne ein objekt*basiertes* — also ein dem objektorientierten ähnlichen, jedoch ohne Vererbungsbeziehungen — Zielsystem erzeugt. Die von Rumbaugh et al. [Rum91] eingeführte Notation zur Object Modeling Technique (OMT) ist z.B. eine echte Obermenge der E/R-Notation. Das Erkennen von

```
E_u = RECORD

        . . .

        K_i : ARRAY [min..max] OF E_v;

        . . .

    END;


E_u = RECORD

        . . .

        K_i : POINTER TO E_v;

        . . .

    END;
```

Abbildung 8.6: Deklaration und resultierende Relation

Vererbungsbeziehungen würde weitere Schritte im COREM-Prozeß benötigen, wird von den Autoren aber nicht verfolgt.

Der letzte Schritt im IST-Model ist der Übergang vom statischen objektorientierten Anwendungsmodell zum eigentlichen (reverse) objektorientierten Anwendungsmodell, der durch die Integration der dynamischen Aspekte des Ausgangssystems erfolgt. Dazu müssen die Methoden der einzelnen Objekte sowie der Nachrichtenaustausch (Methodenaufruf) zwischen den Objekten identifiziert werden.

Als Kandidaten für Methoden eines Objekts kommen die Prozeduren des Ausgangssystems in Frage, die durch einen funktionalen Zusammenhang zwischen zwei Entitäten für eine allgemeine Relation zwischen diesen Entitäten verantwortlich waren[5]. Existiert etwa eine Prozedur get_LS, die sowohl Komponenten der Entität Lieferschein als auch Rechnung zugreift, so entsteht folgendes E/R-Diagramm:

---

[5]Wir hatten nur die Part-Of-Relation beispielhaft erläutert. Prozeduren, die auf Komponenten verschiedener Entitäten zugreifen, können zu allgemeinen Relationen führen, die dann nach der Prozedur benannt werden.

Die Prozedur `get_LS` kann `Lieferschein` als auch `Rechnung` als Methode zugeordnet werden. Dieses Zuordnungsproblem wird mit Hilfe des Datenflußdiagramms (zum Teil) gelöst. Man unterscheidet zwischen lesenden und schreibenden Zugriffen auf die Komponenten der Entitäten. Es treten folgende Fälle auf:

1. Die Prozedur schreibt nur Komponenten einer Entität und liest beliebig viele Komponenten anderer Entitäten.

2. Die Prozedur liest nur Komponenten einer Entität und schreibt keine Komponenten.

3. Die Prozedur schreibt Komponenten verschiedener Entitäten und liest beliebig viele Komponenten anderen Entitäten.

4. Die Prozedur liest Komponenten verschiedener Entitäten und schreibt keine Komponenten.

Die ersten beiden Fälle führen zu eindeutigen Lösungen. Die Prozedur wird dem Objekt zugeordnet, deren einzelne Entität geschrieben (Fall 1) bzw. gelesen (Fall 2) wird. Für die Fälle 3 und 4 kann keine eindeutige Zuordnung gefunden werden. Die Prozedur wird daher *allen* Entitäten resp. Objekten mit schreibendem (Fall 3) bzw. lesendem (Fall 4) Zugriff zugeordnet. Dies ist sicherlich nicht korrekt, da *eine* Prozedur des Ausgangssystems in mehrfacher Methodenausprägung im Analysemodell erscheint. COREM merkt sich diese Duplikate und überläßt dem Benutzer das Löschen im späteren Object-Mapping-Prozeß.

Abschließend sei in diesem Abschnitt zur Rückwärtsgenerierung eines objektorientierten Anwendungsmodells noch bemerkt, daß nicht alle Teile eines prozeduralen Programms „objektifiziert" werden können. Auch nach dem oben skizzierten Verfahren bleibt immer noch ein prozedurales Restsystem erhalten, da die Unterschiede zwischen den beiden Modellen einfach zu groß sind.

8.3.2　Object Mapping

Wir überspringen die Phase des Application Modeling, die z. B. in [Rum91, Boo91] nachgelesen werden kann, und gehen kurz auf die Phase der Abbildung der Objekte der beiden Analysemodelle ein. Es ist i. allg. zu erwarten, daß die beiden erzeugten Analysemodelle (forward und reverse) nicht eins-zu-eins übereinstimmen. Beide Modelle wurden mit völlig verschiedenen Basisdaten erzeugt. Das forward ooAM wurde mit Hilfe der Fachabteilung entwickelt, das reverse ooAM basiert auf bestehendem Programm-Code. Allein schon aus diesem Grund ist das reverse ooAM viel detaillierter als das forward ooAM. In der Phase des Object Mapping wird nun eine Abbildung oder besser Anpassung des Ist-Systems (reverse) auf das Soll-System (forward) vorgenommen. Es sind eine Reihe von

Nichtübereinstimmungen möglich, die der (sehr gut ausgebildete) Benutzer des COREM-Systems identifizieren und ein sinnvolles Mapping zwischen den Modellen finden muß.

Die vom Benutzer zu lösenden Problemfälle können unter anderem sein:

- Unterschiedliche Anzahl von Objekten, Relationen, Attributen und Services

- Nicht existierende Objekte, Relationen, Attribute und Services in beiden Richtungen

- Verschiedene Bezeichner

- Verschiedene Argumente (Argumenttypen) von Services (Methoden)

- Zusammenfassen von mehreren sehr detaillierten Methoden des reverse ooAM zu *einer* umfassenden Methode

Hinzu kommen die im letzten Abschnitt mehrfach zugeordneten Services (Methoden), die wieder eliminiert werden müssen.

8.3.3 System Transformation

Der letzte Schritt des COREM-Prozesses ist die Transformation des Ziel-ooAM in ein objektorientiertes Design (OOD in Abbildung 8.4 auf Seite 118) und schließlich in die Implementierung des Zielsystems (capsule based[6] Zielsystem in Abbildung 8.4). Beim Übergang von der Analyse zum Design werden sogenannte Design-Objekte eingeführt. Dies sind Objekte, die in den Analysedokumenten nicht existieren, da sie implementierungsspezifisch sind, z. B. Container-Objekte oder Objekte der Benutzungsschnittstelle. Zum Teil können hier Abbildungen von „überzähligen" Objekten des reverse ooAM, die nicht im forward ooAM vorkommen, vorgenommen werden.

Bei der Überführung des Designs in die Implementierung steht vor allem die Benutzung und Adaption des Quell-Codes im Vordergrund. So wird etwa versucht, globale Variablen Objekten zuzuordnen, die Benutzung dieser Variablen aber durch entsprechend zu definierende Methoden weiter zu gewährleisten. Bei der Transformation von Prozeduren zu Methoden müssen Parameter der Prozedur zu impliziten oder expliziten (je nach verwendeter objektorientierter Zielsprache) Parametern gemacht werden. Schließlich bleibt ein prozedurales Restsystem übrig, das in den objektorientierten Analyse- und Design-Modellen nicht modellierbar war und nun in das Zielsystem integriert werden muß.

---

[6]COREM erzeugt keine vollständig objektorientierten Systeme, sondern verzichtet auf Vererbungsstrukturen. Wegner [Weg87] nennt solche Systeme *objektbasiert*, COREM *capsule based.*

8.4 Vergleich und Bewertung

Wir haben in den bisherigen Abschnitten dieses Kapitels die technischen Aspekte und die Durchführung der Migration durch

- Wrapper-Technik

- syntaktische Muster (Pattern)

- kombinierter Top-Down/Bottom-Up-Ansatz

beschrieben. Einleitend hatten wir dies zur Qualitätsverbesserung der Software motiviert. Wir wollen nun diese Qualitätsverbesserung aber auch die damit verbundenen Kosten analysieren und bewerten.

Der Einsatz der Wrapper-Technik ist eigentlich nur für die Neuentwicklung interessant. Die neue objektorientierte Schnittstelle kann von Anwendungsprogrammierern bei der Neuentwicklung genutzt werden und spiegelt eine objektorientierte Implementierung vor. Der Wartungsaufwand für die Altanwendung bleibt jedoch unverändert erhalten bzw. erhöht sich ein wenig, da einige Erweiterungen vorgenommen werden müssen, um die in den Abschnitten 8.1.1 bis 8.1.4 besprochenen Probleme zu lösen. Aus der Sicht der Wartung der Altanwendung ist dieser Ansatz also nicht geeignet, zu besser wartbaren Systemen zu führen.

Bei der Migration durch eine (fast) automatische Transformation auf Grund syntaktischer Muster wird dagegen der Code der Altanwendung tatsächlich verändert. Man kann daher von einer veränderten Wartbarkeit ausgehen. Es wird allerdings in der Literatur von keiner einschlägigen Studie bzgl. der Wartbarkeit berichtet, nachdem diese Migration angewendet wurde. Gegner automatischer Transformationen warnen vom sogenannten „Garbage in – Garbage out" Syndrom. Selbst wenn die Transformation einer gut designten funktionalen Anwendung zu einer gut designten objektorientierten Anwendung führt, ist fraglich, wie das System bei einem völlig undurchsichtigen bzw. nicht vorhandenem Design[7] reagiert.

Die besten Ergebnisse sind sicherlich mit der dritten Alternative, dem kombinierten Top-Down/Bottom-Up-Ansatz zu erzielen. Durch die objektorientierte Analyse des Anwendungsbereichs ist das Anwendungsmodell des Soll-Systems identisch zu einer gewöhnlichen objektorientierten Entwicklung. Das Object-Mapping geschieht allerdings unter der Maßgabe, möglichst viel der ursprünglichen imperativen Sourcen wiederverwenden zu können. Dadurch wird ein Teil des Analysemodells degenerieren. Fraglich ist hier, wie hoch der Kosten/Nutzen-Effekt getrieben werden kann. Da die Analyse einen nicht unerheblichen Teil eines objektorientierten Gesamtprojekts ausmacht, bringt hier der COREM-Prozeß keinen Gewinn. Wenn man dann noch den Aufwand für die Generierung des reverse ooAM

---

[7]Dies war der eigentliche Grund für die Migration, da das System nicht mehr wartbar war.

sowie die im Vergleich zu einem Neuprojekt erhöhten Aufwand für das Design einrechnet, so ist fraglich, ob die Einsparungen bei der Implementierung (durch Wiederverwendung imperativen Codes, der allerdings nicht unverändert übernommen werden kann, sondern angepaßt werden muß) dies rechtfertigen. Auch hier gibt es keine Angaben, wie sich der Aufwand im Verhältnis zu einer völligen Neuentwicklung verhält.

8.5 Übungsaufgaben

Aufgabe 8.1 Analysieren Sie das in Programm 8.2 auf der nächsten Seite dargestellte C-Programm, das einige kleine Funktionen zur Manipulation komplexer Zahlen implementiert. Versuchen Sie eine objektorientierte Implementierung komplexer Zahlen in C++ mit demselben Funktionsumfang. Vergleichen Sie die beiden Implementierungen.

Aufgabe 8.2 Erstellen Sie den in Abschnitt 8.2 definierten Graph, der aus den Knoten $P(x)$ für die im Programm 8.2 definierten Variablen und den verbindenden Kanten (definiert über gemeinsame Prozeduren) besteht. Welche Zusammenhänge erkennen Sie? Welche Prozeduren könnten zu Methoden der Klasse werden? Welche Nebeneffekte werden durch die Analyse sichtbar?

Aufgabe 8.3 Vergleichen Sie die in den Aufgaben 8.1 und 8.2 erstellten Klassen.

```c
struct complex {float x; float y;};

int num_complex_created = 0;
struct complex comp1, comp2;
float tmp1, tmp2;

struct complex create_complex (float x, float y)
{
  struct complex newcomplex;

  num_complex_created++;
  newcomplex.x = x;
  newcomplex.y = y;
  return newcomplex;
}

float x_part (struct complex comp)
{
  return comp.x;
}

float y_part (struct complex comp)
{
  return comp.y;
}

float square (struct complex comp)
{
  return (comp.x * comp.x) + (comp.y * comp.y);
}

float squaresquare (struct complex comp)
{
  return square(comp) * square(comp);
}

void print_complex (struct complex comp)
{
  printf("%f %f\n", comp.x, comp.y);
}

main()
{
  scanf("%f %f", &tmp1, &tmp2);
  comp1 = create_complex(tmp1, tmp2);
  printf("Realteil: %f Imaginaerteil: %f\n", x_part(comp1), y_part(comp1));
  printf("Quadrat: %f\n", square(comp1));
  printf("hoch vier: %f\n", squaresquare(comp1));
  print_complex(comp1);
}
```

Programm 8.2: C-Programmfragment für komplexe Zahlen

Kapitel 9

Bestandsanalyse, Kosten/Nutzen-Analyse und Risiken

In den vorhergehenden Kapiteln haben wir Ansätze für die technische Durchführung von Reengineering-Projekten kennengelernt. D.h. wir haben Methoden und Algorithmen der Informatik untersucht, die etwa Alt-Sourcen aufarbeiten (z. B. Restrukturierung) oder Reengineering-Projekte überwachend begleiten können (z. B. Metriken). Obwohl Reengineering-Maßnahmen für ein bestimmtes Programm häufig allein aus qualitätsverbessernder Sicht heraus empfehlenswert sind, kann dies betriebswirtschaftlich kein Grund für ein Reengineering sein. Reengineering-Maßnahmen kosten Geld und müssen daher gegenüber dem IT-Management gerechtfertigt werden. Die alleinige Grundaussage „nach dem Reengineering ist mit geringeren Wartungskosten zu rechnen" kann heutzutage keinen IT-Verantwortlichen dazu bewegen, die entsprechenden Mittel bereitzustellen.

Um Investitionen für Reengineering-Maßnahmen bereitzustellen, muß daher das Risiko, eine finanzielle Einbuße zu erleiden — anders ausgedrückt, ein Reengineering Projekt mit schlechtem Kosten/Nutzen-Verhältnis durchzuführen — minimiert werden. Dazu ist es notwendig, sich einen Überblick über den aktuellen Zustand des IT-Bereichs zu verschaffen, anhand dessen Strategien für das Reengineering von Teilsystemen (das Reengineering *aller* Anwendungen eines Unternehmens ist weder sinnvoll noch finanzierbar) unter Beachtung möglichst aller Einflußfaktoren zu entwickeln sind. Ebenfalls notwendig ist die Ermittlung der Kosten und des Nutzens, um das Einsparungspotential für die reengineerte Anwendung über die zu erwartende Restlaufzeit zu quantifizieren.

9.1 Bestandsanalyse

Um Reengineering-Projekte realistisch planen zu können (welche Anwendungen/Programme sollen reengineert werden, welche Reengineering-Maßnahmen sollen im einzelnen durch-

geführt werden, benötigtes Personal, finanzielle Mittel, Zeit, Software, Hardware, ...)
müssen geeignete Daten zur Entscheidungsunterstützung vorliegen. Diese Daten sind häufig
nicht (explizit) vorhanden. Ziel der Bestandsanalyse (auch Portfolio-Analyse oder engl. Inventory Analysis) ist es, diese Daten geeignet zu erheben, deren Informationsgehalt zu
verdichten und schließlich durch Auswertung und Präsentation dieser Informationen die
notwendigen Reengineering-Maßnahmen zu identifizieren, das IT-Management von der Notwendigkeit der Maßnahmen zu überzeugen und die benötigten Mittel bereitzustellen.

Dieses Vorgehen der Informationserhebung und systematischen Auswertung zur strategischen Unterstützung im Unternehmen ist nicht neu. Unter der Bezeichnung Portfolio-Analyse ist diese Technik vor allem im Wertpapierbereich der Finanzwirtschaft bekannt.
Unter betriebswirtschaftlichen Aspekten werden z. B. Produkt- oder Geschäftsfeld-Portfolios
von Unternehmen analysiert. All diesen Analysen gemeinsam ist, daß eine Objektmenge
(das Portfolio) eines bestimmten Anwendungsbereichs (Wertpapiere, Produkte, Software-Anwendungen, ...) analysiert wird. Für die Informationserhebung muß geklärt werden,
welche Informationen benötigt werden. Steht dies fest, stellt sich die Frage, wo die Informationen zu erhalten sind und wie — mit welchen Akquisitionstechniken — sie zu erheben sind.
Für die Phase der Informationsverdichtung muß ein Bewertungsverfahren definiert werden.
Ziel ist die Projektion vielfältiger Einzelkriterien auf einige wenige überschaubare Kriterien.
In der Informationsauswertung werden die verdichteten Daten graphisch dargestellt. Neben
diesen visuellen Darstellungen erfolgt die Evaluation der verdichteten Daten gemäß einer
fest definierten und objektiv nachvollziehbaren Methode. Spezielle Präsentationstechniken
erlauben das Erkennen von Zusammenhängen und elementarer Fakten und erlauben so
den Einsatz der Bestandsanalyse als ein Unterscheidungsunterstützungssystem für die strategische Unternehmensplanung. Die vorgestellten drei Phasen der Bestandsanalyse sind in
Abbildung 9.1 auf der nächsten Seite dargestellt [HG95]. Die gestrichelten, zurückführenden
Linien deuten eine evtl. mögliche Iteration der drei Phasen an.

9.1.1 Informationserhebung

Zunächst muß geklärt werden, welcher Informationsbedarf besteht. Da wir die Bestandsanalyse als Grundlage der strategischen Planung der IT-Landschaft mit besonderer
Berücksichtigung von Reengineering-Themen betrachten wollen, ergibt sich ein sehr spezieller Informationsbedarf. Diesen kann man grob in vier Bereiche einteilen:

1. Hardware/Software-Technik

2. RZ-Daten

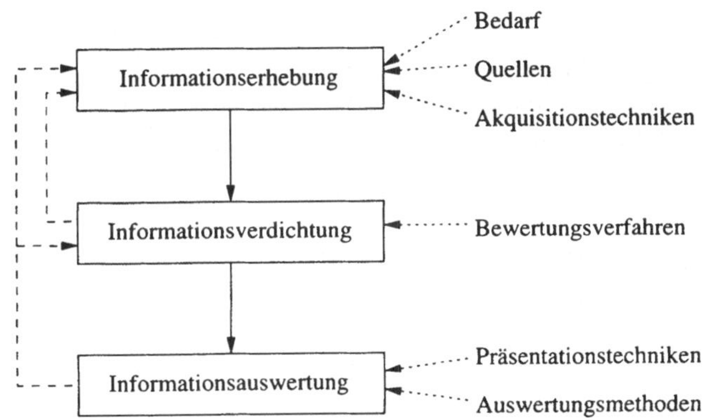

Abbildung 9.1: Die drei Phasen der Bestandsanalyse

3. Interaktion mit Benutzer

4. Geschäftsprozesse

Im Bereich der HW/SW-Technik ist zu klären, aus welchen Komponenten eine Anwendung besteht[1]. Komponenten können z. B. Programme, Unterprogramme, Copy-Books, Bibliotheken, Datenbanken (IMS, relational, ...), Files (ISAM, VSAM, ...), JCL, Masken, ... sein. Ebenfalls muß geklärt werden, ob die in diesen aber auch in den drei anderen Bereichen zu erhebenden Daten pro Anwendung oder pro Programm ermittelt werden. Wenn es die finanziellen und zeitlichen Rahmenbedingungen erlauben, sollte die Bestandsanalyse möglichst auf Programmebene durchgeführt werden, da die feinere Granularität später exaktere Vorgehensweisen erlaubt.

Weitere Informationen für den Bereich HW/SW-Technik (für eine Anwendung bzw. ein Programm) geben wir stichpunktartig an:

- Entwicklungsplattform, Zielplattform

- Betriebssystem

- Online/Batch

- Programmiersprache

- Technologie[2]: OO, 3GL, 4GL, ...

---

[1] Siehe dazu auch die Definition von *Anwendungsverstehen* auf Seite 13.

[2] Programmiersprache und Technologie können evtl. zusammengefaßt werden. Sinnvoll ist eine Trennung z. B. bei C++/objektorientiert: Nicht jedes C++-Programm ist ein objektorientiertes Programm.

- Programmalter

- gefundene Fehler pro KLOC

- Metrikwerte (zyklomatische Komplexität, ...)

- Anzahl second-level Fehler[3]

- Entwicklungskosten/-zeit

- Wartungskosten/-aufwand

- Änderungshäufigkeit pro Zeiteinheit

- Emergency repairs

Für den Bereich Interaktion mit dem Benutzer (Benutzerergonomie) können die folgenden
Fragen ([GH95]) von Interesse sein

- Dialogtechnik (3270-Terminal, graph. Fenster)

- geführter oder freier Dialog

- Möglichkeit der Benutzeranpassung (customizing)

- Aufgabenangemessenheit

- Selbstbeschreibungsfähigkeit

- Fehlerrobustheit

- Erwartungskonformität

Wichtige Daten aus dem Rechenzentrum können z. B. sein:

- Aufrufhäufigkeit (Anzahl Aufrufe pro Zeiteinheit)

- Anzahl Programmabbrüche pro Zeiteinheit

- automatisches Wiederanlaufverfahren

- Ressourcen-Bedarf

- Performance

- Laufzeit

---

[3]Fehler, die in Folge von Wartungsarbeiten entstanden sind.

Für die strategische Orientierung der EDV-Landschaft eines Unternehmens ist besonders wichtig, wie die Anwendungen bzgl. der Geschäftsprozesse einzuordnen sind:

- Unterstützung der Geschäftsprozesse (Abdeckungsgrad)

- Flexibilität der Anwendungen bei Änderung von Geschäftsprozessen (Zeitdauer der Anpassung)

- Geschäftswert (u.a. Herstellungskosten, Beitrag zum Umsatz, ...)

- Wettbewerbsvorteil gegenüber Konkurrenz

- Marktwert (bei Verkauf bzw. Investition bei Anschaffung von Standard-Software)

- Signifikanz der Information

Als Quellen für die zu erhebenden Informationen kommen Mitarbeiter oder bestehende Unterlagen (Papier oder EDV) in Betracht. Die zu erschließenden Quellen beeinflussen naturgemäß die möglichen Akquisitionstechniken. Wir diskutieren daher diese beiden Punkte gemeinsam. Das eine Extrem stellen die Firmenmitarbeiter dar. Hier müssen alle Daten manuell erhoben werden. Auf der anderen Seite stehen Daten, die evtl. bereits vorhanden sind (z. B. im RZ) und lediglich erschlossen werden müssen. Dazwischen gibt es Daten, die mit Hilfe von Werkzeugen automatisch oder halbautomatisch ermittelt werden können.

Vor allem Fragen aus dem Bereich Interaktion, aber auch dem Bereich Geschäftsprozesse müssen über die Firmenmitarbeiter erhoben werden. Hier bieten sich strukturierte Interviews und das eigenständige oder geführte Bearbeiten von Fragebögen an.

Viele Fragen aus dem Bereich HW/SW-Technik können durch implizit in den Programmen vorhandene Informationen durch Werkzeugeinsatz beantwortet werden. Das beste Beispiel hierzu sind Metrikwerte (Kapitel 4), die durch einfaches Messen der Programme mit gängigen Metrikwerkzeugen schnell und einfach zu ermitteln sind.

Als letzte Möglichkeit von Quellen und zugehöriger Akquisitionstechnik dienen die Fragen zum RZ-Betrieb. Viele Rechenzentren führen Statistiken über den täglichen Betrieb, so daß viele Fragen dieses Bereichs genauestens durch diese RZ-Statistiken beantwortet werden. Zusätzlich stehen meist Repository- bzw. Dictionary-Systeme zur Verfügung. Diese können benutzt werden, um Informationen, die bei Nichtvorhandensein dieser Systeme typischerweise durch Interviews erhoben werden, automatisch zu erheben.

Neben diesen groben Kategorien ist es je nach Einsatzgebiet möglich und sinnvoll, weitere Informationsquellen zu erschließen, die sich nicht so leicht in obige Kategorien einordnen lassen. Ein Beispiel ist das Abhören des 3270-Datenstroms, also des Protokolls, mit dem ein IBM-Großrechner mit den angeschlossenen Terminals kommuniziert. Im Rahmen eines Reengineerings der Benutzungsoberfläche mit dem Ziel der Erstellung einer modernen, fensterorientierten und mausgesteuerten Oberfläche wurde vom Fraunhofer Institut für Software- und Systemtechnik in Berlin innerhalb eines Projekts [IBM94] ein solches Abhören als Informationsquelle implementiert und verwendet. Durch das Protokollieren des Datenstroms können z. B. die Nutzungshäufigkeit von bestimmten Panels oder deren Nutzungsreihenfolge statistisch ausgewertet werden und im Design für die neue Oberfläche berücksichtigt werden.

9.1.2 Informationsverdichtung

Ein zentrales Ziel der Bestandsanalyse ist es, die Anwendungen eines Betriebes bzgl. bestimmter Eigenschaften zu quantifizieren, um sie damit miteinander vergleichbar zu machen. Diese Vergleichbarkeit ermöglicht die Identifikation von kritischen Anwendungen („Ausreißern", die weit vom statistischen Mittel abweichen), die z. B. Reengineering-Kandidaten darstellen können.

Die oben dargestellten ca. 30 Analysekriterien ordnen jeder Anwendung einen Punkt im 30-dimensionalen Raum zu. Eine Auswertung in dieser Komplexität scheidet aus Praktikabilitätskriterien aus. Ziel der Informationsverdichtung ist es, eine der Praxis entsprechende Gewichtung der Kriterien und die Abbildung auf möglichst wenige Dimensionen festzulegen. Dazu muß zunächst jedes Kriterium des Kriterienkatalogs mit einem sinnvollen Wertebereich (Metrik) versehen werden.

Die vorgegebenen bzw. in der Praxis als praktikabel verifizierten Wertebereiche sind

- ja/nein (Boole'sch)

- gut/mittel/schlecht (1-3)

- sehr gut/gut/mittel/ausreichend/schlecht (1-5)

- vorgegebene Metrik

Wir wollen beispielhaft einige Analysekriterien auf diese Wertebereiche abbilden. Ein Beispiel für den ja/nein-Wertebereich ist die Möglichkeit der Benutzeranpassung aus dem Bereich Benutzerergonomie. Vorgegebene Metriken sind z. B. die Aufrufhäufigkeit ($\frac{\text{Anzahl}}{\text{Tag}}$), die Anzahl Fehler ($\frac{\text{Fehler}}{\text{LOC}}$) oder der Geschäftswert (DM). Für die Bereichsmetriken (1-3, bzw. 1-5) muß häufig zunächst eine Abbildung definiert werden. Diese Abbildung ist meist von der beabsichtigten Verwendung der Bestandsanalyseergebnisse abhängig.

Soll z. B. die Migration der Anwendungen vom Host in Richtung heterogenes Netz durchgeführt werden, so ist eine Bewertung des Kriteriums Hardware

$$\text{Client/Server} = 1, \text{ rein PC} = 2, \text{ rein Host} = 3$$

sinnvoll. Stehen automatische Backup, Recovery und Administrationsaufgaben im Vordergrund, so kann die Bewertung

$$\text{rein Host} = 1, \text{ Client/Server} = 2, \text{ rein PC} = 3$$

ebenfalls sinnvoll sein.

Nachdem für jedes Kriterium eine Metrik definiert wurde, werden die einzelnen (Basis-) Kriterien zu komplexeren, übergeordneten (Meta-) Kriterien zusammengefaßt, um die Anzahl der verschiedenen Kriterien zu minimieren.

In das Metakriterium *Wartbarkeit* fließen z. B. die Basiskriterien

- Programmalter

- Programmiersprache

- Technologie

- Metriken

- Wartungskosten

ein. Eine einfache Summation der Werte der Basiskriterien führt zur Gleichbehandlung aller Basiskriterien, was nicht den Gegebenheiten entspricht. Im obigen Fall sind etwa die Basiskriterien *Metriken* und *Wartungskosten* objektive mathematische bzw. betriebswirtschaftliche Zahlen, während die Programmiersprache an sich relativ wenig Aussagekraft hat. So kann ein Programm in der *alten* Sprache COBOL sehr viel leichter zu warten sein, als ein Programm in der *modernen* Sprache C++.

Nach diesen Ausführungen ist klar, daß ein Metakriterium als Summe der *gewichteten* Basiskriterien zu bilden ist. Das Gewicht der Basiskriterien ist einer der Schlüssel zum Gelingen einer Bestandsanalyse, d. h. der Erstellung von Empfehlungen bzgl. der Bestandsanalyseziele. Die Gewichte (natürlich auch die Kriterien selbst) sind somit das Geschäfts-Know-How der die Bestandsanalyse durchführenden Consulting-Unternehmen und daher in der öffentlichen Literatur *nicht* publiziert. Für das letzte Beispiel könnte etwa folgende Gewichtung der Praxis Rechnung tragen:

$$\text{Wartbarkeit} = \begin{cases} 10\% & \text{Programmalter } + \\ 10\% & \text{Programmiersprache } + \\ 10\% & \text{Technologie } + \\ 30\% & \text{Metriken } + \\ 40\% & \text{Wartungskosten} \end{cases}$$

nachdem zuvor eine Normierung der Basiskriterien vorgenommen wurde.

9.1.3 Informationsauswertung

In der Informationsauswertung werden durch Präsentationen mit den Mitteln der Geschäftsgraphik die Daten der vorherigen Phasen veranschaulicht. In der Praxis haben sich zwei- und dreidimensionale Darstellungen bewährt. Auf Grund dieser Präsentationstechniken und/oder bestimmter Auswertungsmethoden wird letztendlich das Ziel der Bestandsanalyse bzgl. des Reengineerings erreicht: Es werden Empfehlungen ausgesprochen, welche Anwendungen oder Programme mittels welcher Reengineering-Maßnahmen überarbeitet werden sollen.

Ein erstes Beispiel für eine Portfolio-Präsentation entnehmen wir [Sne95]. Abbildung 9.2 auf der nächsten Seite zeigt eine zweidimensionale Anordnung von Anwendungen. Jede Anwendung (gekennzeichnet durch einen Stern) wird bzgl. ihres Geschäftswertes und ihrer technischen Qualität dargestellt (siehe Geschäftsprozesse und Hardware/Software-Technik in Abschnitt 9.1.1). Der Geschäftswert wird auf den Bereich [0,100], die technische Qualität auf [0,1] normiert. Anwendungen des oberen linken Quadranten haben einen relativ geringen Geschäftswert, aber eine hohe technische Qualität. Diese Anwendungen müssen nicht reengineert werden. Anwendungen des unteren linken Quadranten haben sowohl einen niedrigen Geschäftswert als auch einen niedriges technisches Niveau. Diese Anwendungen können reengineert werden, oder aber durch Standard-Software ersetzt werden. Anwendungen des rechten oberen Quadranten haben sowohl einen hohen Geschäftswert als auch eine hohe technische Qualität. Sie können reengineert werden, jedoch ist ihre Priorität relativ gering. Anwendungen des rechten unteren Quadranten haben einen hohen Geschäftswert, sind aber von geringer technischer Qualität. Diese Anwendungen sind die primären Kandidaten für Reengineering-Maßnahmen.

Eine ganz ähnliche Methode verwendet die Firma VIASoft. Auch VIASoft betrachtet den Geschäftswert einer Anwendung, allerdings als Y-Achse. Anstatt der technischen Qualität

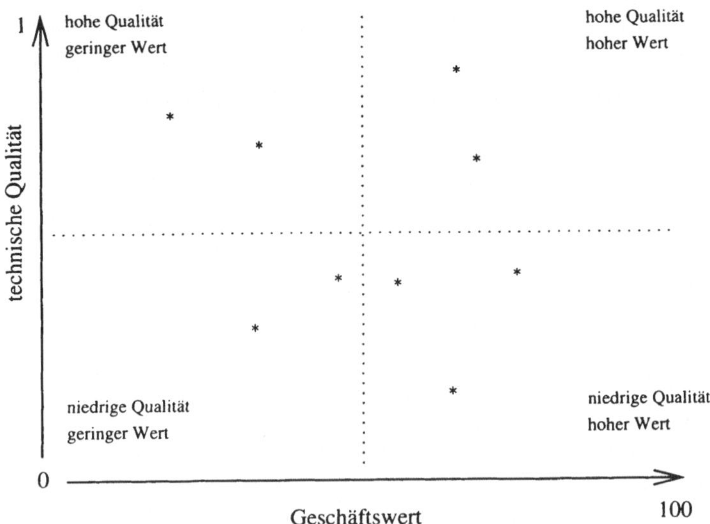

Abbildung 9.2: Portfolio-Darstellung nach Sneed

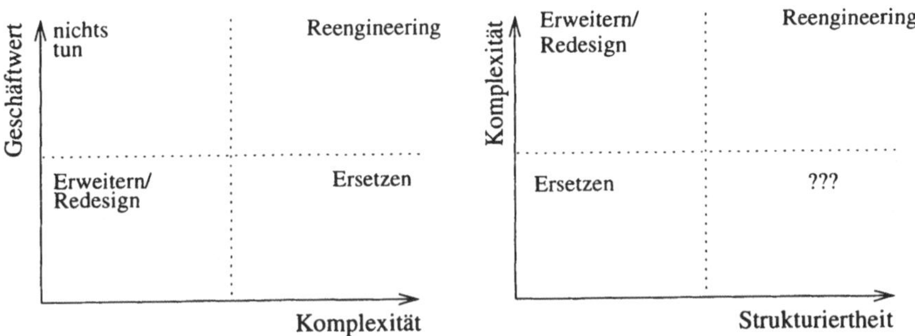

Abbildung 9.3: VIASoft Portfolio-Darstellungen (VIA/Recap)

wird die Komplexität der Anwendungen vermerkt. Eine zweite Portfolio-Präsentation[4] stellt Komplexität und Strukturiertheit einer Anwendung gegenüber. Beide Präsentationen sind in Abbildung 9.3 dargestellt.

---

[4]Die VIASOFT-Methode benutzt noch eine Reihe weiterer Präsentationen.

Besonders erwähnenswert an der VIASoft-Methode ist die Verfügbarkeit des Produkts VIA/Recap, das die Bestandsanalyse von COBOL-Anwendungen (halb-) automatisiert. Für die zu untersuchenden COBOL-Anwendungen werden verschiedene Metriken (Function Points, zyklomatische Komplexität, essentielle Komplexität, Knotenzahl, Halsteads Volumen, ...) erhoben, aus denen Geschäftswert, Komplexität und Strukturiertheit berechnet werden. Diese Berechnung kann durch 14 Gewichtungswerte, die vom Benutzer einzustellen sind, auf das Umfeld abgestimmt werden. Diese 14 Werte sind die General System Characteristics (GSC) der IFPUG (International Function Points User Group) und dienen zur Bestimmung der Function Points und somit des Geschäftswertes.

Neben diesen herkömmlichen Darstellungsarten kommen auch typische Geschäftsgraphiken zum Einsatz. Moderne Speadsheet-Programme erlauben es, die großen Datenmengen, die in einer Bestandsanalyse anfallen, mit relativ wenig Aufwand in graphisch ansprechende Form zu bringen. Die Abbildungen auf den Seiten 139 und 140 zeigen einen kleinen Ausschnitt solcher Graphiken, die in einem realen Bestandsanalyseprojekt entstanden sind. Zur Wahrung von Kundeninteressen wurden die Graphiken anonymisiert.

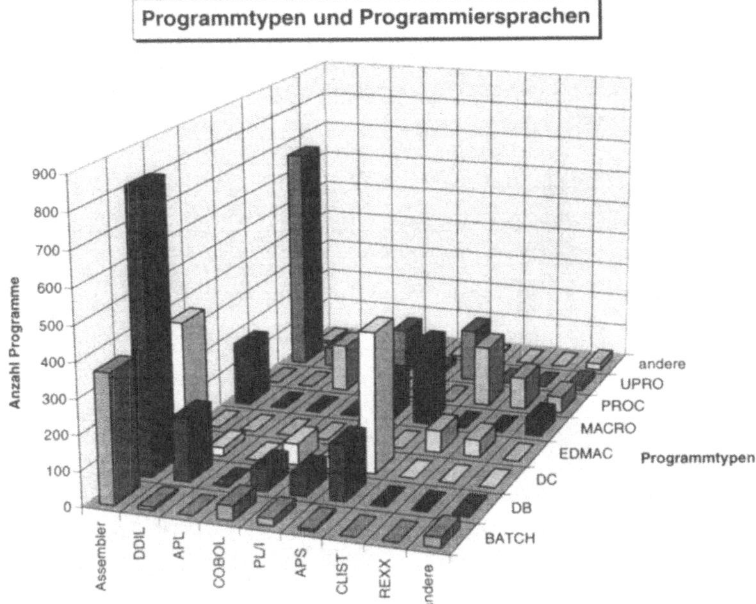
Programmtypen und Programmiersprachen
Anzahl Programme
900
800
700
600
500
400
300
200
100
0
Assembler
DDIL
APL
COBOL
PL/I
APS
CLIST
REXX
andere
Programmiersprachen
andere
UPRO
PROC
MACRO
EDMAC
DC
DB
BATCH
Programmtypen

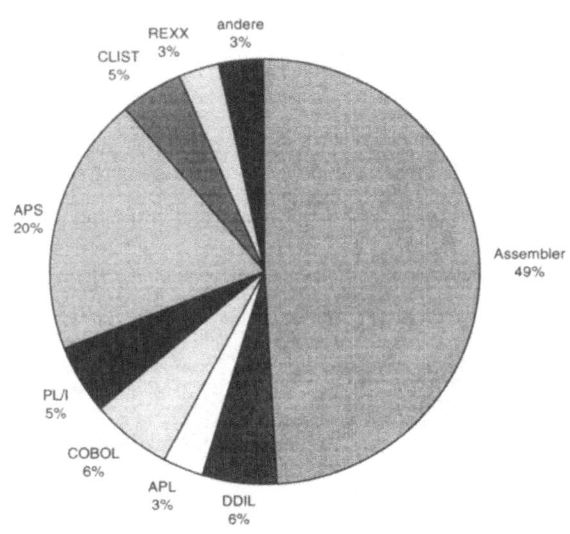
Verteilung der Programme nach Programmiersprache
REXX
3%
andere
3%
CLIST
5%
APS
20%
Assembler
49%
PL/I
5%
COBOL
6%
APL
3%
DDIL
6%

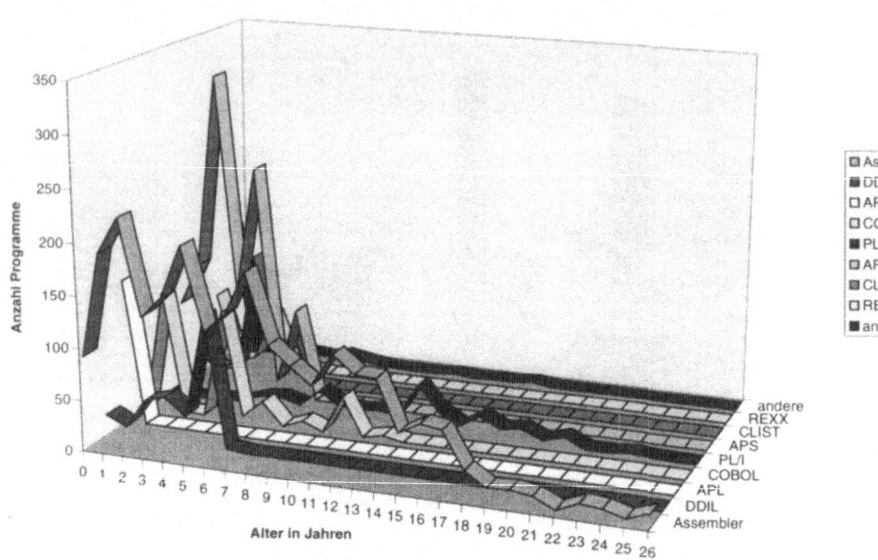
Programmalter und Programmiersprache
Anzahl Programme
350
300
250
200
150
100
50
0
Assembler
DDIL
APL
COBOL
PL/I
APS
CLIST
REXX
andere
andere
REXX
CLIST
APS
PL/I
COBOL
APL
DDIL
Assembler
0 1 2 3 4 5 6 7 8 9 10 11 12 13 14 15 16 17 18 19 20 21 22 23 24 25 26
Alter in Jahren

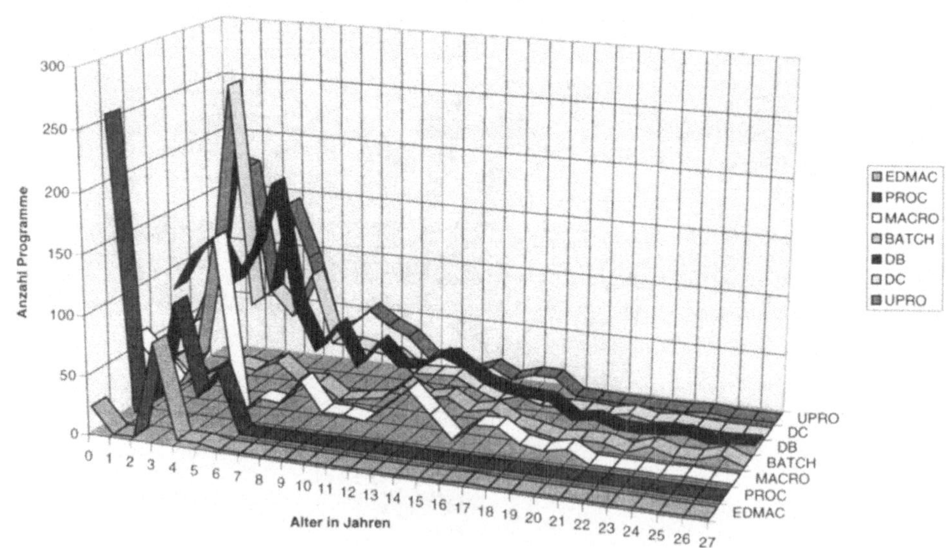
Programmalter und Programmtyp
Anzahl Programme
300
250
200
150
100
50
0
EDMAC
PROC
MACRO
BATCH
DB
DC
UPRO
UPRO
DC
DB
BATCH
MACRO
PROC
EDMAC
0 1 2 3 4 5 6 7 8 9 10 11 12 13 14 15 16 17 18 19 20 21 22 23 24 25 26 27
Alter in Jahren

9.1.4 Eine alternative Methode der Bestandsanalyse

Die beschriebene Methode zur Bestandsanalyse erfaßt den Ist-Zustand, wertet diesen aus und leitet Reengineering-Maßnahmen daraus ab. Eine etwas andere Vorgehensweise verwendet das Verfahren IPA [HG95] (*I*teratives Verfahren zur *P*ortfolio-*A*nalyse) des Fraunhofer-Instituts für Software- und Systemtechnik. Hier fließen vom Anfang der Bestandsanalyse an bereits mögliche Reengineering-Maßnahmen und, was besonders erwähnenswert ist, der Zustand der betrachteten Anwendung bzgl. eines *Idealzustandes* ein.

Das Verfahren IPA geht davon aus, daß jede Anwendung bzgl. der Kategorien

- unterstützte Geschäftsprozesse

- erreichtes Kosten/Nutzen-Verhältnis

- verwendete Hard-/Software-Technologie

charakterisiert werden kann. Dieser Punkt im dreidimensionalen Raum ist von einem imaginären Idealzustand eine Distanz ΔZ entfernt. Dieser Idealzustand ergibt sich aus den aktuellen oder projektierten Geschäftsprozessen, Kosten/Nutzen-Vorgaben des Managements und dem technologischen State-of-the-Art. Ziel eines Reengineering-Projektes ist es, diese ΔZ zu verkleinern, bzw. zu minimieren.

Das Verfahren bestimmt zunächst für jede Anwendung s (jedes Programm) und jedes Kriterium k die Distanz $\Delta Z_{k,s}$ vom Idealzustand. Jedes $\Delta Z_{k,s}$ erhält einen Wert zwischen 1 (kleine Distanz zum Idealzustand) und 5 (große Distanz zum Idealzustand). Da manche Kriterien bestimmte Reengineering-Maßnahmen stärker beeinflussen als andere, erhält jede Distanz eine Gewichtung $G_{k,m}$ für eine bestimmte Reengineering-Maßnahme m. Diese Gewichte sind Zahlen aus [0,100]. Ein Beispiel aus dem Bereich der Oberflächenmigration zeigt in Tabelle 9.1 auf der nächsten Seite Kriterien, Distanzen und Gewichte.

Kriterium k	Distanz $\Delta Z_{k,s}$	$G_{k,UIM}$
Einlernzeit	1 = kaum nötig, ..., 5 = sehr hoch	7
Datenverfügbarkeit	1 = immer adäquat verfügbar, ..., 5 = nicht adäquat verfügbar	3
Historie der Datenverfügbarkeit	1 = hat sich sehr verbessert, ..., 5 = hat sich sehr verschlechtert	3
funktionale Verfügbarkeit	1 = immer adäquat verfügbar, ..., 5 = nicht adäquat verfügbar	3
Historie der funktionalen Verfügbarkeit	1 = hat sich sehr verbessert, ..., 5 = hat sich sehr verschlechtert	3
Direkter Aufruf von Hilfssystemen	1 = ist sehr gut möglich, ..., 5 = ist nicht möglich	3
Manuelle Zwischenablagen	1 = keine, ..., 5 = sehr viele	3
Historie der manuellen Zwischenablagen	1 = nahmen stark ab, ..., 5 = nahmen stark zu	3
Erwartungen bzgl. der manuellen Zwischenablagen	1 = nehmen stark ab, ..., 5 = nehmen stark zu	3
Manuelle Hilfsmittel	1 = keine, ..., 5 = sehr viele	3
Historie der manuellen Hilfsmittel	1 = nahmen stark ab, ..., 5 = nahmen stark zu	2
Erwartungen bzgl. der manuellen Hilfsmittel	1 = nehmen stark ab, ..., 5 = nehmen stark zu	2
Schulungskosten	1 = sehr niedrig, ..., 5 = sehr hoch	3
Client/Server-Umgebung	1 = nicht möglich, ..., 5 = bereits genutzt	5
Programmiersprache(n)	1 = unterstützen kein GUI, ..., 5 = unterstützen GUI sehr gut	4
Betriebssystem(e)	1 = ermöglicht kein GUI, ..., 5 = stellt GUI bereit	10
GUI-Oberfläche	1 = voll objektorientiert, ..., 5 = nicht vorhanden	20
UI-Ergonomie	1 = sehr ergonomisch, ..., 5 = nicht ergonomisch	20
	Summe:	100

Tabelle 9.1: Kriterien für die Oberflächenmigration (UIM)

Die *absolute Einflußgröße* $E_{k,m,s}$ eines Kriteriums k und Reengineering-Maßnahme m für die Anwendung s ist dann

$$E_{k,m,s} = \Delta Z_{k,s} * G_{k,m}$$

Die Summe der Gewichte ($\sum_k G_{k,m}$) muß 100 sein. Die $E_{k,m,s}$ liegen dann zwischen 0 und 500.

Die *Portfolie-Größe* $P_{m,s}$ für Maßnahme m und Anwendung s ist die Summe der absoluten Einflußgrößen über alle Kriterien k:

$$P_{m,s} = \sum_k E_{k,m,s}$$

Diese Portfolio-Größen $P_{m,s}$ werden in eine Portfolio-Tabelle eingetragen. Die Spalten sind mit den Reengineering-Maßnahmen, die Zeilen mit den Anwendungen beschriftet. Tabelle 9.2 zeigt ein Beispiel mit acht Reengineering-Maßnahmen. Um die vordringlichen Kandi-

	Portierung Hardware	Portierung Programmiersprache	Portierung Client/Server	Restrukturierung	Oberflächenmigration	Überarbeitung der Anwendungslogik	Datenmigration	neue Schnittstellen zu anderen Anwendungen	...
Anwendung I	28	48	[350]	185	84	46	[355]	19	
Anwendung II	74	155	73	98	[378]	88	16	182	
Anwendung III	1	98	113	67	[201]	112	89	[253]	
Anwendung IV	111	123	28	38	[392]	99	179	188	
...									

Tabelle 9.2: IPA-Portfolio-Tabelle

daten für die verschiedenen Reengineering-Maßnahmen zu kennzeichnen, werden in Tabelle 9.2 alle Einträge oberhalb des Schrankenwertes 200 markiert.

IPA ist ein iteratives Verfahren, da nach der Entscheidung für eine bestimmte Reengineering-Maßnahme (Spalte in Tabelle), z. B. die Oberflächenmigration, eine genauere Aufteilung der Maßnahme mit einem neuen Analysedurchlauf begonnen werden kann. Aus einer Spalte der alten Tabelle wird in einem solchen weiteren Durchlauf also eine neue Tabelle.

9.2   Kosten/Nutzen-Analyse

Ähnlich wie die Bestandsanalyse ist auch die Kosten/Nutzen-Analyse eine meist von Consulting-Firmen durchgeführte Aktivität. Naturgemäß sind daher die publizierten Beschreibungen sehr grob und überblicksartig.

Wir beschreiben zunächst, wie der Nutzen einer Anwendung ermittelt werden kann. Dieser Nutzen ist bereits in der Bestandsanalyse verwendet worden[5]. Danach quantifizieren wir die Kosten des Reengineering im Vergleich zur Neuentwicklung und der Beibehaltung des Status Quo.

9.2.1   Der Geschäftswert

Die Ermittlung des exakten Geschäftswertes einer Anwendung gestaltet sich außerordentlich schwierig. Es ist offensichtlich, daß in der heutigen Zeit die Wertschöpfung praktisch aller Unternehmen durch EDV basierte Verfahren unterstützt bzw. erst ermöglicht wird. Einige Beispiele mögen dies verdeutlichen. Bei der Just-in-Time Produktion der Fertigungsindustrie (z. B. Kfz) entfallen durch minuziöse Planung hohe Lagerkosten. Der Herstellungsprozeß selbst ist dadurch aber in hohem Maße empfindlich gegenüber einem Ausfall der EDV. In der Speditions-Disposition wird durch Optimierung der Fahrtrouten eine bessere Auslastung (mehr Aufträge mit weniger Lkw) erreicht.

Der Geschäftswert berechnet sich jedoch nicht nur aus den durch eine Anwendung direkt oder indirekt erzielten Umsätze, die sich außerdem meist nicht ausschließlich einer Anwendung zuordnen lassen. Ebenso fließen getätigte Investitionen (z. B. Programmierergehälter zur Implementierung des Systems), der Marktwert (Kauf oder Verkauf) oder die Verläßlichkeit der Informationen in den Geschäftswert ein. Zudem sind die relativen Zahlen aller Anwendungen meist informativer als die absoluten Zahlen. Sneed [Sne95] gibt eine einfache Tabellenkalkulation zur Geschäftswertanalyse an, die in Tabelle 9.3 auf der nächsten Seite wiedergegeben ist. Das Beispiel zeigt fünf Anwendungen, die bzgl. ihres Marktwertes, dem Beitrag zum Umsatz und der Informationsverläßlichkeit untersucht werden. In den Spalten sind dabei jeweils 100 Punkte auf die einzelnen Anwendungen zu verteilen. Die zeilenweise Summation ergibt die Gesamtpunktzahl einer Anwendung. Die gedrittelte Gesamtpunktzahl ergibt den prozentualen Anteil einer Anwendung. Diese kann dann etwa mit dem Jahresumsatz multipliziert werden, um den anteiligen Geschäftswert einer Anwendung zu ermitteln.

---

[5]Punkte der Aufzählung auf Seite 133 tragen zu diesem Nutzen bei.

Anwendung	Marktwert	Beitrag zum Umsatz	Verläßlichkeit der Information	Punkte
Credit/Debit	10	10	10	30
Sales Support	40	30	20	90
Stock Inventory	10	30	20	60
Accounting	10	10	30	50
Order Entry	30	20	20	70
$\sum$	100	100	100	300

Tabelle 9.3: Geschäftswertanalyse nach Sneed

9.2.2 Kosten

Die in einem Reengineering-Projekt entstehenden Kosten sind vielfältiger Natur. Kosten entstehen etwa durch die Beauftragung eines Consulting-Unternehmens zur Durchführung einer Bestandsanalyse, die Anschaffung (oder Miete während der Projektlaufzeit) eines oder mehrere Reengineering-Werkzeuge, benötigte Rechenzeit, benötigtes Personal (eigenes IT-Personal oder externe Service-Provider).

Einige dieser Kosten sind exakt vorhersagbar, wie etwa der Kaufpreis von Werkzeugen oder eine externe Bestandsanalyse mit Festpreis, andere, etwa die manuellen Arbeiten an den Anwendungen, sind zu schätzen. Das Schätzen von Software-Kosten ist i.allg. recht schwierig. In Reengineering-Projekten vereinfacht sich dies etwas, da die Anwendungen bereits existieren. Ausgehend von der Größe und Komplexität dieser Anwendungen, können die Kosten auf der Basis und Erfahrung bereits durchgeführter Projekte relativ genau vorhergesagt werden.

Wie die Größe und Komplexität in Sneeds [Sne95] Kalkulation eingehen, zeigt Tabelle 9.4 auf der nächsten Seite. Für die einzelnen Programme werden die LOC ermittelt. Dieser Wert wird mit einem Komplexitätsfaktor (bestehend aus zyklomatischer Komplexität, Schnittstellenkomplexität und Komplexität der Datenzugriffe) gewichtet, um eine angepaßte LOC-Meßzahl zu erhalten.

Aus der Erfahrung mehrerer großer Reengineering-Projekte heraus beziffert Sneed die durchschnittliche Bearbeitungsleistung eines Programmierers auf 20000 COBOL-Zeilen pro Monat[6]. Über die Gesamtzahl der LOC können damit die benötigten Personenmonate und

---

[6]Leider werden keine Angaben über den Werkzeugeinsatz zur Erzielung dieser Leistung gemacht.

Programm	LOC	Kompl. Faktor	angepaßte LOC
SBG TP 01	2054	0,85	1746
SBG TP 02	2930	0,92	2969
SBG TP 03	2588	1,02	2640
SBG TP 04	3360	1,15	3864
SBG TP 05	3120	0,88	2746
SBG TP 06	3650	1,12	4088
...	...	...	...
Gesamtsystem:			54864

Tabelle 9.4: Kalkulation mit angepaßten LOC

damit der Anteil der Personalkosten des Reengineering-Projekts berechnet werden.

Hinzu kommen noch die Testkosten. Als Basis kann die zyklomatische Komplexität dienen, die die Anzahl der Testfälle bestimmt. Analog zur Gewichtung in Tabelle 9.4 kommt auch hier ein Gewichtungsfaktor zum Einsatz, in den die Testbarkeit (z. B. interaktiv versus Batch), die Testunterstützung und die Güte der Testumgebung einfließt.

Ein weiterer Kostenfaktor ist die Migration der Daten, z. B. hierarchische Datenbanken und Dateien (ISAM, VSAM) in relationale Datenbanken. Diese werden jedoch meist nicht manuell migriert. Es kommen kommerzielle Migrationswerkzeuge oder selbst geschriebene Konvertierer zum Einsatz. Die entstehenden Kosten berechnen sich also aus dem Kaufpreis, bzw. den Kosten der Implementierung und der Programmlaufzeit, die bei großen Datenbanken beträchtlich sein kann.

9.2.3 Kosten/Nutzen-Vergleiche

Die möglichst genaue Schätzung der Kosten eines Anwendungs-Reengineerings allein ist als Entscheidungsgrundlage nicht ausreichend. Um sich letzendlich zwischen den Alternativen

- Reengineering

- Beibehalten des Status Quo

- Neuentwicklung

- Kauf von Standard-Software (falls angeboten)

zu entscheiden, müssen auch Kosten und Nutzen aller Alternativen bekannt sein und gegeneinander abgewogen werden. Im folgenden gehen wir davon aus, daß alle relevanten Zahlen bekannt sind. Sneed [Sne95] nennt 16 Kenngrößen, die in Tabelle 9.5 wiedergegeben sind.

P_1	jährliche Wartungskosten
P_2	jährliche Betriebskosten
P_3	jährlicher (Beitrag zum) Geschäftswert
P_4	geschätzte jährliche Wartungskosten nach Reengineering
P_5	geschätzte jährliche Betriebskosten nach Reengineering
P_6	geschätzter jährlicher Geschäftswert nach Reengineering
P_7	geschätzte Reengineering-Kosten
P_8	geschätzte Reengineering-Dauer
P_9	Risikofaktor des Reengineerings
P_{10}	geschätzte jährliche Wartungskosten bei Neuentwicklung
P_{11}	geschätzte jährliche Betriebskosten bei Neuentwicklung
P_{12}	geschätzter jährlicher Geschäftswert bei Neuentwicklung
P_{13}	geschätzte Kosten einer Neuentwicklung
P_{14}	geschätzte Dauer einer Neuentwicklung
P_{15}	Risikofaktor der Neuentwicklung
P_{16}	Lebensdauer des Systems

Tabelle 9.5: Kenngrößen zum Kosten/Nutzen-Vergleich

Der durch die Wartung des Status Quo erzielte Nutzen ist

$$B_M{}^7 = (P_3 - (P_1 + P_2)) * P_{16}$$

Für ein gegebenes Beispielsystem mit einem jährlichen Geschäftswert von DM 1.000.000, Wartungskosten von DM 250.000, Betriebskosten von DM 250.000 und einer erwarteten Lebenszeit von weiteren fünf Jahren ergibt sich ein B_M von DM 2,5 Millionen.

---

[7]Benefit Maintenance

Da i. allg. nicht mit konstanten Kosten über mehrere Jahre zu rechnen ist, wird obige Formel angepaßt, um jährliche Steigerungsraten zu berücksichtigen:

$$B_M\prime = \sum_{i=1}^{P_{16}} (P_{3_i} - (P_{1_i} + P_{2_i}))$$

Wenn bei der Beispielrechnung von einer 20-prozentigen jährlichen Steigerung der Wartungskosten und einer 10-prozentigen jährlichen Steigerung der Betriebskosten bei gleichbleibendem Geschäftswert ausgegangen wird, ergibt sich ein $B_M\prime$ von DM 1,61 Millionen.

Die Kalkulation zur Neuentwicklung ist noch etwas aufwendiger:

$$B_D{}^8 = \sum_{i=1}^{P_{14}} (P_{3_i} - (P_{1_i} + P_{2_i})) + \sum_{i=P_{14}+1}^{P_{16}} (P_{12_i} - (P_{10_i} + P_{11_i})) - \sum_{i=1}^{P_{14}} (P_{13_i} * P_{15})$$

Die erste Summe entspricht dem normalen Wartungsfall, der bis zur Übernahme des Neusystems in die Produktion zu Buche schlägt. Die zweite Summe berücksichtigt Kosten und Nutzen des Neusystems, während schließlich die dritte Summe die Kosten der Neuentwicklung repräsentiert. Die Kalkulation zum Reengineering des Systems hat dieselbe Struktur, es werden lediglich die entsprechenden Parameter ausgetauscht:

$$B_R{}^9 = \sum_{i=1}^{P_8} (P_{3_i} - (P_{1_i} + P_{2_i})) + \sum_{i=P_8+1}^{P_{16}} (P_{6_i} - (P_{4_i} + P_{5_i})) - \sum_{i=1}^{P_8} (P_{7_i} * P_9)$$

Im allgemeinen kann man davon ausgehen, daß die Wartungs- und Betriebskosten beim Reengineering und bei einer Neuentwicklung sinken. Also

$$P_{10} < P_4 < P_1 \qquad \text{und} \qquad P_{11} < P_5 < P_2$$

Ebenso ist mit geringeren jährlichen Steigerungsraten für diese Werte zu rechnen. Der Geschäftswert kann für den Reengineering-Fall als konstant ($P_3 = P_6$) angenommen werden, da zumeist eine 1:1-Umstellung vorgenommen wird. Bei einer Neuentwicklung wird meist auch eine Erweiterung der Funktionalität einfließen. Daher ist P_{16} größer als P_3 und P_6.

In Abbildung 9.8 auf der nächsten Seite zeigen wir die qualitativen Verläufe für (imaginäre) B_M, B_D und B_R. Die Kurven sind als Fallbeispiele zu sehen. Für reale Größen P_1 bis P_{16} sind andere Kurvenverläufe möglich. Die qualitativen Verläufe bleiben jedoch im Prinzip erhalten.

Die Tatsache, daß das Reengineering des Systems weniger aufwendig ist ($P_7 < P_{13}$) und in kürzerer Zeit ($P_8 < P_{14}$) Zeit bewerkstelligt werden kann, führt zu einem sehr guten Abschneiden der Kurve für B_R. Die Lebensdauer des Systems ist jedoch das ausschlaggebende

---

[8]Benefit Development
[9]Benefit Reengineering

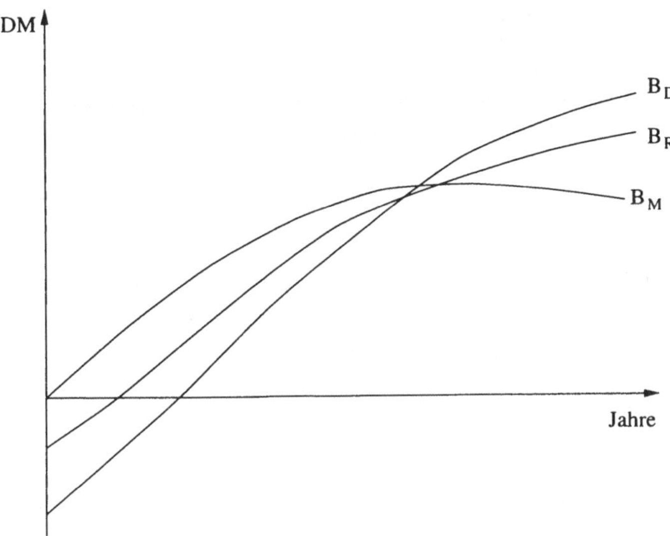

Abbildung 9.8: Qualitativer Kurvenverlauf der Kosten/Nutzen

Kriterium. Verlängert man die Lebensdauer, so überrundet nach einer bestimmten Zeitspanne das B_D das B_R, da der Geschäftswert höher ist. Die Entscheidung für oder gegen ein Reengineering wird also ganz wesentlich von der zu erwartenden Lebensdauer beeinflußt. Dies macht noch einmal deutlich, daß Reengineering-Maßnahmen von strategischer Bedeutung sind und vom höheren Management gelenkt werden müssen.

Neben diesen fundamentalen betriebswirtschaftlichen Überlegungen können aber auch andere Gründe dafür ausschlaggebend sein, ob Reengineering-Maßnahmen einer besonderen Art ergriffen werden. Sneed prägte für diese Art des Reengineerings den Begriff des *Notfall-Reengineerings* (emergency reengineering). Ein zwingender Grund für ein Notfall-Reengineering kann z.B. der Zeitpunkt der Markteinführung eines Software-Produkts sein. Steht dieser Zeitpunkt fest, z.B. aus marktstrategischen Gründen, kann aber mit einer Neuentwicklung nicht erreicht werden, bleibt als Alternative nur das Reengineering. Andere Gründe können die Zufriedenheit oder besser Unzufriedenheit von Wartungsprogrammierern und Anwendern sein. Wenn der letzte Wartungsprogrammierer kurz davor steht, zu kündigen, bzw. wenn die Anwender sich weigern, weiter mit dem System zu arbeiten, muß möglichst schnell Abhilfe geschaffen werden.

9.3 Risiken des Reengineerings

Das Reengineering einer Anwendung ist ebenso mit Risiken verbunden, wie die Neuentwicklung. Man geht allerdings davon aus, daß das Risiko eines Reengineerings geringer als das einer Neuentwicklung ist[10], da z. B. Funktionalität und Implementierung bereits vorhanden sind. Es wird immer wieder von Projekten berichtet, die nicht erfolgreich abgeschlossen wurden. So wird in [Oz94] ein Projekt beschrieben, das nach dreieinhalb Jahren Laufzeit und bisher investierten Projektmitteln in Höhe von 125 Millionen US \$ eingestellt wurde, da ein erfolgreicher Abschluß nicht mehr zu erwarten war.

Im folgenden beschreiben wir fünf Risiken, die bei Reengineering-Projekten bestehen, und die möglichst klein gehalten werden müssen. Wir basieren auf einem Artikel von Robert S. Arnold [Arn92].

Risiko 1: *Überschätzen der Möglichkeiten der gegenwärtigen Reengineering-Technologie.* Viele Anwender sind der Meinung, daß für ein gegebenes Reengineering-Problem innerhalb kurzer Zeit Werkzeuge zur Lösung des Problems auf den Markt kommen, die dann effizient eingesetzt werden können. Aktuelles Beipiel ist die Jahrtausendumstellung, also der Übergang vom Jahr 1999 zum Jahr 2000. Zwar sind in den Jahren 1995 und 1996 viele Werkzeuge (in der Größenordnung von etwa 20) für dieses Problem auf den Markt gekommen, die aber alle keine vollautomatische Umstellung ermöglichen. Eine vollautomatische Umstellung ist nach gegenwärtigem Wissen auch nicht möglich und praktikabel. Zur Problemlösung muß also in großen Teilen manuell beigetragen werden. Das Warten auf *das* Werkzeug kann bei diesem Problem also schwerwiegende Folgen haben.

Risiko 2: *Reengineering ohne Einbezug des Faktors Mensch.* Die Personen, die entscheiden ob ein Reengineering durchgeführt werden soll, sind meist nicht die Personen, die das Reengineering letztendlich durchführen, bzw. mit dessen Ergebnis weiterarbeiten müssen. Diese Personen sollten aber von Anfang an an den grundlegenden Entscheidungen beteiligt sein, da nur so auch eine Identifikation mit dem Projekt möglich ist. Ein Beispiel hierfür ist die Restrukturierung (Kapitel 6). Das restrukturierte Programm ist nach Qualitätskriterien wie Strukturiertheit sicher besser als das Ausgangsprogramm. Wenn der zuständige Wartungsprogrammierer sich aber in *seinem* Programm nicht mehr zurecht findet oder meint sich nicht mehr zurecht zu finden, kann der Wartungsaufwand nach der Restrukturierung evtl. sogar ansteigen anstatt zu fallen.

Risiko 3: *Unvermögen den Kosten/Nutzen-Effekt zu quantifizieren.* Dieses Risiko ist so grundlegend, daß es sogar dazu führen kann, ein Reengineering-Projekt gar nicht erst be-

---

[10]Im Beispiel in Abschnitt 9.2.3 haben wir etwa $P_9 < P_{15}$ gewählt.

ginnen zu lassen. Aber auch nach Projektbeginn ist es wichtig, daß eine vorherige genaue Analyse der Kosten durchgeführt wurde. Wird an Projektmeilensteinen erkannt, daß die Projektkosten erheblich über den geschätzten Kosten liegen, so ist jedesmal erneut die Rechtfertigung des Projekts zu diskutieren.

Risiko 4: *Fehlen eines langfristigen Planungshorizonts.* Reengineering sollte ein Teil eines langfristigen Plans zur Verbesserung der Software-Qualität sein. Ist dies nicht der Fall, so degeneriert das Resultat des Reengineerings mit den Jahren ebenso, wie der Vorläufer. Damit wird aus dem Reengineering eine in Abständen wiederkehrende Tätigkeit, die dem Management nur schwer abzuringen ist.

Risiko 5: *Alleiniges Anwendungs-Reengineering ohne den Entwicklungs- und Wartungsprozeß zu überarbeiten.* Dieser Punkt hängt sehr stark mit Risiko 4 zusammen. Das Problem ist, daß das Reengineering auf die Anwendungsebene beschränkt wird, aber der Wartungsvorgang als solcher die Probleme verursacht. Wenn z. B. eine Anwendung schwer zu warten ist, weil die Dokumentation veraltet ist, kann man durch automatische Nachdokumentation die Situation entschärfen. Wenn bei zukünftigen Wartungsarbeiten jedoch die Dokumentation nicht nachgezogen wird, ist nach kurzer Zeit der alte Zustand wieder erreicht. Hier gilt es also, die Dokumentation von Änderungen fest in die Wartungsaktivitäten zu integrieren. Ein alleiniges Reengineering der Anwendung löst das Problem nicht.

Wir wollen diese Punkte nicht im einzelnen diskutieren, stellen aber fest, daß sie nach leichtem Umformulieren ebenfalls auf das ganze Software-Engineering zutreffen. Es werden zum einen Methoden und Prozesse und zum anderen betriebswirtschaftliche Entscheidungen hinterfragt. Das Software-Reengineering fügt sich damit sehr homogen in das gesamte Software-Engineering ein und wird zukünftig hoffentlich auch als integraler Bestandteil eines umfassenden Software-Engineerings gesehen werden.

9.4 Übungsaufgaben

Aufgabe 9.1 Sie haben sich als Reengineering-Aufgabe die Konversion Ihrer Pascal-Programme nach C gesetzt. Welche Kriterien für eine Bestandsanalyse sind sinnvoll?

Aufgabe 9.2 Führen Sie eine Bestandsanalyse für Ihren PC durch. Welche Anwendungen sind installiert, welche Programme gehören zu der jeweiligen Anwendung, in welchen systemweiten Konfigurationsdateien existieren Einträge für die Anwendung?

Aufgabe 9.3 Planen Sie eine Bestandsanalyse bzgl. der Jahrtausendumstellung, d. h. die Erweiterung von zwei- auf vierstellige Jahreszahlen. Führen Sie die Planung ohne Hilfe von Kapitel 10 durch. Überprüfen Sie Ihre Planung durch Abgleich mit Kapitel 10.

Kapitel 10

Das aktuelle Reengineering-Thema: Der Jahrtausendwechsel

Wenn man den einschlägigen Zeitungen und Zeitschriften glauben darf, so bewegen z. Z. zwei Themen die Gemüter der EDV-Welt: Der Jahrtausendwechsel und der Euro. Der Euro, also die Einführung einer gemeinsamen Währung innerhalb der Europäischen Gemeinschaft, ist nach unserer Einteilung von Wartungsaktivitäten der perfektionierenden Wartung zuzurechnen. Die doppelte Währungsführung, die Umrechnung der Währungen und ähnliche Änderungen an den Anwendungssystemen stellen eine Erweiterung der Funktionalität dar. Der Jahrtausendwechsel, als der Übergang vom Jahr 1999 in das Jahr 2000[1], ist dagegen Ursache für Aktivitäten der korrektiven Wartung: Die Anwendungen werden bei diesem Datum fehlerhaftes Verhalten zeigen und sind entsprechend abzuändern.

Beiden Themen gemeinsam ist, neben der Aufmerksamkeit der Presse, der extrem hohe Aufwand an Zeit und Personal, der zur Problemlösung aufgewendet werden muß. So schätzte etwa die Bayrische Vereinsbank in einem kürzlich veröffentlichten Zeitungsbericht, daß sich die Umstellungskosten in Folge des Euro auf 150 Millionen DM belaufen. Dies ist allerdings nicht auf die EDV beschränkt, sondern bezieht sich auf das ganze Unternehmen. Für den Umstellungsaufwand bzgl. des Jahrtausendwechsels existieren Studien renomierter Beratungsunternehmen, die von horrenden Summen ausgehen. Gartner Group schätzte etwa in seiner jüngsten Stellungnahme (April 1996) einen weltweiten Umstellungsaufwand der betroffenen EDV-Systeme auf 300 bis 600 Milliarden US-Dollar. Einige Service-Unternehmen bieten Umstellungen auf Festpreisbasis pro Code-Zeile an. Gängig sind ca. 50 Pfennig bis eine DM pro Code-Zeile. Bei einem einzelnen Unternehmen mit einem Bestand von 20 Millionen LOC ergibt sich bereits ein Gesamtpreis von 10 bis 20 Millionen DM.

Die Jahrtausendumstellung als korrektive Wartung ist geradezu als Reengineering-Fallbei-

---

[1]Dem Autor ist bekannt, daß der kalendarische Jahrtausendwechsel ein Jahr später stattfindet.

spiel prädestiniert. Wir werden im folgenden näher auf die einzelnen Aspekte der Jahrtausendumstellung eingehen.

10.1 Ursachen und Auswirkungen

Viele der Anwendungen, die heute produktiv sind, wurden in den siebziger Jahren, evtl. auch noch früher entwickelt. Zu dieser Zeit war sowohl Hauptspeicher als auch Plattenspeicher knapp und teuer. Diese beschränkten Speicherkapazitäten zwangen die Entwickler, mit äußerst effektiven Speichermethoden zu arbeiten. Da nicht abzusehen war, daß diese Anwendungen auch noch 30 Jahre später produktiv sein würden, war die offensichtlichste Lösung die sechsstellige Codierung[2] von Kalenderdaten. Eine sehr weitverbreitete Codierung sieht schematisch etwa so aus:

```
01 DATUM PIC 9(6)
01 DATUM-X REDEFINES DATUM
   05 DATUM-JJ PIC 99
   05 DATUM-MM PIC 99
   05 DATUM-DD PIC 99
```

Die sechsstellige Codierung von Kalenderdaten geht von einem *impliziten* Jahrhundert aus, in der Regel dem 20. Jahrhundert, als einer impliziten „19". Diese unvollständige Informationsdarstellung kann nur solange funktionieren, solange sie eindeutig ist. Mit dem Jahrtausendwechsel sind *zwei* implizite Jahrhunderte möglich, so daß nicht mehr entscheidbar ist, welches gemeint ist.

Natürlich sind nicht alle der heute produktiven Anwendungen 30 Jahre alt. Warum also sind die wenigen wirklich alten Anwendungen ein so großes Problem? Es ist leider so, daß auch die meisten neueren Anwendungen mit der unvollständigen Datumsrepräsentation arbeiten. Da neue Anwendungen praktisch immer in die bestehende Anwendungslandschaft zu integrieren sind, insbesondere werden meist bereits existierende Datenbestände verarbeitet, haben auch die neueren Anwendungen die sechsstellige Datums-Codierung übernommen. Dies ist auch der Grund, warum sogar PC-Anwendungen betroffen sind. Wenn die PC-Anwendungen Daten vom Host verarbeiten, ist es sehr wahrscheinlich, daß auch dort die sechsstellige Codierung verwendet wurde.

Die Auswirkungen der unvollständigen Datumsrepräsentation sind vielfältig. Ein Beispiel sind Zeitdauern, wie z. B. das Lebensalter oder die Laufzeiten von Verträgen. Die Zeitdauer

---

[2]Es existieren natürlich noch eine Reihe von anderen Codierungen; der Phantasie sind keine Grenzen gesetzt. Wir gehen der Einfachheit wegen von einer „Standard-Codierung" aus.

wird als Subtraktion zweier Kalenderdaten implementiert. Wenn das neuere Datum im Jahr 2000 und darüber liegt, ist die Differenz negativ. Da das Programm eine positive Differenz erwartet, kann, je nach Programmiersprache und Implementierung, ein Programmabbruch erfolgen, oder – noch schlimmer – eine Weiterverarbeitung mit falschen Daten.

Die fehlerverursachenden Gründe des Jahrtausendproblems hatten wir schon ausgemacht, nämlich unvollständige Information. Die Lösung ist ebenfalls sehr einfach: Alle Kalenderdaten werden von sechsstelliger zur achtstelliger Repräsentation angehoben. Diese im Prinzip triviale Lösung entwickelt sich in der Praxis zu einem nicht zu unterschätzenden, sehr komplexen Problem, da Millionen von Code-Zeilen mit den verschiedensten Abhängigkeiten untereinander umzustellen sind. Die Umstellung ist daher in einem sehr detailliert geplanten Projekt unter strengstem Projektmanagement vorzunehmen.

10.2 Das Jahr-2000-Projekt

Gartner Group analysierte die Verteilung der einzelnen Aktivitäten eines Jahr-2000-Projekts. Abbildung 10.1 gibt diese Verteilung wieder. Wir werden nur die für das Reen-

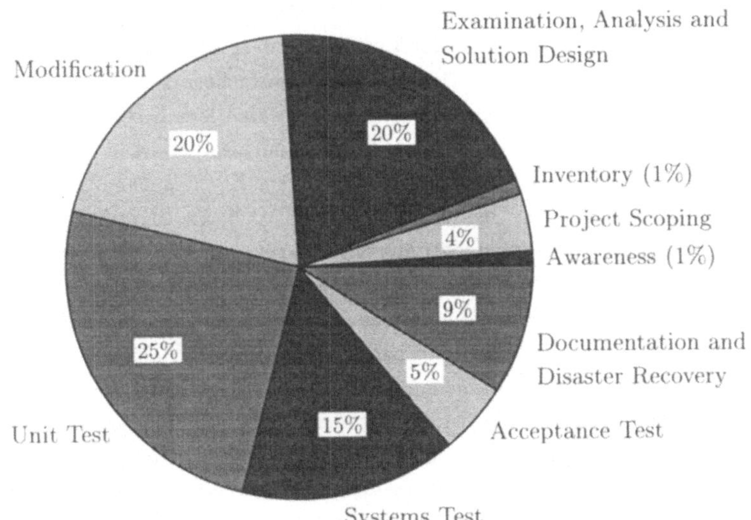

Abbildung 10.1: Einzelne Jahr-2000-Aktivitäten nach Gartner

gineering interessanten Aktivitäten näher untersuchen. Dies sind die Bestandsanalyse (Inventory), Problemanalyse und Design (Examination, Analysis and Solution Design) sowie die eigentliche Durchführung der Änderungen (Modification).

10.2.1   Bestandsanalyse

Ziel der Bestandsanalyse innerhalb des Jahr-2000-Projekts ist es, den tatsächlichen Umstellungsaufwand festzustellen. Die Bestandsanalyse selbst wird wie in Kapitel 9 beschrieben durchgeführt. Das Ziel der Bestandsanalyse ist jedoch sehr viel enger gefaßt. Informationen, die durch die gewöhnlichen Erhebungstechniken (Fragebogen, Interviews und automatische Erhebung aus Repository/Dictionary/Bibliothekssystemen) gewonnen werden, sind unter anderem

- welche Anwendungen / Programme existieren und sind produktiv?

- verwendete die Anwendung / das Programm Kalenderdaten?

- wenn ja, welche Repräsentation?

- welche Abhängigkeiten zu anderen Programmen/Anwendungen und Dateien/Datenbanken bestehen?

- ...

Zu beachten ist, daß zwischen der Bestandsanalyse und der eigentlichen Problemanalyse, die im nächsten Abschnitt beschrieben wird, ein fließender Übergang besteht. So kann die Bestandsanalyse Anwendungen und Programme als Black Box ansehen und die Analyse der Programme auf Statement-Ebene der Problemanalyse überlassen. Man kann jedoch auch bereits in der Bestandsanalyse bis auf die Statement-Ebene gehen. Das Ziel der Bestandsanalyse, die Feststellung des Umstellungsaufwands, d. h. die Identifizierung der Anwendungen und Programme, die tatsächlich umgestellt werden müssen, wird natürlich um so genauer sein, je feiner die Untersuchungskriterien sind. Wird der Black Box Ansatz gewählt, so ist sicherzustellen, daß im Zweifel die untersuchte Anwendung als „umzustellen" eingestuft wird, so daß das Ergebnis der Bestandsanalyse evtl. eine Obermenge der tatsächlich umzustellenden Anwendungen ist. In einer vom Autor durchgeführten Bestandsanalyse [MG97] bei einer deutschen Versicherung wurde auf diese Weise 18 Prozent des Anwendungsbestandes als nicht umstellungsbedürftig eingestuft[3]. Diese Anwendungen benutzen also keine Kalenderdaten, was bei versicherungstechnischen Anwendungen relativ unwahrscheinlich ist, oder sind bereits achtstellig implementiert. Als weiteres Ergebnis dieser Bestandsanalyse wurden die Abhängigkeiten der Anwendungen untereinander dokumentiert. Abbildung 10.2 auf der nächsten Seite stellt diese Abhängigkeiten als einen Graphen dar. Dabei stellen die Kästen einzelne Anwendungen dar, die Verbindungslinien sind Zugriffe auf Daten anderer Anwendungen.

---

[3]Bei den oben genannten Umstellungskosten können 18 Prozent bereits sehr hohe Beträge ausmachen.

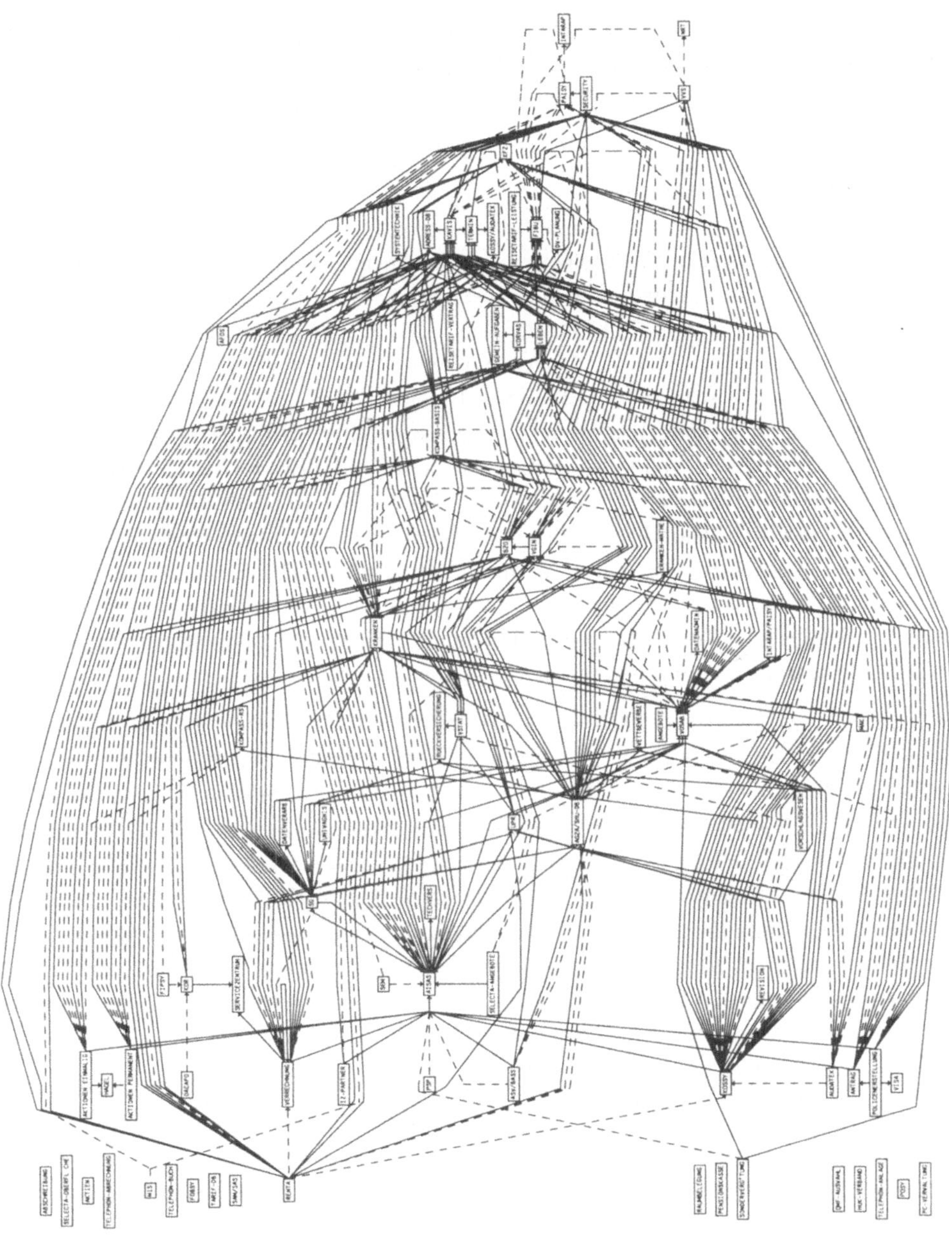

Abbildung 10.2: Abhängigkeiten zwischen Anwendungen

Wir sind bisher immer von einer sehr einfachen Problemstellung und ebenso einfachen Problemlösung ausgegangen. Wir wollen nun das Problem etwas genauer analysieren und mehrere Lösungsalternativen betrachten. Grundlage bilden Einträge und Verweise der Jahr-2000-Homepage [Y2K] und das IBM-Dokument [IBM96].

10.2.2   Problemanalyse

Um ein Programm korrekt umzustellen, müssen in einem ersten Schritt *alle* Variablen und Konstanten, die Kalenderdaten darstellen sowie *alle* Anweisungen, die diese Variablen und Konstanten benutzen, identifiziert werden. Neben den Programmen[4] müssen natürlich auch alle Dateistrukturen, Datenbanken, Masken und Job-Control untersucht werden. Dieser erste Schritt ist bereits sehr aufwendig und zeitintensiv, wird aber durch viele Werkzeuge unterstützt. Typischerweise benötigen die Werkzeuge eine initiale Liste von Bezeichner-Pattern auf der Basis regulärer Ausdrücke, die zum Auffinden von Variablendefinitionen mit unvollständiger Jahreszahl genutzt werden. Solche Pattern sind z. B. *DATE*, *YEAR*, *YR*, *YY*, bzw. die deutschen Versionen. Ausgehend von dieser initialen Treffermenge wird eine Datenflußanalyse der Programm-Statements durchgeführt. Auf diese Weise werden Variablen identifiziert, die keine Treffer bzgl. der Pattern waren, aber trotzdem datumstragend sind. Es treten eine Reihe von Problemen auf, die wir am Beispiel des COBOL-Programms 10.1 auf der nächsten Seite analysieren.

Wir gehen in diesem Beispiel davon aus, daß `DATE0` bereits als Datumsvariable mit dem Format `YYMMDD` identifiziert ist. Die Anweisung `MOVE DATE0 TO DATE1` macht auch aus `DATE1` eine Datumsvariable[5]. Die Anweisung `MOVE GROUP1 TO GROUP2` nutzt die Semantik des COBOL-Moves aus, die bei der Zuweisung einer kleineren in eine größere Variable die Daten linksbündig in der zu schreibenden Variable ausrichtet. Wenn wir unsere Annahme des `DATE0`-Datumsformates in `DDMMYY` abändern, so werden durch diese Anweisung das dritte und vierte Byte des Fillers mit einem Datum infiziert. Bei weiteren Datenflußanalysen kann der Filler damit nicht als ganzes betrachtet werden, sondern es muß immer auf diese beiden Bytes geachtet werden. Auch bei Vergleichen wie `IF YEAR2 > YEARX` werden neue Variablen als datumstragend identifiziert. Die beiden letzten `MOVE`-Anweisungen sind analog zu den vorherigen aufgebaut.

Viele der am Markt angebotenen Werkzeuge können die Datumsvariablen aus Beispiel 10.1 auf der nächsten Seite korrekt identifizieren. Ein vollständiger Automatismus ist jedoch nicht möglich. Da der Kontroll- und Datenfluß im allgemeinen unentscheidbar ist, kann

---

[4]Wir gehen davon aus, daß die einzig verlässliche Informationsquelle der Programmtext ist. Wenn andere Informationen vorliegen, etwa Entwurfsdokumente, Dokumentationen, Cross-Referenzen u.ä. können diese natürlich auch genutzt werden.

[5]Ein Hinweis für Pascal- und C-Programmierer: In COBOL ist die unqualifizierte Verwendung von Record-Feldern erlaubt, so lange diese eindeutig ist.

```
01 DATEO      PIC 9(6).          MOVE DATEO TO DATA1.


01 GROUP1.                       MOVE GROUP1 TO GROUP2.
   05 DATE1   PIC 9(6).


01 GROUP2.
   05 YEAR2   PIC 99.            IF YEAR2 > YEARX
   05 FILLER  PIC X(100).


01 AREAX.
   05 YEARX   PIC 99.
   05 FILLER  PIC X(4).          MOVE AREAX TO AREAY.


01 AREAY.
   05 DATEY.
      10 YYY  PIC 99.            MOVE YYY TO
      10 MMY  PIC 99.
      10 DDY  PIC 99.
```

Programm 10.1: Datumsvariablen und Datenfluß

es kein Werkzeug geben, das sämtliche Abhängigkeiten korrekt erkennt. Selbst im obigen, einfachen Fall muß der Benutzer das verwendete Format YYMMDD dem System bekannt machen, da es aus dem Source-Code nicht erkannt werden kann. Bei Sprachen mit Zeigern und Zeigerarithmetik ist offensichtlich, daß der Datenfluß nicht entscheidbar ist. Selbst in COBOL ist dies durch dynamische Calls möglich: CALL NAME USING VAR.

10.2.3 Design

Neben der Umstellung auf vierstellige Jahreszahlen bzw. achtstellige Kalenderdaten gibt es noch weitere Alternativen. Die bekanntesten sind die sogenannten Fenster-Techniken (Windowing) und die Komprimierung der vierstelligen Jahreszahl in die zwei zur Verfügung stehenden Bytes.

Bei den Fenster-Techniken unterscheidet man zwischen statischem und dynamischem Windowing. Beiden Techniken gemeinsam ist ihr Unvermögen, Zeitfenster, die größer als 100 Jahre sind, zu verarbeiten. Bei der statischen Variante wird ein festes 100-Jahr-Fenster definiert, z. B. 1940 bis 2039. Die weiterhin zweistellig geführten Jahreszahlen sind dann eindeutig zuzuordnen, jedoch muß dies explizit programmiert werden, wie etwa in Programm 10.2 auf der nächsten Seite.

```
IF YY > 39 THEN
     Code für 1940 bis 1999
ELSE
     Code für 2000 bis 2039
END-IF
```

Programm 10.2: Nutzen eines statischen Zeitfensters

Ein festes 100-Jahr-Fenster hat den Nachteil, daß es von Zeit zu Zeit „nachgestellt" werden muß. Dies ist beim dynamischen Windowing (Sliding window) nicht der Fall. Dazu gibt man den in der Vergangenheit und den in der Zukunft liegenden Zeitbereich an, der in der Summe ein 100-Jahr-Fenster ergeben muß. Ausgehend vom aktuellen Systemdatum wird dann das entsprechende Fenster generiert. Abbildung 10.3 zeigt ein Beispiel mit 35/64 Jahren. Das obere Zeitfenster arbeitet mit einem aktuellen Systemdatum von 1996, das untere mit 2024.

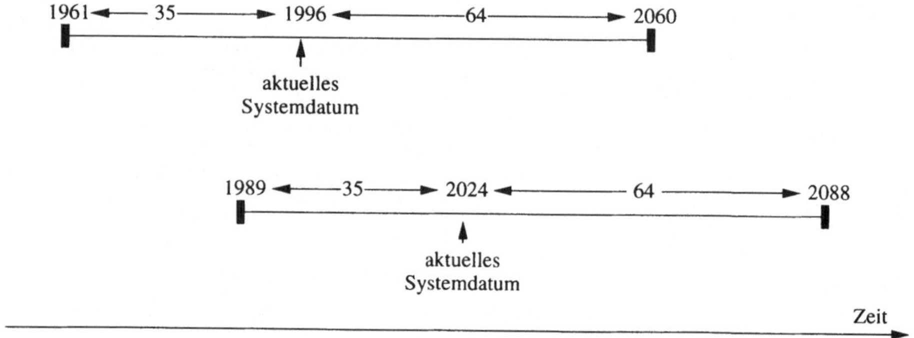

Abbildung 10.3: Die Sliding-Window-Technik

Die dynamische Fenstertechnik benötigt eine erheblich komplexere Programmierung als die in Programm 10.2 beispielhaft dargestellten statischen Fenster. Am besten wird diese Funktionalität vollständig innerhalb einer Datumsroutine gekapselt. Eine abgeschlossenen Routinensammlung für die Sliding-Window-Technik wird z. B. durch das IBM-Produkt Language Environment[6] zur Verfügung gestellt. Language Environment ist die gemeinsame Laufzeitbibliothek für COBOL, PL/I, C und FORTRAN auf MVS und VM und ermöglicht damit sogar die Kommunikation verschiedener Anwendungen in verschiedener Sprachen mit zweistelligen Jahreszahlen.

---

[6]Korrekter Produktname: Language Environment for MVS & VM.

Die letzte Alternative, die wir vorstellen wollen, ist die Komprimierung der Jahreszahl. Die übliche Darstellung einer Ziffer in einem Byte schöpft bei weitem den zur Verfügung stehenden Platz nicht aus. Eine einfache Möglichkeit[7] ist der Übergang von der dezimalen zur hexademimalen Repräsentation. In zwei Bytes können dann 255 Jahre dargestellt werden. Mit einer Normierung auf das Jahr 1900 können dann Jahreszahlen bis 2155 verwendet werden:

```
D'1900' + X'FF' = 1900 + 255 = 2155
```

Das Jahr 1900 wird dann also als X'00', 1999 als X'63', 2000 als X'64' usw. dargestellt. Es existieren noch eine Reihe weiterer Komprimierungstechniken, auf die wir allerdings nicht eingehen. Eine Gegenüberstellung der Vor- und Nachteile dieser Umstellungsarten ist in Tabelle 10.1 auf der nächsten Seite angegeben.

10.2.4 Abhängigkeiten und Umstellungsreihenfolge

Es existieren eine Reihe von Abhängigkeiten, die bei der Umstellung zu beachten sind. Wir greifen exemplarisch zwei heraus — die gemeinsame Nutzung von Programmen und Daten — und beschreiben sie näher. Weitere Abhängigkeiten sind z. B. Datenträgeraustausch mit anderen Firmen (etwa Überweisungsaufträge zwischen Versicherungen und Banken) oder die Benutzung von Systemdiensten (Anwendungs-Software basiert auf Transaktionsmonitor, Transaktionsmonitor auf Betriebssystem, Betriebssystem auf Hardware/Micro-Code).

Als erstes Beispiel wollen wir die gemeinsame Nutzung von Programmen betrachten. Wenn Programme sich gegenseitig aufrufen oder über eigens dafür geschriebene Batch-Jobs (JCL unter MVS), so kann es passieren, daß ein Programm über mehrere Pfade aufgerufen wird und sich. evtl auch wieder in mehrere Pfade verzweigt. Probleme ergeben sich, wenn Parameter übergeben oder Daten über Dateien weitergereicht werden. Abbildung 10.4 auf Seite 163 zeigt zwei Batch-Jobs als Sequenzen von Programmaufrufen, wobei beide das Programm E benutzen. Werden nun die Programme von Prozedur Job1 von zwei- auf vierstelliges Datum umgestellt, dabei aber übersehen, daß Programm E nicht ausschließlich von Job1 benutzt wird, ist Job2 nicht mehr lauffähig. Im allgemeinen ist nicht bekannt, welches Programm in welchem Job benutzt wird, so daß keine Überprüfung auf solche Abhängigkeiten hin möglich ist.

Die einzige Möglichkeit solche inkonsistenten Schnittstellen zu verhindern, ist die Analyse aller Jobs und Programme und die Ablage der Abhängigkeiten an zentraler Stelle. Bei der

---

[7]PC-Benutzer von Pascal oder C kommen natürlich sofort auf die Idee, SHORT CARDINAL oder short unsigned zu benutzen, die den Bereich zwischen 0 und 65536 abdecken. Auf dem Host sieht es aber etwas anders aus, wenn z. B. COBOL verwendet wird und der Änderungsaufwand minimal sein soll.

	viersteilig	Windowing	Komprimierung
Vorteile	• einfachste und beste Darstellung • auch in Zukunft keine Probleme zu erwarten • portabel	• kein erhöhter Speicherbedarf • keine Konvertierung von Dateien/DBs	• kein erhöhter Speicherbedarf
Nachteile	• erhöhter Speicherbedarf	• Verschieben des Zeitfensters nötig (statisch) • nicht mehr als 100 Jahre • erhöhter Verarbeitungsaufwand • alle Programme müssen selbes Fenster benutzen	• je nach Methode nur beschränktes Zeitintervall • alle Programme /Daten selbe Kompression benutzen • erhöhter Verarbeitungsaufwand • bei allen Zugriffen Kompression/Dekompression nötig

Tabelle 10.1: Vor- und Nachteile der Umstellungsarten

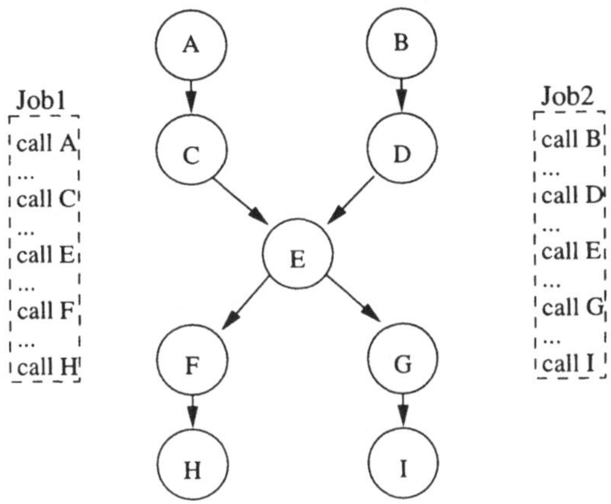

Abbildung 10.4: Ein gemeinsam genutztes Programm

Projektplanung müssen diese Abhängigkeiten dann berücksichtigt werden. Eine Lösung ist die zeitweise Duplizierung der gemeinsam genutzten Programme als zwei- und vierstellige Version und die entsprechende Benutzung in der jeweiligen Programmsequenz.

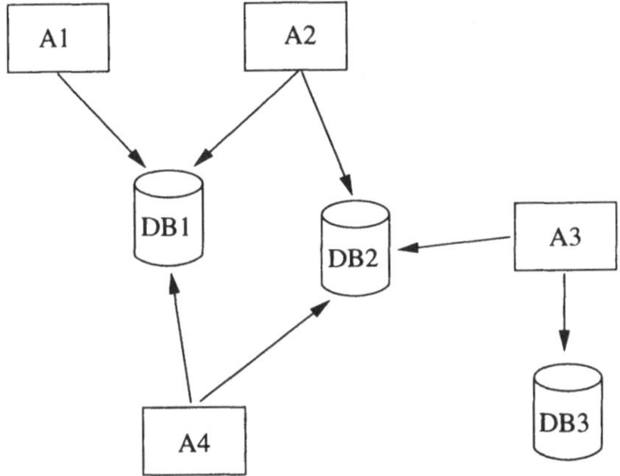

Abbildung 10.5: Vernetzte Anwendungen und Datenbanken

Als zweites und in der Realität sehr viel häufigeres und wichtigeres Beispiel betrachten wir die gemeinsame Benutzung von Datenbeständen, seien es Datenbanken oder einfache Dateien. Abbildung 10.5 zeigt einen, verglichen mit der Realität, winzigen Ausschnitt der Anwendungslandschaft eines Betriebes. Wir nehmen beispielhaft an, daß alle vier Anwendungen und drei Datenbanken das zweistellige Jahresformat verwenden und vierstellig umgestellt werden sollen. Bereits bei diesem einfachen Beispiel würde die Umstellung der Anwendung A2 auch die sofortige Umstellung der anderen drei Anwendungen nach sich ziehen, wenn auch die Datenbanken DB1 und DB2 umgestellt werden. Da aus Gründen mangelnder Personalkapazitäten keine gleichzeitige Umstellung aller Anwendungen und Datenbanken möglich ist, wird das sogenannte Bridging eingesetzt, das das Nebeneinander von umgestellten und noch nicht umgestellten Anwendungen und Datenbanken erlaubt. Unter Bridging versteht man das Einfügen eines Filters zwischen Anwendung und Datenbank. Wir nehmen beispeilhaft an, daß die Datenbank bereits vierstellig ist, die Anwendung zweistellig. Der Filter projiziert dann bei einem lesenden Zugriff der Anwendung auf die Datenbank alle Jahreszahlen auf die beiden letzten Stellen. Bei einem schreibenden Zugriff wird die Jahreszahl mit einem Jahrhundert erweitert. Dazu kommen Techniken zum Einsatz, wie wir sie beim Windowing, Abschnitt 10.2.3 kennengelernt haben. Bei zweistelliger Datenbank und vierstelliger Anwendung ist die Funktionalität des Filters gerade umgekehrt.

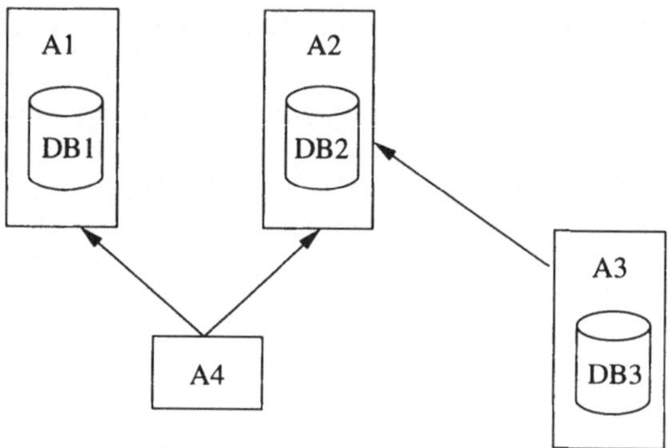

Abbildung 10.6: Vereinfachte Darstellung von Abbildung 10.5

Um die tatsächliche Komplexität realer Installationen zu demonstrieren, kommen wir noch einmal auf Abbildung 10.2 auf Seite 157 zurück. Dabei wird jede Datenbank und Datei einer Anwendung zugeordnet. Zugriffe dieser Anwendung auf die Daten werden nicht dargestellt, da die Daten dieser Anwendung „gehören". Wenn wir etwa in Abbildung 10.5 die Datenbanken DB1, DB2 und DB3 jeweils den Anwendungen A1, A2 und A3 zuordnen, würde dies wie in Abbildung 10.6 dargestellt. Abbildung 10.2 zeigt genau diese Zugriffe auf Daten anderer Anwendungen, wobei Zugriffe über die offiziellen Schnittstellenmodule mit durchgezogenen und inoffizielle Zugriffe, etwa direkt durch EXEC_SQL, mit gestrichelten Linien dargestellt sind.

Wir haben am Anfang dieses Kapitels bemerkt, daß die rein technische Umstellung von zwei auf vier relevante Jahresstellen relativ trivial ist. Bei einem Zehnzeilenprogramm kann dies bereits ein Programmieranfänger durchführen. Das eigentliche Problem ist die hohe

Anzahl und Größe der Programme, häufig im Bereich zehn bis 50 Millionen LOC, und die Abhängigkeiten untereinander. Die oben geschilderten Abhängigkeiten lassen erahnen, daß nur ein sehr detailliert ausgearbeiteter Projektplan, der alle Abhängigkeiten berücksichtigt, zum Erfolg führen kann. Neben den software-technischen Abhängigkeiten sind zudem noch die Geschäftsinteressen der Unternehmen zu berücksichtigen. Es ist sinnvoll zuerst die besonders kritischen, d. h. wichtigen Anwendungen umzustellen und erst dann die weniger kritischen. Falls die Umstellung aller Anwendungen dann nicht pünktlich zum Jahreswechsel 2000 beendet würde, wären wenigstens die für das Unternehmen wichtigen Anwendungen lauffähig.

10.2.5   Automatisierungspotential

Ein Jahr-2000-Projekt wird i. allg. immer ein Massenprojekt sein. Der umzustellende Programm-Code liegt typischerweise im Bereich von mehreren Millionen LOC, die umzustellenden Daten können sich bis in den Tera-Byte-Bereich erstrecken. Ohne ein hohes Maß an Automatisierung ist ein solches Projekt nicht durchführbar. Gemäß der Gartner Group (Abbildung 10.1 auf Seite 155) liegt der anteilig höchste Aufwand – und damit auch das größte Einsparungspotential durch Automatisierung — im Test der umgestellten Systeme. Dies ist jedoch nicht Thema dieses Buches. Aber auch die Analyse und die eigentlichen Umstellung tragen zu 40 Prozent zum Gesamtaufwand bei und sind somit attraktives Ziel einer Automatisierung.

Praktisch alle am Markt angebotenen Werkzeuge erlauben die Suche von Mustern in Variablennamen, wie in Abschnitt 10.2.2 dargestellt. Dies ist allerdings auch schon mit einfachen UNIX-Werkzeugen wie `grep` eingeschränkt möglich. Eine weiterführende Analyse des Datenflusses und damit das Entdecken weiterer datumsrelevanter Variablen, die durch die Muster nicht erkannt wurden, wird ebenfalls von vielen Werkzeugen unterstützt. Für den Praktiker, der vor der geeigneten Werkzeugauswahl steht, ist hier allerdings noch einmal anzumerken, daß es kein Werkzeug geben kann, daß eine hundertprozentig vollständige und korrekte Datenflußanalyse durchführt, da das Problem i. allg. unentscheidbar[8] ist.

Nach dem Erkennen aller datumsrelevanter Variablen müssen die Variablendeklarationen und die Verwendung der Variablen in den Programm-Statements entsprechend geändert werden, um die neuen Formate korrekt zu verarbeiten. Hier trennt sich bei den Werkzeugen die Spreu vom Weizen. Nur wenige Werkzeuge bieten hier die Möglichkeit einer qualitativ hochwertigen (teil-)automatischen Umstellung. Um einen Eindruck der Umstellung zu bekommen, geben wir in Programm 10.3 auf der nächsten Seite ein Beipiel aus [HP96] wieder. Der obere Programmteil gibt den ursprünglichen Programm-Code wieder, der untere den umgestellten Programm-Code.

---

[8]Siehe *entscheidbar* im Glossar.

```
01 DATE-A PIC 99.
01 TERM-B PIC 99.
MOVE 86 TO DATE-A
IF DATE-A < 90 COMPUTE DATE-A = DATE-A + TERM-B

01 DATE-A PIC 9999.
01 TERM-B PIC 99.
MOVE 1986 TO DATE-A
IF DATE-A < 1990 COMPUTE DATE-A = DATE-A + TERM-B
```

Programm 10.3: Automatische Code-Umstellung von 2 auf 4 Ziffern

Ein weiteres Problemfeld bei der automatischen Umstellung ist das Layout von Masken, Formularen und Listen. Während bei einer eindeutigen Identifizierung von zweistelligen Variablen im Programm-Code eine automatische Umstellung möglich ist, ist dies bei Masken, Formularen und Listen nicht der Fall. Da das Layout eine Frage des Designs ist, ist dies nicht automatisierbar. Die Verdopplung von zweistelligen Feldern in Ein/Ausgabemasken führt bei den gewöhnlich sehr gepackten Darstellungen zum Überschreiten der maximalen Zeilenlänge. Eine Korrektur mit der evtl. Definition neuer Masken kann nicht sinnvoll formalisiert werden.

Die Werkzeuge klammern daher häufig die Umstellung von Masken, Formularen und Listen aus. Diese bleiben zweistellig, bekommen aber eine vierstellige Schnittstelle zur restlichen Anwendung, die dann mit den bereits bekannten Windowing-Techniken die Umrechnung von zwei auf vier Stellen und umgekehrt gewährleistet. Aus der software-technischen Sicht ist dies problematisch, da die bereits besprochenen Beschränkungen auch hier gelten. Aus Benutzersicht ist dies unproblematisch, da Menschen durch Kontextinformation meist sehr gut das richtige Jahrhundert „raten" können.

Als letzter Punkt des Automatisierungspotentials bleibt noch die Werkzeugverfügbarkeit an sich. Ein durchgängig etablierter Markt von Werkzeugen mit der entsprechenden Konkurrenz zwischen den Anbietern ist eigentlich nur für COBOL gegeben. COBOL ist *die* Sprache auf Großrechnern und damit für Anbieter entsprechend lukrativ. Schon für PL/I ist das Angebot wesentlich kleiner und qualitativ z. T. schlechter. Für andere Sprachen wie FORTRAN, Assembler, RPG oder proprietäre 4GL-Sprachen (CSP, IEF, NATURAL, ...) sinkt die Anzahl der Anbieter weiter.

10.3   Weitere Informationen

Das Jahr-2000-Problem ist zwar nicht neu, bekommt aber erst in den letzten Monaten die ihm zustehende Aufmerksamkeit in den Medien. Aus diesem Grund gibt es kein Buch und nur wenig Veröffentlichungen zum Thema. Die Entwicklung von Werkzeugen ist in vollem Gange. Ein Werkzeugüberblick wäre nach wenigen Monaten bereits veraltet. Das Internet stellt das geeignete Medium dar, dem Rechnung zu tragen. Der Jahr-2000-Problematik ist eine eigene WWW-Homepage gewidmet. Diese ist unter

```
http://www.year2000.com
```

zu erreichen. Die Seite enthält Verweise auf ebenfalls online verfügbare Literatur zum Thema. Sie enthält zusätzlich über 90^9 Anbieter von Umstellungsdienstleistungen und Werkzeugen. Im Oktober 1996 wurde in USENET News eine eigene Gruppe zur Diskussion relevanter Fragen eingerichtet. Diese ist unter `comp.software.year-2000` zu erreichen.

10.4 Übungsaufgaben

Aufgabe 10.1 Erstellen Sie einen Projektplan für die Jahrtausendumstellung. Gegeben sind die Anwendungen und Datenbanken aus Abbildung 10.7. Gehen Sie von den folgenden Annahmen aus: Es existiert ein Mitarbeiter-Team, das ausschließlich für Umstellungsaufgaben zuständig ist. Dieses Team kann 20 UE (Umstellungseinheiten) pro Projekt und Zeiteinheit (z. B. Quartal) umstellen. Es werden nur Anwendungen betrachtet; Datenbanken werden vollautomatisch umgestellt und benötigen keine Umstellungszeit. Ein Projektplan besteht aus einer Partitionierung (Gruppierung von Anwendungen und Datenbanken) des Graphen in Abbildung 10.7, der Reihenfolge der Umstellungen der Partitionen und der Angabe der notwendigen Bridges. Erstellen Sie zwei Projektpläne. Einen, der die insgesamt nötige Zeit minimiert, einen anderen, der die Anzahl der Bridges minimiert.

Aufgabe 10.2 Ist das Jahr 2000 ein Schaltjahr?

Aufgabe 10.3 Das Format eines Julianischen Kalenderdatums besteht aus zwei Ziffern für das Jahr und aus drei Ziffern (1 bis 366) für den Tag im Jahr. Schreiben Sie eine Prozedur, die Julianische Daten in die achtstellige Normalform transformiert.

Aufgabe 10.4 Es gibt Anwendungen, die sechsstellige Datumseingaben in verschiedenen Reihenfolgen zulassen und das richtige Datum „raten". Bei zwei zulässigen Jahrhunderten ist eine weitere Alternative möglich. Welche Interpretationen gibt es für das Datum 01/02/03?

---

[9]Stand Jahreswechsel 96/97.

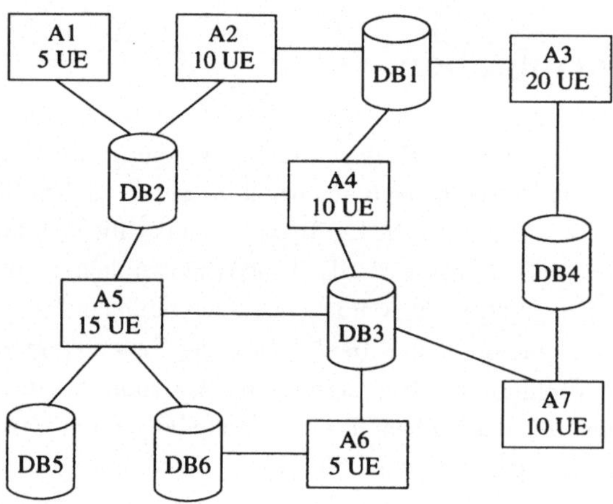

Abbildung 10.7: Anwendungen und Datenbanken für Aufgabe 10.1

Anhang A

Lösungshinweise zu den Übungsaufgaben

Aufgabe 2.1 Lesen Sie aufmerksam das Kapitel 10.

Aufgabe 2.2 Die GOTO-Elimination erhöht die Wartbarkeit und gehörs somit zur präventiven Wartung.

Aufgabe 2.4 Automatisierte Unterstützung der Wartung, Reduzierung von Wartungskosten und -fehlern, flexibleren Einsatz von Wartungspersonal, einfacher zu verstehende, zu ändernde und zu testende Systeme, ermöglicht die Migration von Systemen, führt zu besser eingehaltenen Standards, erhöht Lebenszeit der Systeme, ermöglicht CASE-Unterstützung, ermöglicht Wiederverwendung, ...

Aufgabe 2.5 Wie im Beispiel gezeigt, können durch äquivalenzerhaltende Umformungen der Boole'schen Algebra Prädikatknoten vertauscht werden.

Aufgabe 3.2 Das `else` scheint durch die gewählte Einrückung zum ersten `if`-Statement zu gehören. Syntaktisch gehört es jedoch zum zweiten, inneren `if`!

Aufgabe 3.3 Die Spezifikation ist für *alle* sechs Programme identisch und könnte in etwa so ausgesehen haben: Die Variable I enthalte die Werte 1 oder 2. Erstellen Sie ein Programm, das den Wert von I ändert. Enthält I den Wert 1, so wird er in 2 geändert und umgekehrt.

Wie Sie sehen, kann man dies auf sehr unterschiedliche Art und Weise lösen! Haben Sie bemerkt, daß die beiden letzten Lösungen falsch sind?

Aufgabe 4.1 Die Einbindung von externem Code hat aus Benutzersicht den Nachteil, daß etwas gemessen wird, was der Benutzer gar nicht sieht. Die gemessenen Metrikwerte können daher unter Umständen stark von den vermuteten Werten abweichen. Ein Vorteil ist, daß diese erhöhten Werte das anzeigen, was hinter einem einfachen `#include` stehen kann, nämlich viel Source-Code.

Aufgabe 4.2 Aus Benutzersicht sind Präprozessoren Textersetzungssysteme, es gelten daher die Anmerkungen aus Aufgabe 4.1. Aus Werkzeugsicht kommt erschwerend hinzu, das ein C- oder PL/I-Programm *vor* dem Präprozessorlauf nicht den syntaktischen Regeln von C, bzw. PL/I entsprechen muß. Das Parsen eines solchen syntaktisch nicht korrekten Programms ist praktisch nicht möglich.

Aufgabe 4.3 Solche zusammengehörenden Operatorpaare sollten nur einmal gezählt werden, da ein singuläres Auftreten der Operatoren nicht möglich ist.

Aufgabe 4.4

```
grep -E " if | while | for | case " | wc -l
```

Bei der vorgestellten Lösung dürfen die Schlüsselwörter nicht in Kommentaren auftauchen und es darf nicht mehr als Schlüsselwort pro Zeile stehen.

Aufgabe 5.2 Bei den meisten Sprachen sind Kommentare überall dort erlaubt, wo auch Leerzeichen (Blanks, Tabs, Returns) stehen können. Eine Zuordnung innerhalb des Quell-Codes ist deshalb meist nicht möglich; eine Zuordnung im Ziel-Code ebensowenig. Eine Zuordnung kann nur auf Konventionen beruhen, z. B. „jede Funktion wird durch einen Kommentarblock eingeleitet, der die Funktion beschreibt".

Aufgabe 5.3 Ein call-by-reference Parameter in Modula wir zu einem Zeiger-Parameter (*). Der aktuelle Parameter wir mit dem Adress-Operator (&) versehen.

Aufgabe 5.4 Man fügt eine zusätzliche *Deklaration* vor den beiden Definitionen ein:

```
void B();
void A() { ... };
void B() { ... };
```

Aufgabe 6.2 Durch die vorgestellten Restrukturierungsalgorithmen entstehen neue Prädikat- und Funktionsknoten. Metriken wie Halstead's Volumen und McCabe's zyklomatische Komplexität sind damit nach der Resturkturierung deutlich größer als vorher, die Funktionalität ist jedoch identisch. Also: Mehr Code, der zu warten ist, aber identische Fuktionalität.

Ein weiteres Problemfeld sind psychologische Barrieren nach dem Motto „Das ist nicht mehr *mein* Programm". Zudem existieren häufig Ressentiments gegenüber maschnell generierten Programm-Code.

Aufgabe 7.1 Wir schlagen eine Zweiteilung vor: Bausteinerstellung und Bausteinnutzung. Für die Bausteinerstellung kann mit LOC, Halstead's Volumen oder Function-Points der Erstellungsaufwand pro Baustein ermittelt werden. Für die Bausteinnutzung reicht die einfache Zählung. Ein Vergleich mit einer Implementierung ohne Bausteinverwendung zeigt die Einsparungen.

Aufgabe 7.5 Die einfachste Möglichkeit der Beschreibung ist der Source-Code selbst. Die sicherlich gebräuchlichste Möglichkeit ist die der externen natürlichsprachlichen Dokumentation. Beispielhafte Verwendungen sind ebenfalls möglich. Eine exakte Beschreibung kann mit Hilfe formaler Methoden, z. B. algebraischer Spezifikation erfolgen.

Aufgabe 8.2 Die Variable `comp2` wird nicht benutzt. Built-In-Funktionen, wie `printf` verbinden Knoten, die logisch nicht zusammenhängen.

Aufgabe 8.3 Die Funktion squaresquare greift nicht auf Interna (Real- und Imaginärteil) der Klasse zu. Man kann sie als Methode der Klasse, aber auch als normale Funktion, die zu keiner Klasse gehört, implementieren.

Aufgabe 9.1 Welche Bibliotheksroutinen werden genutzt? Sind diese in Quell-Code oder nur als Link-Bibliothek vorhanden? Mit welchen Optionen wurde compiliert und gelinkt? Wird statisch oder dynamisch gelinkt? Existiert das Oberflächen-API auch für C? Existiert das Datenbank-API auch für C? ...

Aufgabe 10.2 Ja, das Jahr 2000 ist ein Schaltjahr. Die Regel lautet: Jedes durch vier teilbare Jahr ist ein Schaltjahr. Ist ein Jahr durch 100 teilbar, ist es kein Schaltjahr. Ist ein Jahr durch 400 teilbar, ist es ein Schaltjahr.

Aufgabe 10.4 Das Datum 01/02/03 kann auf die folgenden drei Arten gedeutet werden:

YY/MM/DD	3. Februar 2001
DD/MM/YY	1. Februar 2003
MM/DD/YY	2. Januar 2003

Anhang B

Glossar

ADT, Abstrakter Datentyp

Beschreibung eines Datentyps durch die Zusammenfassung von Wertebereich und anwendbaren Operationen. Von der internen Datenstruktur und der Implementierung der Operationen wird abstrahiert.

Analyse

Die Analyse ist der erste Schritt im Software-Entwicklungsprozeß. Ziel ist es, ein präzises, konsistentes, verständliches und korrektes Modell des betrachteten Weltauschschnittes zu entwickeln. Die Analyse ist Voraussetzung für das *Design*.

Anwendung

Eine aus der Sicht des Anwenders funktional zusammenhängendes Programmsystem. Besteht meist aus mehreren Programmen, Datenbanken und Dateien, Transaktionsmonitor, Benutzungsoberfläche, etc.

Baustein

Alle in der Software-Entwicklung und -Wartung identifizierbaren, einzeln verwendbaren Module auf allen Ebenen, z. B. Analyse, Design, Codierung, Testfälle.

Bestandsanalyse

Inventarisierung aller Anwendungen. Je nach Zielsetzung können neben der reinen Inventarisierung zusätzliche Eigenschaften ermittelt und ausgewertet werden.

Business-Process-Reengineering

Das Business-Process-Reengieering untersucht bestehende Geschäftsprozesse und versucht diese neu zu gestalten. Übergeordnetes Ziel ist es, die Geschäftsprozesse möglichst effizient und kostengünstig innerhalb des Unternehmens zu verwirklichen. Da die EDV die Geschäftsprozesse technisch realisiert, zieht das Business-Process-Reengineering häufig auch ein Software-*Reengineering* nach sich.

CASE, Computer Aided Software Engineering

Der durch Software-Werkzeuge unterstützte Prozeß der Software-Entwicklung.

CARE, Computer Aided Re(verse) Engineering

In Anlehnung an CASE die computer-unterstützte Wartung von Software.

Design

Im Design wird das in der *Analyse* erzeugte Modell in Richtung Implementierung erweitert. Das Modell kann z. B. in Teilsysteme zerlegt, Datenstrukturen und Algorithmen können bestimmt werden.

entscheidbar

Ein Problem oder eine Fragestellung heißt für eine Klasse K entscheidbar, wenn es einen Algorithmus gibt, der für jedes Element aus K feststellt, ob die Frage für dieses Element mit ja oder mit nein zu beantworten ist.

E/R-Diagramm

Graphische Notation zur Darstellung eines Entity-Relationship-Datenmodells, bestehend aus Entitäten (Objekte, z. B. Personen), Attributen (z. B. Alter) und Relationships (Beziehungen, z. B. ist-Kind-von).

Erweiterbarkeit

Die Eigenschaft eines Software-Systems, neue Funktionalitäten mit möglichst wenig Overhead in das System integrieren zu können.

Flußdiagramm

Darstellung von Kontroll- oder Datenfluß als Graph. Knoten eines Kontrollflußgraphen sind Funktionsknoten (one-in, one-out), Prädikatknoten (one-in, two-out) und Sammelknoten (two-in, one-out).

Function-Points

Eine *Metrik*, die die funktionalen Eigenschaften von Software mißt und nicht auf Eigenschaften des Programm-Codes basiert.

Imperative Programmiersprache

Synonym: Prozedurale Programmiersprache. Eine Programmiersprache, die als grundlegende Konzepte die Zuweisung von Werten an Variable (sogenannte imperative Variable) sowie das Lesen von Variablen und Kontrollkonstrukte besitzt. Imperative Sprachen sind z. B. COBOL, PL/I, C, FORTRAN, Pascal, Modula. Nicht imperative Sprachen sind z. B. PROLOG, LISP und ML.

Jahr-2000-Problem

Anwendungen, die lediglich die beiden letzten Ziffern einer Jahreszahl zu deren Identifizierung benutzen, können ab dem Jahr 2000 nicht mehr unterscheiden, ob die impliziten ersten Ziffern '19' oder '20' sind. Berechnungen führen dann zu falschen Ergebnissen.

Metrik

Eine Metrik quantifiziert eine bestimmte Eigenschaft eines Objekts, z. B. das Volumen (in m^3) eines Körpers. Bekannte Metriken für Software-Systeme sind etwa McCabe's zyklomatische Komplexität oder Halstead's Volumen.

Reengineering (I)

Unter Reengineering werden alle Aktivitäten nach Inbetriebnahme eines Programmsystems zusammengefaßt, die das Verständnis von Software erhöhen oder die Wartbarkeit, Wiederverwendbarkeit oder Weiterentwickelbarkeit von Software verbessern oder erst ermöglichen. (nach Arnold)

Software reengineering is any activity that

1. improves one's understanding of software, or

2. prepares or improves the software itself, usually for increased maintainability, reusability, or evolvability.

Reengineering (II)

Untersuchung und Modifikation eines Programmsystems, um es in einer neuen Form wiederherzustellen und diese Form nachfolgend zu implementieren. (nach Chikofsky & Cross)

Reengineering ... is the exmination and alteration of a subject system to reconstitute it in an new form and the subsequent implementation of the new form.

Reengineering (III)

Unter Reengineering versteht man den Prozeß der Untersuchung und /oder Modifikation eines Software-Systems mit der Hilfe von automatisierten Werkzeugen. Ziel ist die Verbesserung von Wartbarkeit und verwendeter Technologie, die Erhöhung der Lebenserwartung und die maschinelle Verwaltung der Systemkomponenten zur Unterstützung von CASE-Tools. (nach McClure)

Re-engineering is the process of examining an existing software system (program) and/or modifying it with the aid of automated tools to improve its future maintainability, upgrade its technology, extend its life expectancy, capture its components in a repository where CASE tools can be used to support it, increase maintenance productivity.

Sprachkonversion

Die semantikerhaltende Transformation eines Programms von einer Sprache in eine andere Sprache.

Strukturierte Programmierung

Unter Strukturierter Programmierung versteht man die Programmerstellung in einer imperativen Programmiersprache unter ausschließlicher Verwendung von Hintereinanderausführung, bedingter Verzweigung und Schleifenkonstrukte, insbesondere also ohne die Verwendung von Sprüngen (GOTOs).

Wartung

Unter Wartung versteht man Änderungen an Software-Systemen, die nach der Inbetriebnahme erfolgen. Man unterscheidet zwischen korrektiver, adaptierender, perfektionierender und präventiver Wartung.

Anhang C

Grundlegende und weiterführende Bücher

In diesem Anhang beschreiben wir Bücher zum Thema Reengineering. Die meisten Referenzen im Literaturverzeichnis sind Forschungsbeiträge und in einschlägigen Konferenzbänden veröffentlicht. Ihre Beschaffung ist damit häufig nur über Fernleihvorgänge von Universitätsbibliotheken möglich. Die angegebenen Bücher sind dagegen problemlos über den Buchhandel zu beziehen. Die Bücher haben darüber hinaus den Vorteil, daß sie ein Thema hinlänglich ausführlich darstellen, gegenüber einem Forschungsbeitrag, der lediglich einen neuen Aspekt darlegt. Wir denken, daß deshalb gerade für Praktiker die folgende Buchübersicht von Interesse ist. Wir geben zu jedem Buch zusätzlich die ISBN-Nummer an.

Die Übersicht enthält nur Bücher, deren Inhalt direkt zu den Themen Wartung und Reengineering beitragen. Andere Themen, etwa Metriken, Strukturierte Programmierung und Software-Engineering können wir aus Gründen des Umfangs nicht berücksichtigen.

Peter H. Aiken
Data Reverse Engineering — Slaying the Legacy Dragon
McGraw-Hill
1996
0-07-000748-9

Robert S. Arnold
Software Reengineering
IEEE Computer Society Press
1993
0-8186-3271-2

Michael L. Brodie, Michael Stonebraker
Migration Legacy Systems — Gateways, Interfaces & the Incremental Approach
Morgan Kaufmann Publishers
1995

R. Klösch, H. Gall
Objekt-orientiertes Reverse Engineering — Von klassischer zu objekt-orientierter Software
Springer-Verlag
1995
3-540-58374-2

H.-D. Knöll, M. Schwarze
Re-Engineering von Anwendungs-Software — Fallstudie, CASE-Tools im Vergleich
Bibliographisches Institut
1992
3-411-16471-9

Kevin Lano, Howard Haughton
Reverse Engineering and Software Maintenance: A Practical Approach
McGraw-Hill
1994
0-07-707897-7

M.M. Lehman, L.A. Belady
Program Evolution — Processes of Software Change
Academic Press
1985
0-12-442440-6

Franz Lehner
Software-Wartung
Carl Hanser Verlag
1991
3-446-16180-5

Robert Levey
Reengineering COBOL with Objects — Step by Step to Sustainable Legacy Systems
McGraw Hill
1996
0-07-037774-X

Carma McClure
The Three Rs of Software Automation — Re-Engineering Repository Reusability

Prentice Hall
1992
0-13-915240-7

Harry M. Sneed
Softwarewartung
DV-Praxis Online
1991
3-481-00220-3

Bernardo Wagner
Reverse Engineering — Sanierung, Dokumentation und Strukturierung vorhandener Software
Expert Verlag
1992
3-8169-0807-1

Literaturverzeichnis

[ABFP86]   Guillermo Arango, Ira Baxter, Peter Freeman, and Christopher Pidgeon. TMM: Software Maintenance by Transformation. *IEEE Software*, May 1986.

[AHU83]   Alfred V. Aho, John E. Hopcroft, and Jeffrey D. Ullman. *Data Structures and Algorithms*. Addison-Wesley, Reading, Massachusetts, 1983.

[Aik96]   Peter H. Aiken. *Data Reverse Engineering — Slaying the Legacy Dragon*. McGraw-Hill, London, 1996.

[Alb79]   A. J. Albrecht. Measuring Application Development Productivity. In *Proc. Joint SHARE/GUIDE Symposium*, October 1979.

[AM71]   E. Ashcroft and Z. Manna. The Translation of 'go to' Programs to 'while' Programs. In *Proc. IFIP Congress 71*, Ljubljana, Yugoslavia, August 1971. North-Holland.

[Amm92]   Zahira Ammarguellat. A Control-Flow Normalization Algorithm and Its Complexity. *IEEE Transaction on Software Engineering*, 18(3), March 1992.

[Arn92]   Robert S. Arnold. Common Risks of Reengineering. *Reverse Engineering Newsletter*, April 1992.

[Arn93]   Robert S. Arnold, editor. *Software Reengineering*. IEEE Computer Society Press, 1993.

[Ars79]   Jacques J. Arsac. Syntactic Source to Source Transforms and Program Manipulation. *Communications of the ACM*, 22(1), January 1979.

[Bak77]   Brenda S. Baker. An Algorithm for Structuring Flowgraphs. *Journal of the ACM*, 24(1), January 1977.

[BBE+96]   Ulrike Baumöl, Jens Borchers, Stefan Eicker, Knut Hildebrand, Reinhard Jung, and Franz Lehner. Einordnung und Terminologie des Software Reengineering. *Informatik Spektrum*, 19(4), August 1996.

[BBY92]   Keith Bennett, Tim Bull, and Hongji Yang. A Transformation System for Maintenance — Turning Theory into Practice. In Marc Kellner, editor, *Proc. Conference on Software Maintenance*, Orlando, Florida, November 1992. IEEE Computer Society Press.

[BE94]   Marla J. Baker and Stephen G. Eick. Visualizing Software Systems. In *Proc. International Conference on Software Engineering*, Sorrento, Italy, May 1994. IEEE Computer Society Press.

[Big93]   Ted J. Biggerstaff. The Concept Assignment Problem in Program Understanding. In *Proc. Working Conference on Reverse Engineering*, Baltimore, Maryland, May 1993. IEEE Computer Society Press.

[BJ66]   Corrado Böhm and Guiseppe Jacopini. Flow Diagrams, Turing Machines And Languages With Only Two Formation Rules. *Communications of the ACM*, 9(5), May 1966.

[BM84]   James M. Boyle and Monagur N. Muralidharan. Program Reusability through Program Transformation. *IEEE Transaction on Software Engineering*, SE-10(5), September 1984.

[BM90]   Ronald M. Baecker and Aaron Marcus, editors. *Human Factors and Typography for More Readable Programs*. ACM Press, 1990.

[BMPP89]   Friedrich Ludwig Bauer, Bernhard Möller, Helmut Partsch, and Peter Pepper. Formal Program Construction by Transformations— Computer-Aided, Intuition-Guided Programming. *IEEE Transactions on Software Engineering*, 15(2), 1989.

[Boe76]   Barry W. Boehm. Software Engineering. *IEEE Transactions on Computers*, C-25(12), December 1976.

[Boe88]   Barry W. Boehm. A Spiral Model of Software Development and Enhancement. *IEEE Computer*, 21(5), 1988.

[Boo91]   Grady Booch. *Object Oriented Design with Applications*. Benjamin/Cummings, RedwoodCity, California, 1991.

[BS95]   Michael L. Brodie and Michael Stonebraker. *Migrating Legacy Systems — Gateways, Interfaces & the Incremental Approach*. Morgan Kaufmann Publishers, San Francisco, 1995.

[Bul90]   Tim Bull. An Introduction to the WSL Program Transformer. In *Proc. Conference on Software Maintenance*, San Diego, 1990. IEEE Computer Society Press.

[CAC94]   *Communications of the ACM 37(12), Special Issue on Visualization and Design*, December 1994.

[Cah93]   T. Cahill. UNIFORM. In *[vZ93]*. John Wiley & Sons, 1993.

[CC96]   G. Canfora and A. Cimitile. An Improved Alogrithm for Identifying Objects in Code. *Software — Practice and Experience*, 26(1), January 1996.

[CFS81]   K. Christensen, G. P. Fitsos, and C. P. Smith. A Perspective on Software Science. *IBM Systems Journal*, 20(4), 1981.

[CH80]   P. M. Cashman and A. W. Holt. A Communication-Oriented Approach to Structuring the Software Maintenance Environment. *Software Engineering Notes*, 5(1), January 1980.

[Chu93]   William C. Chu. A Re-engineering Approach to Program Translation. In David Card, editor, *Proc. Conference on Software Maintenance*, Montreal, Canada, September 1993. IEEE Computer Society Press.

[CI90]   Elliot J. Chikofsky and James H. Cross II. Reverse Engineering and Design Recovery: A Taxonomy. *IEEE Software*, 7(1), January 1990.

[Coo67]   David C. Cooper. Böhm and Jacopini's Reduction of Flow Charts, Letters to the Editor. *Communications of the ACM*, 10(8), August 1967.

[Cox86]   Brad J. Cox. *Object Oriented Programming - An Evolutionary Approach*. Addison-Wesley, 1986.

[CP92]   William C. Chu and Sukesh Patel. Software Restructuring by Enforcing Localization and Information Hiding. In Marc Kellner, editor, *Proc. Conference on Software Maintenance*, Orlando, Florida, November 1992. IEEE Computer Society Press.

[CS88]   James H. Cross II and Sallie V. Sheppard. The Control Sturcture Diagram: An Automated Graphical Representation for Software. In *Proc. 21nd Annual Hawaii Int. Conf. on System Sciences (HICSS)*. IEEE Computer Society Press, 1988.

[CSM⁺79]   Bill Curtis, Sylvia B. Sheppard, Phil Milliman, M. A. Borst, and Tom Love. Measuring the Psychological Complexity of Software Maintenance Tasks with the Halstead and McCabe Metrics. *IEEE Transaction on Software Engineering*, 5(2), March 1979.

[CY91a]   Peter Coad and Ed Yourdon. *Object-Oriented Analysis*. Prentice-Hall, Englewood Cliffs, NJ, second edition, 1991.

[CY91b]   Peter Coad and Ed Yourdon. *Object-Oriented Design*. Prentice-Hall, Englewood Cliffs, NJ, 1991.

[DDH72]   O. J. Dahl, E. W. Dijkstra, and C. A. R. Hoare. *Structured Programming*. Academic Press, 1972.

[DeM78]   Tom DeMarco. *Structured Analysis and System Specification*. Yourdon inc., New York, 1978.

[Dij68]   Edsger W. Dijkstra. Go To Statement Considered Harmful. *Communications of the ACM*, 11(3):147–148, March 1968.

[DNG89]   Walter C. Dietrich, Lee R. Nachman, and Franklin Gracer. Saving a Legacy with Objects. In *Proc. OOPSLA '89*. ACM-Press, 1989.

[dRN78]   B. de Rose and T. Nyman. The Software Life Cycle — A Management and Technology Challenge in the Department of Defense. *IEEE Transaction on Software Engineering*, SE-4(4), July 1978.

[DUD88]   DUDEN Informatik — Ein Sachlexikon für Studium und Praxis. Dudenverlag, 1988.

[EH93]   Ana M. Erosa and Laurie J. Hendren. Taming Control Flow: A Structured Approach to Elimination Goto Statements. ACAPS Technical Memo 76, McGill University, School of Computer Science, Architectures, Compiler and Parallel Systems Group, Montreal, Canada, September 1993.

[FH79]   R. K. Fjeldstad and W. T. Hamlen. Application Program Maintenance Study — Report to our Respondents. In *Proc. GUIDE 48*, Philadelphia, PA, 1979.

[FR95]   Peter Florath and Mario Richter. Visualisierungen für das Verstehen von Softwaresystemen. Technical report, Fraunhofer-Einrichtung für Software- und Systemtechnik, 1995.

[GH95]   Rainer Gimnich and Alois Hofinger. Bestandsanalyse als Grundlage der Software-Redevelopment-Strategie. In *3. Workshop Reengineering und Wartung, GI-FG REWA*, Münster, März 1995.

[GJ90]   Carlo Ghezzi and Mehdji Jazayeri. *Programming Language Concepts*. John Wiley & Sons, Chichester, 1990.

[GK94a]   Harald Gall and René Klösch. Balancing in Reverse Engineering and in Object-Oriented Systems Engineering to Improve Reusability and Maintainability. In *Proc. 18th Annual International Computer Software & Applications Conference (COMPSAC)*. IEEE Computer Society Press, 1994.

[GK94b]   Harald Gall and René Klösch. Managing Uncertainty in an Object Recovery Process. In *5th International Conference on Information Processing and Management of Uncertainty in Knowlede-Based Systems, IPMU'94*, July 1994.

[GK94c]   Harald Gall and René Klösch. Program Transformation to Enhance the Reuse Potential of Procedural Software. In *ACM Symposium on Applied Computing, SAC'94*, Phoenix, USA, March 1994.

[GK95]   Harald Gall and Rene Klösch. Finding Objects in Procedural Programs: An Alternative Approach. In Linda Wills, Philip Newcomb, and Elliot Chikofsky, editors, *Proc. Working Conference on Reverse Engineering*, Toronto, Ontario, Canada, July 1995. IEEE Computer Society Press.

[GKM95]   Harald C. Gall, René R. Klösch, and Roland T. Mittermeir. Architectural Transformation of Legacy Systems. In *17th Int. Conf. on Software Engineering (ICSE-17), Workshop on Program Transformation for Software Evolution, Technical Report CS95-418, Seattle, April 1995*, April 1995.

[Gur94]   Yuri Gurevich. Evolving Algebras. In B. Pehrson and I. Simon, editors, *IFIP 13th World Computer Congress 1994, Volume I: Technology/Foundations*. Elsevier, Amsterdam, 1994.

[Hal77]   M. H. Halstead. *Elements of Software Science*. Elsevier North-Holland, 1977.

[Har80]   David Harel. On Folk Theorems. *Communications of the ACM*, 23(7), July 1980.

[HG95]   Winfried Heicking and Rainer Gastner. Projektrierung von Reengineering-Aufgaben mit Hilfe der Portfolio-Analyse. ISST-Berichte 25/95, Fraunhofer-Institiut für Software- und Systemtechnik, Mai 1995.

[HM77]   Joan K. Huges and Jay I. Michtom. *A Structured Apporach to Programming*. Prentice-Hall, 1977.

[Hor83]   Ellis Horowitz. *Fundamentals of Programming Languages*. Springer-Verlag, New York, 1983.

[HP96]   Johnson M .Hart and Antonio Pizzarello. A Scalable, Automated Process for Year 2000 System Correction. In *Proc. International Conference on Software Engineering*, Berlin, Germany, March 1996. IEEE Computer Society Press.

[IBM85]   IBM. Die Function Point Methode, Eine Schätzmethode für IS-Anwndungs-Projekte. Technical report, IBM Deutschland GmbH, IBM Form GE12-1618-1, 1985.

[IBM94]   IBM Ehningen, ISST Berlin. *Methodenhandbuch für das Re-Engineering von IMS-Anwendungen, Fokus: Überarbeitung von Benutzungsoberflächen*, September 1994.

[IBM96]   IBM. *The Year 2000 and 2-Digit Dates: A Guide for Planning and Implementation, GC28-1251-03, 4th Edition*, July 1996. ftp://lscftp.kgn.ibm.com/pub/year2000/y2kpaper.ps.Z.

[JCJO83]   Ivar Jacobson, Magnus Christerson, Patrik Jonsson, and Gunnar Overgaard. *Smalltalk-80: The Language and its Implementation*. Addison Wesley, Reading, 1983.

[JK88]   P. Johannesson and K. Kalman. A Method for Translating Relational Schemas into Conceptual Schemas. In C. Batini, editor, *7th Int. Conf. on Entity-Relationship Approach*. North Holland, 1988.

[Jon90]   Cliff B. Jones. *Systematic Software Development using VDM*. Prentice-Hall, Englewood Cliffs, NJ, socond edition, 1990.

[KF71]   D. E. Knuth and R. W. Floyd. Notes on Avoiding "GOTO" Statements. *Information Processing Letters*, 1, 1971.

[KG95]   R. Klösch and H. Gall. *Objektorientiertes Reverse Engineering — Von klassischer zu objekt-orientierter Software*. Springer-Verlag, 1995.

[Knu74]   Donald E. Knuth. Structured Programming with go to Statements. *Computing Surveys*, 6(4), December 1974.

[KR87]   Dennis Kafura and Geereddy R. Reddy. The Use of Software Complexity Metrics in Software Maintenance. *IEEE Transaction on Software Engineering*, SE-13(3), March 1987.

[KS92]   H.-D. Knöll and M. Schwarze. *Re-Engineering von Anwendungs-Software — Fallstudie, CASE-Tools im Vergleich*. BI, 1992.

[LB85]   M.M. Lehman and L. A. Belady. *Program Evolution — Processes of Software Change*. Academic Press, 1985.

[Leh95]   Franz Lehner. Computer-Aided-Reengineering-Tools, GOTO ende2. *iX*, Juni 1995.

[Lev96]   Robert Levey. *Reengineering COBOL with Objects — Step by Step to Sustainable Legacy Systems*. McGraw-Hill, London, 1996.

[LH94]   Kevin Lano and Howard Haughton. *Reverse Engineering and Software Maintenance: A Practical Approach*. McGraw-Hill, London, 1994.

[LM75]   Henry F. Ledgard and Michael Marcotty. A Genealogy of Control Structures. *Communications of the ACM*, 18(11), November 1975.

[LMW79]   Richard C. Linger, Harland D. Mills, and Bernard I. Witt. *Structured Programming: Theory and Practice*. Addison-Wesley, Reading, Massachusetts, 1979.

[Lov77]   David B. Loveman. Program Improvement by Source-to-Source Transformation. *Journal of the ACM*, 24(1), January 1977.

[LS80]   Bennet P. Lientz and E. Burton Swanson. *Software Maintenance Management*. Addison-Wesley, 1980.

[LW90]   S. Liu and N. Wilde. Identifying Objects in a Conventional Procedural Language: An Example of Data Design Recovery. In *Proc. Conference on Software Maintenance*, San Diego, California, 1990. IEEE Computer Society Press.

[McC76]   Thomas J. McCabe. A Complexity Measure. *IEEE Transaction on Software Engineering*, December 1976.

[McC92]   Carma McClure. *The Three Rs of Software Automation — Re-engineering Repository Reusability*. Prentice Hall, 1992.

[McK84]   J. R. McKee. Maintenance as a Function of Design. In *Proc. AFIPS National Computer Conference*, 1984.

[Meh84]   Kurt Mehlhorn. *Data Sructures and Algorithms 2: Graph Algorithms and NP-Completeness*. EATCS Monographs on Theoretical Computer Science. Springer, 1984.

[Mey88]   Bertrand Meyer. *Object-oriented Software Construction*. Prentice Hall, 1988.

[MG97]   Bernd Müller and Rainer Gimnich. Planning Year 2000 Transformations Using Standard Tools: An Experience Report. In *Proc. First Euromicro Working Conference on Software Maintenance and Reengineering*, Berlin, Germany, March 1997. IEEE Computer Society Press.

[Mil76]   H. D. Mills. Software Development. *IEEE Transaction on Software Engineering*, SE-2(4), December 1976.

[ML86]   Michael Marcotty and Henry Ledgard. *The World of Programming Languages*. Springer-Verlag, New York, 1986.

[MO92]   James Martin and James Odell. *Object-Oriented Analysis and Design*. Prentice-Hall, Englewood Cliffs, NJ, 1992.

[Mül96a]   Bernd Müller. Metrik-Redundanzen. In *Proc. Softwarewartung und Reengineering*, Regensburg, Germany, March 1996. Gabler Verlag.

[Mül96b]   Bernd Müller. Semantic Preserving Language Conversion by Simple Pattern Matching. In *Proc. IEEE Symposium and Workship on Engineering of Computer-Based Systems (ECBS'96)*, Friedrichshafen, Germany, March 1996. IEEE Computer Socienty Press.

[NA87]   S. B. Navathe and A. M. Awong. Abstraction Relational and Hierarchical Data with a Semantic Data Model. In S. March, editor, *Sixth Int. Conf. on Entity-Relationship Approach*. North Holland, 1987.

[Nil86]   E. G. Nillson. The Translation of a Cobol Data Structure to an Entity-Relationship Type Conceptual Schema. In P. P. Chen, editor, *Entity-Relationship Approach: The Use of ER Concepts in Knowledge Representation*. North Holland, 1986.

[NK95]   Philip Newcomb and Gordon Kotik. Reengineering Procedural into Object-Oriented Systems. In Linda Wills, Philip Newcomb, and Elliot Chikofsky, editors, *Proc. Working Conference on Reverse Engineering*, Toronto, Ontario, Canada, July 1995. IEEE Computer Society Press.

[NS73]   I. Nassi and B. Shneiderman. Flowchart Techniques for Structured Programming. *ACM SIGPLAN Notices*, 8(8), August 1973.

[OH92]   Paul Oman and Jack Hagemeister. Metrics for Assessing a Software System's Maintainability. In Marc Kellner, editor, *Proc. Conference on Software Maintenance*, Orlando, Florida, November 1992. IEEE Computer Society Press.

[OH94]   P. Oman and J. Hagemeister. Construction and Testing of Polynomials Prediction Software Maintainability. *The Journal of Systems and Software*, 24(3), March 1994.

[OT93]   C. L. Ong and W. T. Tsai. Class and Object Extraction from Imperative Code. *Journal of Object-Oriented Programming*, 6(2), March/April 1993.

[Oz94]   Effy Oz. When Professional Standards are Lax. The CONFIRM Failure and its Lessons. *Communications of the ACM*, 37(10), October 1994.

[Phi88]   Roger Philips. The Neglected Wasteland. *Computer World Extra*, June 1988.

[PO95]   Troy Pearse and Paul Oman. Maintainability Measurements on Industrial Source Code Maintenance Activities. In Gianluigi Caldiera and Keith Bennett, editors, *Proc. Conference on Software Maintenance*, Opio (Nice), France, October 1995. IEEE Computer Society Press.

[QC95]   Alex Quilici and David N. Chin. DECODE: A Cooperative Environment for Reverse-Engineering Legacy Software. In Linda Wills, Philip Newcomb, and Elliot Chikofsky, editors, *Proc. Working Conference on Reverse Engineering*, Toronto, Ontario, Canada, July 1995. IEEE Computer Society Press.

[Rum91]   James Rumbaugh. *Object-Oriented Modeling and Design*. Prentice-Hall, Englewood Cliffs, NJ, 1991.

[San95]   Georg Sandner. *VCG — Visualization of Compiler Graphs, User Documentation V.1.30*, February 1995. http://www.cs.unisb.de/RW/users/sander/html/gsvcg1.html.

[Sch86]   Hans-Jochen Schneider, editor. *Lexikon der Informatik und Datenverarbeitung*. Oldenbourg Verlag, 2. edition, 1986.

[Sen80]   Sentry Market Research. CASE 1988-1989. Westborough, MA, 1980.

[SM88a]   Sally Shlaer and Stephen J. Mellor. *Object Lifecycles: Modeling the World in States*. Yourdon Press, Englewood Cliffs, NJ, 1988.

[SM88b]   Sally Shlaer and Stephen J. Mellor. *Object-Oriented Systems Analysis: Modeling the World in Data*. Yourdon Press, Englewood Cliffs, NJ, 1988.

[Sne91]   Harry M. Sneed. *Softwarewartung*. DV-Praxis Online, 1991.

[Sne92]   Harry M. Sneed. Migration of Procedurally Oriented COBOL Programs in an Object-Oriented Architecture. In Marc Kellner, editor, *Proc. Conference on Software Maintenance*, Orlando, Florida, November 1992. IEEE Computer Society Press.

[Sne95]   Harry M. Sneed. Planning the Reengineering of Legacy Systems. *IEEE Software*, January 1995.

[Som92]   Ian Sommerville. *Software Engineering*. Addison-Wesley, fourth edition, 1992.

[Spi89]   J. M. Spivey. *The Z Notation — A Reference Manual*. Prentice-Hall, Englewood Cliffs, NJ, 1989.

[Str91]   Bjarne Stroustrup. *The C++ Programming Language, Second Edition*. Addison-Wesley, Reading, 1991.

[Swa76]   E. B. Swanson. The Dimensions of Maintenance. In *Proc. International Conference on Software Engineering*, San Francisco, 1976.

[TL95]   Hee Beng Kuan Tan and Tok Wang Ling. Recovery of Object-Oriented Design from Existing Data-Intensive Business Programs. *Information and Software Technology*, 37(2), 1995.

[vZ93]   H. J. van Zuylen, editor. *The REDO Compendium — Reverse Engineering for Software Maintenance*. John Wiley & Sons, 1993.

[Wag92]   Bernardo Wagner. *Reverse Engineering*. Expert Verlag, 1992.

[War88]   M. Ward. Transforming a Program into a Specification. Computer Science Technical Report 88-1, Durham University, Janurary 1988.

[War91]   M. Ward. Using Formal Transfomations to Construct a Component Repository. In *Software Reuse: The European Approach*. Springer-Verlag, 1991.

[War92]   M. Ward. A Recursion Removal Theorem. In *Proc. BCS Refinement Workshop*, January 1992.

[War93]   Martin Ward. Abstracting a Specification from Code. *Journal of Software Maintenance: Research and Practice*, 5, 1993.

[War94]   Martin Ward. Language Oriented Programming. *Software — Concepts and Tools*, 15, 1994.

[Wat88]   Richard C. Waters. Program Translation via Abstraction and Reimplementation. *IEEE Transactions on Software Engineering*, 14(8), August 1988.

[WB93]   M. P. Ward and K. H. Bennett. A Practical Program Transformation System For Reverse Engineering. In *Proc. Working Conference on Reverse Engineering*, Baltimore, Maryland, May 1993. IEEE Computer Society Press.

[WB94a]   M. Ward and K. H. Bennett. Formal Methods for Legacy Systems. *Journal of Software Maintenance: Research and Practice*, 1994.

[WB94b]   M. P. Ward and K. H. Bennett. A Practical Solution to Reverse Engineering Legacy Systems using Formal Methods. Department of Compter Science University of Durham, June 1994.

[WB95]   M. Ward and K. H. Bennett. Formal Methods to Aid the Evolution of Software. *Int. Journal of Software Engineering and Knowledge Engineering, Special Issue on Software Evolution*, 1995.

[WBWW90] R. Wirfs-Brock, B. Wilkerson, and L. Wiener. *Designing Object-Oriented Software*. Prentice-Hall, Englewood Cliffs, NJ, 1990.

[WCM89]   M. Ward, F. W. Calliss, and M. Munro. The Use of Transformation in "The Maintainer's Assistant". In *Proc. Conference on Software Maintenance*, Miami Beach, Florida, October 1989.

[Weg87]   Peter Wegner. Dimensions of Object-Based Language Design. In Norman Meyrowitz, editor, *Proc. OOPSLA'87, Conference on Object-Oriented Programming Systems, Languages and Applications*, Orlando, Florida, October 1987.

[Wes93]   Richard West. *Reverse Engineering — An Overview*. HMSO, London, 1993.

[Wil72]   R. I. Wilson. *Introduction to Graph Theory*. Academic Press, 1972.

[Wil75]   M. H. Williams. Generating Structured Flow Diagrams: The Nature of Unsturcturedness. *The Computer Journal*, 20(1), 1975.

[Wir73]   Niklaus Wirth. *Systematic Programming*. Prentice-Hall, 1973.

[Wir88]   Niklaus Wirth. *Programming in Modula-2*. Springer-Verlag, 4th edition, 1988.

[WO76]   M. H. Williams and H. L. Ossher. Conversion of unstructured flow diagrams to sturctured form. *The Computer Journal*, 21(2), 1976.

[Wul72]   William A. Wulf. A Case Against the GOTO. In *Twenty-fifth National ACM Conference*, 1972. Reprinted in Edward Yourdon (ed), Classics in Software Engineering, Prentice-Hall, Englewood Cliffs, NJ, 1979.

[Y2K]   *Year 2000 Home Page*. http://www.year2000.com/.

[YHR95]   Alexander S. Yeh, David R. Harris, and Howard B. Reubenstein. Recovering Abstract Data Types and Object Instances from a Conventional Procedural Language. In Linda Wills, Philip Newcomb, and Elliot Chikofsky, editors, *Proc. Working Conference on Reverse Engineering*, Toronto, Ontario, Canada, July 1995. IEEE Computer Society Press.

Sachverzeichnis

Fett gedruckte Seitenzahlen verweisen auf Stellen, an denen der zugehörige Begriff oder Name eingeführt, erläutert oder definiert wird. Normal gedruckte Seitenzahlen zeigen einfache textuelle Referenzen an.

Vetter
Informations-systeme in der Unternehmung

Eine Einführung in die Daten-modellierung und Anwendungs-entwicklung

Die wirklichen Probleme unseres Zeit-
alters werden zunehmend im Zusammenhang betrachtet und nicht mehr
im Alleingang gelöst. Von fundamenta-
ler Bedeutung ist dabei die Systemtheorie, mit welcher die Wirklichkeit
als ein verwobenes Netzwerk zu be-
greifen ist, in dem biologische, psychologische, gesellschaftliche und
ökologische Phänomene voneinander
abhängig sind. Interessanterweise ist
in vielen Wirtschaftsunternehmungen
hinsichtlich der Informatik eine ähnliche Entwicklung festzustellen. Auch
hier zeigt sich, daß eine isolierte Betrachtung der Probleme immer mehr in
die Sackgasse (ins Datenchaos) führt.
Anzustreben ist eine auf einem ganz-
heitlichen Denkansatz beruhende,
solidarische (d. h. Entscheidungsträger, Sachbearbeiter wie auch Informa-
tiker gleichermaßen miteinbeziehende)
Entwicklung von größen- und risiko-
mäßig begrenzten technischen Systemen, die allesamt in ein von den Un-
ternehmungszielen abgeleitetes Ge-
samtkonzept passen.
Im vorliegenden Buch wird ein entsprechender, von zahlreichen Wirtschaftsunternehmungen beschrittener
Weg aufgezeigt. Die Ausführungen
setzen keine speziellen Informa-
tikkenntnisse voraus und sind in erster
Linie für Entscheidungsträger und
Sachbearbeiter bestimmt. Angespro-
chen sind aber auch Projektleiter, die
ihre Konzepte auch ohne schwierig
beizubringende Kosten- Nutzen- Rech-

Von Priv.-Doz. Dr.
Max Vetter,
IBM Schweiz und Eidg.
Technische Hochschule
Zürich

2. Aufl. 1994. 252 Seiten.
16,2 x 22,9 cm.
Geb. DM 66,80
ÖS 488,– / SFr 60,–
ISBN 3-519-12181-6

(Informatik und
Unternehmungsführung)

Preisänderungen vorbehalten.

nung nach oben zu vertre-
ten haben. Schließlich ist
das Buch auch für Anfän-
ger auf dem Gebiete der
Datenmodellierung und der
Anwendungsentwicklung
sowie für Studenten ent-
sprechender Fachrichtun-
gen geeignet.

Aus dem Inhalt

Das neue (ganzheitliche)
Denken – Einführung in die
Systemtheorie – Realitäts-
abbildung mittels Daten –
Strategische Anwendungs-
und Datenplanung – Schaf-
fung eines globalen Daten-
modells – Die Entwicklung
einer Anwendung

B. G. Teubner Stuttgart · Leipzig